영어 단어의 어원은
한국어이다

영어 단어의 어원은 한국어이다

언어의 진실을 찾아서

임동주 지음

世界一花
이 세계는 한송이의 꽃

"그토록 헤매던 세계 언어의 진실"

영어와 다양한 외국어의 출현년도, 사용년도를 고려하여
5천 개가 넘는 각 어휘의 스펠링과 발음, 의미 등 주요 항목을 바탕으로 한자와 우리말로 분석

좋은땅

안녕하세요. 반갑습니다.

이 책을 보시는 독자님들께서는 대단한 행운아이십니다.

이제부터 그토록 헤매던 세계 언어의 진실을 바로 볼 수 있기 때문입니다.

어린 유아부터 초, 중, 고 학생, 대학원생, 성인들까지도 우리나라 사람들이라면 아주 쉽게 바로 수긍을 하고 이해를 할 수 있는 소중한 연구결과물입니다.

너무 쉬워 헛웃음이 나올 수도 있습니다.

그러나 이는 개념과 사고의 유희물이 아닙니다, 정확한 사실 그 자체입니다.

고정관념의 한계와 공간의 한계와 시간한계의 먼지들을 털어내면서 밝고 뚜렷한 빛나는 텅 빈 의식으로 살펴보자 거기에는 시공간을 초월하여 빛나고 있는 밝고 뚜렷한 한국어가 있었습니다

이 책이 독자 분들에게 의미 있게 전달되기까지는 저에게는 30여 년의 시행착오와 끊임없는 노력이 있었습니다.

국민학교 시절부터 국민교육헌장을 가슴에 새기며 역사적 사명감을 키웠고, 불교의 선(禪) 수행의 전통인 벽암록 100칙의 공안과 화두를 참구하고 타파하는 마음으로 태산같이 험준하고 끝이 없는 5,300여 개의 영어 단어들을 참구하며 마침내는 크고 작게 타파하여 눈이 밝아졌습니다.

독자 분들에게 깊고 풍부한 영감을 불러일으키도록 저의 열정의 원천 에너지가 맑고, 밝고

힘차게 흘러가고 스며들기를 바랍니다.

현재 전 세계에서 가장 많이 공용어로 사용하고 있으며 그 영향력이 큰 영어가 한국어와 어휘에서는 유사한 점이 많은 것을 확인해 볼 수 있습니다.

앞으로는 이 세계어와 한국어를 학습하는 데 있어 보다 쉽고 빠르게 이해할 수 있으며 학습의 효과도 높일 수 있을 것입니다. 영어의 어원사전인 etymonline.com을 살펴보아도 영어 단어의 어원 설명이 명쾌하지 않으며, 오히려 한국어를 그 단어에 조명해 보면 바로 영어 단어나 산스크리트어, 히브리어, 고대 그리스어, 라틴어, 프랑스어, 스페인어, 독일어, 북유럽어 등과 그 밖의 나라들 단어의 의미를 알 수가 있었습니다.

우리 한국어는 북방의 우랄 알타이어로만 분류되고 있는 현실이며 인도유럽어 계통 언어로는 인정을 못 받고 있는 한계에서 제가 연구를 하여 그 영역을 인도에서 동북아시아의 한반도까지 확대하는 성과를 얻었으며 인도유럽조어(PIE)로서의 한국어가 계통적 고립어가 아님을 실례로 확인하였습니다.

다만 외부와의 교류가 줄어들고 만주와 한반도에 국한되는 고립된 환경에서 고스란히 우리말을 간직할 수 있었을 뿐입니다.

초성·중성·종성의 완전한 3절음(syllable)의 한국어가 세계로 전파되면서 종성발음을 할 수 없는 나라들의 언어습관 문제로 불완전한 2음절의 언어로 발음이 생략되어 비완전한 언어로 퇴보가 되어서 한국어의 기원을 탐구하는 데 있어 많은 장애 요소가 되었습니다.

여기에서는 한자(漢字)가 한국어(韓國語)라는 명제 하에 시작합니다. 한자가 중국 한족의 고유어가 아니고 현재 한국어를 사용하고 있는 지역과 민족 국가를 포함하는 고대의 여러 민족이 현재의 한자가 문자로서 이해하기 편리하여 서로서로 영향을 주고받으며 사용하였으며 현재의 중국어도 그 고대의 한자를 한족이 빌려 사용하는 것이 지금까지 유구하게 세월이 흘러 온 것으로 보아야 합니다.

무한경쟁 시대의 국제사회에서 영어의 필요성은 더욱 증가하였으며 국가 간, 개인 간의 경쟁력을 확보하는 중요한 관건이 되었습니다.

　이에 영어에 대한 올바른 파악과 이해가 필요하고 이에 따른 효과적인 지도방법 및 교수법으로 학습의 습득력을 높여야 합니다.

　대부분의 학습자들은 한국어와 영어의 상이한 문법체계를 어려워하며 단어를 외우고 의미를 습득하는 데 많은 시간과 노력을 퍼부어도 외우기 힘들고 알아들을 수 없고 발음을 할 수 없는 어려움을 겪고 있는 실정입니다.

　영어에 대한 학습 열기에 비하여 영어 구사 능력이 현저히 떨어지는 이유는 두 언어 간의 무관련성을 확연하게 느끼기 때문입니다.

　그러나 언어고고학 관점에서 보면 역사적으로 빙하기, 간빙기 등 지구의 기후환경 변화나 홍수나 광범위한 화산활동이나 지진이나 혜성과 소행성, 유성의 충돌로 인한 쓰나미의 발생 등 자연환경변경과 부족 간에, 족속 간에 정치적 변동으로 인한 인류의 이동이나 현생인류의 유전학적 분류 같은 최근의 연구성과를 살펴보면 북방계 유라시아 언어에서 아리안 언어라 추정되는 희랍어 라틴어 등의 무성음 언어가 갈라져 나가고 한국어 또한 유라시아 언어에서 기원하였다는 여러 증거들이(고인돌 DNA) 발견되고 있습니다.

　우리는 다만 채집생활에서 수렵생활로의 환경변화 적응에 의해 목적어가 동사보다 앞에 오는 언어로 형태가 바뀌어서 영어와 구조가 달라졌을 뿐 어휘의 고유한 의미는 고스란히 간직하고 있으며 아리안 언어의 언어적 기반은 동일하기에 지역으로 나뉘며 고착화되어 발음만 많이 달라졌지만 한두 번만 생각해 보면 두 언어 간의 어휘유사성을 다수 발견할 수 있습니다.

　언어 자체의 기원이나 유라시어의 기원성에 바탕을 두고 두 언어 간의 유사성을 도출한 학문적 성과는 현재 전무하거나 미미한 실정에 있습니다.

　소쉬르와 파니니의 연구 결과가 한계점에 봉착된 것은 한국어를 모르기 때문입니다.

　현재의 인도유럽어는 B.C. 2800 전부터 청동기문화의 전파와 함께 북방 시베리아 남쪽에

서부터 유럽과 인도 이란등지로 확산되어 켈트어, 희랍어, 라틴어, 로망어등도 우리말과 글로 대다수 형성된 것입니다.

어절의 상태론적 구조로서 원시 다중합성언어가 각기 교착어, 굴절어, 고립어 등으로 세분화되며 주기적으로 변환한다는 가설도 딕슨은 주장합니다.

한국어의 음소기반 위에서 인도유럽어가 만들어지고 영어 또한 한국어의 음소 변화인 것입니다

한국어는 타 언어와의 관계에서 상위집합 언어로서 언어 간의 상호 연관성을 한국어를 매개로하여 해석해 낼 수 있습니다. 다만 고대인들이 상위 문화체로부터 받은 고급적 언어(한자 포함 한국어)를 로마자 스펠링으로 적은 것이 영어 단어이고 나중에 나온 훈민정음으로 적은 것이 한글일 뿐입니다. 오랜 세월이 지나다 보니 방언과 같이 언뜻 알아듣기 힘들 뿐인 것입니다.

그래도 전 세계적으로 유명한 어원사전을 인용하여 두 언어 간의 상관성에 따른 어휘동일성 연구의 신뢰성을 높였으며 이는 사전에 있는 단어의 암기력을 단순히 좋게 하기 위한 것뿐만 아니라 궁극적으로는 두 언어의 어휘는 의미와 발음이 동일하며 동일한 한 뿌리에서 나왔기 때문에 친밀감이 높아지고 호기심이 생기며 학습의 성취도와 학습 동기들도 높아지는 효과를 볼 수 있습니다.

나아가 영어의 어원을 한국어(한글, 한자, 한말)로 알아낼 수 있는 획기적이고 놀랍고도 신기하며, 한국인 모두가 자긍심을 가질 수 있으며, 이를 국내적으로 특별한 연구예산의 편성과 지원으로 연구성과를 더욱 높이어 청소년들이 어렵지 않게 영어의 어원을 습득하고 이를 널리 세계의 유수한 여러 학습기관이나 대학이나 연구기관에 나아가 전수하며 보급을 한다면 이는 우리나라의 앞으로 먹을거리 문화산업으로서 세계적으로 우월한 언어문화강국으로

1,000년 이상 영위할 수 있는 문화산업프로젝트인 것입니다.

이 연구물은 지금 바로 국내나 세계 어디에 내놓아도 손색이 없는 대한민국의 최고 K-언어, K-랭귀지로서 비전 있는 4차 문화언어산업인 것 입니다.

이제 구체적인 연구성과들을 확인하고자 합니다.

5천 개가 넘는 영어와 세계어의 어휘에 대한 분석을 출현년도·사용년도·스펠링·발음·의미 5가지 항목을 갖고 분석하는 데 있어서 매우 중요한 한자(漢字)를 활용하며, 연구한 결과 다음과 같은 동일성에 대한 발표를 하게 되었습니다.

한자(漢字)를 다량으로 숙지(熟知)하면 더욱 많은 세계 어휘의 판독이 이루어질 것으로 생각되며, 동서양을 아우르는 금속활자본 직지간행(1377)과 훈민정음 반포(1446년)와 구텐베르크의 성경 인쇄본(1455)과 종교개혁(1517년)과 세익스피어(1564년-1616)의 활동 등 일련의 지나간 대사건들을 앞으로 저의 미진한 연구 부분과 함께 시간을 마련하여 더욱더 다양하고 심도 깊게 체계적인 연구를 할 필요가 있다고 사료됩니다.

목차

영어, 세계어와 한국어 단어의 동일성 연구

1. 서론

비교언어학 관점에서 유라시아어는 북방계 문법 언어들을 총칭하는데, 산스크리트어는 우리말과 매우 유사한 음소 기반 언어에서 기원하여 유성음 언어와 접촉, 혹은 자발적 유성음화 과정을 거쳐 형성된 언어입니다. 아리안 언어라 추정되는 희랍어, 라틴어를 위시한 아리안 언어들은 무성음 언어인 북방계 언어가 그 토대이며, 이 언어의 원래 모습이 우리말에 가장 많이 남아 있다고 보고되고 있습니다.[1] 이는 우리가 쓰는 언어가 유라시아 언어에서 기원하였다는 것으로서 언어학, 고고학, 유전학 등에서 새롭게 여러 증거들이 발견되고 있습니다.

이는 곧 한국어가 영어 및 세계 언어들과 다르다는 인식을 불식시키고, 언어적 유사점을 갖고 있으며, 이로 인해 발음과 의미가 비슷한 단어들이 많아 이를 활용한다면 보다 쉽고 빠르게 한국어와 세계어를 학습할 수 있을 것으로 추측할 수 있는 것입니다.

따라서 본(本) 졸저(拙著)에서는 세계 공용어로서 영어를 중심으로 한국어와 영어의 유사점을 찾고, 이를 영어 어원사전인 에티몰로지 어원사전과 비교하여 한국어와 영어의 어휘 간 상관성과 동일성을 제시하고자 하였습니다.

영어는 인도유럽어의 해체 과정을 거친 후 다시 혼재된 희랍어가 영어의 새로운 기준으로 도입되기도 하였습니다. 이는 근본적으로 언어의 분절 방식이 범어와 우리말이 같은 형태를

---

1) 권중혁(2014),《유라시어의 기원과 한국어》
    블로그 〈유라시어와 한국어의 기원, 유라시어의 기원과 한국어〉

갖고 있으며, 본질적으로 우리말과 거의 대동소이하다는 점에서 주목할 수 있습니다. 언어의 진화과정에서 최초의 언어는 결국 문법이 없는 간단한 언어에서 진화하였을 것이라 보며, 최초의 언어는 동사 위주로 발달한 형태에 가까웠을 것으로 추정합니다. 언어는 세월이 흐름에 따라 형태상으로 다양하게 변화되어 왔는데, 이는 환경의 변화 적응에 따른 언어의 폐쇄성 등으로 이어져 왔습니다

유럽어가 인도유럽어와 언어적 형태 및 그 성격이 달라지게 된 것은 희랍어의 혼란스러운 문법을 따라하게 된 것으로 인해 언어가 많이 바뀌었으며, 이로 인해 현재 영어와 우리말의 구조도 달라지게 된 것입니다. 하지만 영어 또한 원래 아리안 언어로 언어적 기반이 동일하기에 영어와 한국어의 근원이 같으며, 기후환경과 정치적 개입, 언어 왜곡 등으로 인해 현재 우리말과 그 성격이 많이 변화하였지만 유사점을 많이 가졌다는 것을 입증할 수 있었습니다.

따라서 본 연구에서는 현재 전 세계에서 가장 많이 공용어로 쓰이고 있으며, 그 영향력이 큰 영어와 한국어의 동일성을 확인하여 한국어 학습과 세계어를 학습하는 데 보다 쉽고 빠르게 이해할 수 있도록 학습의 효과성을 높이고자 하였고, 언어의 진실을 찾아서 각각의 단어의 기원과 어원을 찾아내는 작업을 한 결과 세계어와 한국어 어휘의 동일성을 확인하고 합치점에 도달하게 되었습니다,

2. 연구취지

본 연구에서는 어원사전을 활용하여 한국어와 영어 어휘 상관성을 도출하고자 하였습니다. 또한 이해를 돕기 위해 한국어에 포함되어 있는 한자어도 함께 표기하여 그 뜻과 의미를 정확히 표현하고자 하였습니다. 오히려 한자가 아니면 영어 어휘의 어원을 밝힐 수 없을 정도로 수많은 사례가 파악되었습니다. 기존의 선행연구를 찾아보면 영어(세계어)와 한국어 어휘의 상관성에 대해 도출한 연구가 전무한 실정입니다. 기존 연구에서는 영어 학업성취도와 영어 시험성적과 영어 능력 향상에 도움을 주는 것에만 연구 목적을 두고 있었습니다.

본 연구에서와 같이 언어의 기원과 그에 대한 유사성, 언어 간 상관성에 대해 구체적으로 비교 분석한 선행연구는 전무하거나 부족한 실정입니다.

따라서 본 연구에서는 한국어와 영어 어휘 상관성을 확인하기 위해 단어의 설명에서 옥편과 어원사전을 참고하고 두 언어의 상관성을 분석하고, 두 언어 간의 유사성을 넘어 동일성을 확인하며, 한국어에서 세계어의 생성을 추측할 수 있으며, 또한 영어에서 한국어로 만들어지는 예도 보며, 두 언어 간의 어휘가 상호 교류에 의해 생성되어진 것에 대한 이해를 높이고자 하였습니다.

2.1 연구 방법-한국어와 영어 단어 상관성

본 연구에서는 한국어와 영어 단어 상관성을 확인하기 위하여 단어의 설명에서 저의 직관력에 의지하며 이상사(理想社)의 학습활용 옥편(玉篇)과 etymology.com 어원사전을 참고하고, 네이버 사전을 참고하며 두 언어간의 상관성을 확인하고자 하였습니다. 한국어, 영어 어휘 상관성과 이를 통해 보다 쉽게 어휘를 익히고 이해할 수 있는 체계를 확인하기 위해 알파벳 순서대로 A부터 Z까지 총 5,300여 개의 단어를 직관력으로 살펴보고, 어원사전에서 그 기원과 설명에 대해 분석한 후 유사성을 적용하여 그 뜻과 음을 이해할 수 있도록 하였습니다. 한국어에는 한글과 한자를 포함하여 하였습니다, 또한 이해를 돕기 위해 한자어를 함께 다수 표기하였는데 이는 한자를 제외하고는 어원을 연구할 수 없기 때문입니다.

3. 연구결과

알파벳 A부터 Z까지 임의로 발췌한 단어를 중심으로 한글 뜻, 한자어를 포함한 한국어 어휘의 발음과 연관한 의미로 분석하였습니다.

* 예시 ; anti 단어의 뜻은 반대, 적대, 대항, 배척으로 한국어와 유사한 말은 '안 돼'로 유사하
  게 바꾸어 쓸 수 있었습니다.

이는 한국어 학습을 하는 학습자 모두에게 그 이해를 돕고, 외국어 어휘 어원의 진실에 접근할 수 있는 방법입니다. 단어 분석은 영어, 세계어 어휘에 한자(漢字)에서 전래된 어휘를 비교하여 보았고, 후에 한국말의 소리와 의미를 가지고 만들었으며 또한 놀랍고도 중요한 점은 한국어(한국말, 한자)의 소리와 의미를 가지고서 고대에 인류 문화의 이동으로 인도유럽어와 더 나아가 영어어휘가 만들어졌다는 것입니다.

4. 결론

본 연구에서는 현재 전 세계에서 가장 많이 공용어로 쓰이고 있으며, 그 영향력이 큰 영어와 한국어의 유사성을 확인하여 한국어 학습과 세계어를 학습하는 데 보다 쉽고 빠르게 이해할 수 있도록 학습의 효과성을 높이고자 하였습니다.

알파벳 순서대로 A부터 Z까지 총 5,300여 개의 단어를 직관적으로 알아채고, 어원사전에서 그 기원과 설명에 대해 분석한 후 유사성을 적용하여 그 뜻과 음을 이해할 수 있도록 하였습니다. 또한 이해를 돕기 위해 한자어를 함께 표기하였습니다. 연구결과 5,300여개의 어휘 분석을 통해 영어 어휘 이해의 어려움, 외국어로서의 한국어 학습의 어려움을 해결할 수 있는 효과적인 방법을 제시하였으며, 한자어를 활용하여 학습자의 이해를 돕고자 하였습니다. 이는 국제사회에서 한국어가 학습하기 어렵다는 편견에서 벗어날 수 있으며, 본질적으로 영어와 한국어 모두 그 기원이 같으며 이러한 가설에 따른 어휘 분석 결과를 통해 두 언어의 동일성을 확인할 수 있었습니다.

《영어 단어의 어원은 한국어이다》라는 이 연구는 고정관념에 사로잡힌 학계와 국민들의 비

판을 무릅쓰고 용기를 내어 도출된 것이며 부족한 부분도 다수 있을 수 있음을 밝힙니다. 그러나 인류이동과 문화교류의 역사적 사실에 입각하여 동서양과, 수천 년 전 과거와 현재의 시공을 넘나드는 초월적인 평정심 속에서 상상력을 발휘하며 세계 언어들의 근원과 동일성을 통찰하는 심도 깊은 집중력과 분석력 탐구력 융합력으로 30여 년간의 노력을 통해 얻은 소중한 결과물로서 고도의 정신력과 창의력으로 피워 낸 언어고고학이라는 새로운 학문이 태동되는 것이며 이는 학술적으로 뛰어난 업적으로 새로운 학문 체계가 시작되었음을 의미합니다. 인류 언어의 뿌리는 동일하다는 보편적인 결론으로 이는 직관력과 인내력을 갖고서 영어 스펠링 속에서 부단히 한국어의 파편을 찾아낸 언어 고고학의 더없는 고귀한 결과물인 것입니다.

저는 우리 것만을 고집하는 좁은 소견의 순수한 민족주의자나 집착에 빠진 국뽕의 학자 입장이 아니며 깨어나 빛나는 의식으로 사물을 관찰하며 세계를 아우르는 드넓은 시야와 원융무애한 사고체계와 깊고 넓은 포용력을 지니고 있습니다

우리나라 청소년들은 자긍심과 함께 쉽게 영어와 외국어를 학습할 수 있으며 외국인들도 한국어를 친숙하게 받아들여 빠르게 학습의 효과를 얻을 수 있는 세계적으로 적극적으로 알리고 자랑할 만한 독창적인 연구 실적입니다.

제2의 훈민정음 반포에 버금가는 국내외와 세계적으로 획기적인 연구 결과물인 것입니다.

로마자로 된 영어나 유럽어의 어휘에서 한국어의 파편을 찾아서 퍼즐처럼 맞춰 가며 실제 어원을 향해 언어의 진실을 찾아서 가는 지난하고 고된 작업입니다. 어휘 분석을 통해 두 언어 간의 친연성에 놀라움을 금치 못하며 유사성과 합치점을 확인할 수 있었습니다.

"세계는 하나다"라는 텅 빈 큰마음으로 마음속의 좁고 폐쇄된 닫힌 문을 활짝 넓게 열어서 두 언어에 대한 틀에 박힌 고정관념과 선입견을 버리고 언어장벽을 서서히 허물어 가면 상호 간에 상대 언어에 대한 언어문화 흡수 능력이 한층 향상되고 인류의 고충인 언어불통 문제를 해결할 것으로 사료되며 대한민국이 갖고 있는 K-언어, 한국어 문화 역량을 글로벌 시대의 4차 문화산업으로 승화시켜 세계 속에서 크게 선양하여 언어문화 강국으로 부상하고 이는 몇천 년 동안 언어문화 대국으로서 발전하며 그 지위를 후손들이 누릴 것입니다. 행정부, 입법

부 또는 교육당국과 국립국어원 등 한글 연구기관에서 신속히 채택되어 국책사업으로 확대 연구가 진행되어야 할 최고의 중요한 연구 결과물입니다.

5. 향후, 연구 활동 과제

- 우리나라의 역사와 전통을 국내의 학교나 미디어에서 잘 가르치고 현대적 해석을 하여 미래를 개척하여 세계를 선도한다.
- 한국어(한자, 한글, 한국말)가 세계 언어의 뿌리인 것을 전 세계에 널리 알린다.
- 초등학교에서부터 학교 교육에 한자를 교육하여 한자문맹에서 탈출하며, 학문의 기초를 튼튼하게 하여야 한다.
- 한국의 전략적 혁신 미래 국책사업에 선정이 필요하며, 세계 언어 패권에 등극하여 문화 선진 국가를 유지한다.
- 한국 체험의 여행 상품에 한국어가 영어의 뿌리인 것을 학습할 수 있는 프로그램도 마련한다.

체계적인 연구를 위하여 국가적인 사업으로 육성하기 위해서는 천안의 선문대나 안성시의 중앙대나, 안성시의 국립한경대 등, 기타 연구센터를 개설하여 연 예산 100억 원 규모로 운영하여야 한다.

한국어 교육현장에서 한국어가 세계 언어의 시원인 것을 교육자료로 활용한다.

세계 유수대학의 교수와 도서관에 자료를 배포하여 학술회의를 한국과 외국에서 개최하고 각국의 영어 수업시간에 영어의 대부분 고급시원은 라틴어인데 그 라틴어나 고대그리스어가 한국어라는 것을 가르치게 한다.

한국에 체류하는 외국인과 자녀들에게도 한국어를 자연스럽게 어원을 밝혀내며 배우게 한다. 이에 더 나아가 세계 주요 나라의 도시와 대학에 "국가 차원의 권위 있는 한국어 교육원"을 건립하여 아래아(·), 반치음, 반시옷(ㅿ), 옛이응, 꼭지이응(ㆁ), 여린히읗, 후음(ㆆ)를 복원한 훈민정음(訓民正音)으로 그 나라의 글과 발음을 쓰게 하면 한국어가 세계 공용어가 되어 전 세계 언어의 통일을 시도할 수도 있다.

문화관광부, 외교통상부, 국정 홍보처, 4차 산업 혁신처 등 문화 정책과 산업 정책을 포괄하는 대통령 산하 기구를 만들고, 조선시대의 세종대왕이 훈민정음을 반포할 때처럼, 지금은 이 놀라운 결과물을 갖고 전 세계를 상대로 신 훈민정음 운동을 여러 학자분들과 추진하여 완성하여야 한다.

한류의 지속적인 발전을 위해서는 한국어의 위상을 새롭게 정립하여야 하며 그래야만 우리나라가 먹을거리 산업으로서 앞으로 10년, 100년, 1,000년, 10,000년의 긴 시간 동안 경쟁의 우위를 갖고 문화종주국의 위상을 갖게 되어 한국 문화의 확산과 함께 경제적 파급효과까지 갖게 되는 것으로서 자신감과 자긍심을 갖고 노력한다면 거대한 산업으로 발전할 수 있을 것이며 쉽게 한국어 영어 공용화 정책을 시행하여 영어문맹을 벗어날 수도 있다.

우랄 알타이어계라고 알려진 우리 "한국말"을 고대범어나 현재의 투르크계열의 나라언어나 몽골, 일본 언어와 비교해 보면 많은 유사점을 찾을 수 있으며, 특히 잉그리쉬어, 독일어, 불어, 라틴어, 중동어, 히브리어, 베트남어 등과도 유사한 단어들을 많이 찾아볼 수 있다.

한류의 시작은 태권도와 대중문화로 시작되었지만 그 마무리는 유구한 역사의 한국어교육으로 그 과실을 맺어야 한다.

한국어(한글, 한자, 한말)를 수출하는 일이야 말로 한국문화 수출의 핵심이고 목표이다.

일단 한국과 중앙아시아의 범 투르크계 연합을 이루어 내어 언어의 동질성을 밝히고 몽골, 베트남, 영어권에 확산시켜 나가야 하겠다.

국가적 차원의 적극적인 전략과 노력, 예산, 인력지원이 절실히 필요하다.

관계자들의 지혜를 모아 대한민국의 후손들에게 세계를 상대로 대대손손 먹을거리 산업을 물려주는 것이며, 이 연구결과물은 세계 언어학문의 융합 연구성과가 지대하므로 세계 인류에게 드리는 찬란하게 빛나는 창조적 업적의 선물이라 할 수 있는 것이다.

2025년 5월
감사합니다.

영어, 세계어 단어와 한국어 단어의 동일성 연구물의 분석 결과

간빙기가 12,000년 전에 끝나며 빙하가 녹으면서 홍수가 유발되어 물이 범람하여 온 지구가 물난리가 나며, 소행성의 인도양 충돌로 해일이 아라비안 해안 등의 중동지역을 덮치고 해수면 상승과 지진과 화산에 의한 기후의 변동으로 인해 생존과 정치, 경제적 환경 격변으로 인류의 이동을 촉발시키며 문명이 섞이며 발달하게 되었습니다.

15세기에 반포된 한자의 정확한 발음기호인 훈민정음이 유럽권에도 유입되었다는 가설을 세울 수도 있습니다.

1. 3음절이 2음절화 : 역(驛) → WAY

2. R의 연음 첨가 연음화 : 왕관의 관 冠 → COWN → CROWN

3. L의 연음 이중 활용 : 불알 → BL AL → BALL 볼

                                       : 모든 → AL알 EL얼 IL일 → ALL 올

4. 순수 우리말 : 기적 → miracle 물 위 걸어

5. 한글 숫자의 영어 숫자화 : 하나 일, 두 이, 석 삼 → ① ONE하나 ㅎ탈락, TWO두, THREE(R 첨가) 세엣, ② 열하나, 11 → ELEVEN 열에 일 붙인

6. 산스크리트어와 한글 동일 : 아궁이=AGNI (3음절 → 2음절)

7. 기마유목 민족의 고대 제천행사 문화에서

                                       : 무당의 갓 GOD, 굿 GOOD, 둘러써 DRESS

8. 기상용어 : 허리케인 → HURRICANE 후려까네

9. 이름에도 사용 : 좋은 → JOHN 조혼 → 요한, 존

10. 두음법칙 적용   : 맆(잎) → LEAF

11. 접두사로 사용되는 라틴어 고대 그리스어도 한국어

                                       : 많을 다(多), 많다 → MULT → MULTI (I 탈락되어 I 넣음)

                                       : 떨어(져) → TELE

12. 한국어 발음을 따서 만든 경우   : 오래된 → OLD 오래된

13. 종교적 기도   : 빌어 → PRAY 비러

14. 경상도 방언   : 힘풀어 → SIMPLE(단순) 심풀어

15. W 발음은 게르만 식으로 : 〔ㅈ, ㅂ〕로 발음

                                       : 바다 → WATER 물 (日語, 바다)

    Z 발음은 : 〔ㅅ, ㅆ〕으로 발음   : 천(天), 쌓은, 산 → ZION 시온 유대인

    S, C 기타 자음들의 발음들도 모음처럼 여러 가지로 변환되어 발음된다.

16. 한자(漢字)의 발음이 순 우리말 발음과 비슷하다 : GO→ 거(去) → 가

17. 생략법   : 마스크 → MASK : M막 A아 S서 K껴

                                     : 모기 → MOSQUTO → MOSQUITO (I 탈락되어 I 넣음) : 물어서 귀찮게 따(물어 성가시고 귀찮게 따)

18. 농경문화   : paddy ; 밭, 벼 도(稻), 쌀; 1. 밭대기, 2. 벼 도(稻)

                              : 농업, 농학 → agriculture : a알gri곡(穀物)을-cul 길러, 갈어-ture털어, 따

19. 한자 숫자의 아라비아 숫자화 : 一, 二, 三. → 1, 2, 3.

20. 한자를 라틴어 스펠링화   : 액화 液化 → AQUA

21. 기타

약어: 라틴어-ⓛ, 그리스어-ⓖ, 스페인-ⓢ, 독일어-ⓓ, 베트남어-ⓥ, 프랑스어-ⓕ, 이태리-ⓘ, 헝가리-ⓗ, 산스크리트어-(Sans), 히브리어-ⓗⓔ

A

Aaron ; 모세의 형, 유대교 최초 제사장 ; aar알(하늘, 해, 육체, 높은) on인(人)

ab ; ~으로부터, 이탈, 절대 ; ① ab앞에, ② ab없을 무(無), ③ ab-아버지, 아빠

abandon ; ⓕ 방종, 방자 ; ban방don종 방종(放縱)

abandon ; 유기(遺棄)하다, 버리다 ; ab앞에 andon안 둔

Abba ; (聖) 아버지, 아람어 기도문에 ; abba아빠

abbey ; 수도원, 수녀원, 성당 ; 하느님 ab아빠를 bey뵈는 곳

abbreviate ; 짧게 하다, 어구 등을 줄여 쓰다 ; ① a어(語)bbre빼브러 viate비웠다, ② ab압(축) bre(일)부러 viate뺐다

abdicate ; 왕위에서 물러나다 ; ab앞으로 di집 cate가다

abdomen ; 복부의, 배 ; ab앞 do돈은 men면

abdominal ; 신체 복부의 ; 앞 돈움이 나올

abduct ; 유괴(誘拐)하다, 납치(拉致)하다 ; ① ab압력 duct다그쳐, ② a애 b보고 duct다그쳐

abet ; 부추기다, 선동하다 ; ① a앞에서 be부 t추기다, ② be붙여 t도와, ③ (당길) a원(援) bet 뱉어(미끼)

abhor ; 혐오(嫌惡)하다 ; ① (산우뚝 할) ab압(砐) hor호(毫)(털이 서다), ② ab애비 hor혐오(嫌惡)

ablaze ; 활활 타오르고 ; a이어 bla불랐 ze제

able ; 능력(能力) 있는 ; ha해 ble브러 (h 탈락(脫落))

ablush ; 얼굴을 붉히어 ; a얼굴 blu붉어 sh져서

abnormal ; 비정상적인 ; a아닐 b비(非) normal정상

aboard ; 배에로, 배를 타고 ; a앞으로 boar배에 d접(接)해 (d=ㄷ, ㅈ 발음)

abolish ; 법률, 제도, 조직을 폐지하다 ; a안(부정) boli벌려-sh서(書), 제(制)

abolition ; 폐지 ; a안(案) bolition버려 치운

abominable ; 지긋지긋하게 싫은 ; a안 bomi봄이 nable나브러

aboriginal ; 원주민의, 토착의 ; ab앞에 ori오래 gi지나온 nal날

abort ; 유산시키다, 낙태(落胎), 중단 ; a애 bor보를 t떠

about ; ~관하여, ~의 주위를, 같을 약(若), 대략 ; a약(若) bout붙어

above ; 위에 ; ① abo업어 ve받침, ② above어부바, ③ 위로 봐 브러

Abraham ; 남자 이름, 아브라함 ; abra아빠라 ham함

abrasion ; 찰과상, 마모 ; a앞이 bra불려 sion지는

abreast ; 나란히 ; abr앞을 east이었다

abrupt ; 갑작스러운, 퉁명스러운 ; ab앞이 upt없다

absence ; 부재(不在), 결석, 없음 ; ab없 sen은 ce께

absent ; 결석의, 부재의, 없는 ; ① a안 b보여 sent진다, ② abs없어 ent잇는다

absinth ; 프랑스산 독주-압상트, 식물-쓴 쑥 ; ab한병 sin쓴 th쑥

absolute ; 절대의, 완전무결의, 확실한 ; ab아빠 solu쏠라(해, 태양)로 te돼

absolve ; 무죄임을 선언하다, 용서하다, 사면하다 ; a아주 b벗어나 sol살아 ve브러

absorb ; 흡수하다, 받아들이다, 병합 ; ab압력으로 sor수(水)를 b받아

abstain ; 삼가다, 기권하다, 끊다, 그만두다 ; abs엎어서 tain단(斷)

abstract ; 관념적, 추상적, 요약, 초록(抄錄) ; ① abs앞서 tr대략 act엮다, ② abs앞서 tract들어 가다

abundance ; 풍부(豊富), 부유, 많음 ; ① a위 bun풍(豊) dan장(藏) ce쌀, ② a아 bundance번 당께

abuse ; 남용, 오용하다, 학대(虐待)하다 ; ① a입에 buse부었어, ② abuse엎어서

abut ; 경계를 접하다, 인접하다 ; a아주 but붙어

abyss ; 바닥이 없는, 무저갱, 깊은 바다 ; a아주 byss비었어

academic ; 학업의, 교수의, 이론적인 ; aca학과, 학구, 학교-demic제목

accent ; 억양, 강세, 말씨 ; ① accen억센 t투, ② ac악 cent쓴다

accept ; 수락, 용인하다, 순응하다 ; ① ac악(樂) ce기뻐 pt받아들여, ② ac악(樂) cept잡다

access ; ~로 접근, 접속하다, 통로 ; ① access엮었어(엮것어), ② ac엮어 cess겼어

accessible ; 접근하기 쉬운, 이용하기 쉬운 ; acce,엮어, 어깨-ssible잡을래, 집을래

accident ; 돌발사고, 재난, 재해, 우연적 사건 ; ac악(惡)이 ceden껴진 t땜(액땜)

acclaim ; 환호하다, 칭찬하다 ; ac악(樂) claim끌림

acclimate ; 새 풍토에 익숙해지다 ; ac악(樂) cli끌려 mate맞춰

acclivity ; 치받이 오르막 경사 ; ① ac악(惡) cli치 vity받쳐, ② ac악 cli치 vity비탈 (l 삽입)

accolade ; 양 볼에 하는 키스, 나이트작위 수여 ; ① ac양 cola코에 de대 (l 삽입), ② ac양 col 코 ade앞대

accompany ; 동반하다, 함께 가다 ; ac엮어 com공(恭) pany반(伴)이여

accomplish ; 이룰 성(成), 완수, 성취 ; ac악물은 com꿈 plish풀었어

accord ; 동의, 일치하다 ; ac엮어-cord꽈져, cord꼬져, cord꼬다

account ; 계산, 금전거래, 고객, 계좌 ; ac역(易), ac아껴-(손가락으로)count꼰다

accumulate ; 재산을 축적하다, 쌓다, 모으다 ; ① ac아껴 cu긁어 mula모아 te대, ② 아껴 ccum 근검(勤儉)으로 돼

ace ; 에이스, 우수한 ; ① ace아쎄, ② 억쎄, ③ a우 ce수(優秀)

ache ; 아프다, 쑤시다 ; a아플 che참(慘) (m 받침 탈락)

acne ; 여드름 ; a애가 cne크네 (사춘기)

acorn ; 도토리 ; a애 corn콩

acquisition ; 습득, 취득, 획득 ; ac악(握) quisi꿰어져 tion쥔

acrid ; 매운, 쓴 ; a아리고 crid쓰리다

acronym ; 두문자어(단어의 머릿글자로 만든 말) ; acro엮어서 ny나는 m말

across ; 건너편, 가로질러서 ; ① a엇 cros갈렀 s서, ② a엇 cro가로 ss질러서

act ; 행위, 짓거리, 연출, 실행(actus) ; ① 앞으로-가다, 걷다, ② a앞으로 c걸어tu동(動) s시(始作)

active ; 활동적, 활발, 적극 ; a앞으로 c가 ti뛰어 ve버려

acupuncture ; 침술 ; a아파 cu침(가시) pun부항 c기(氣) ture뚫어

acute ; 심각한, 예리한, 극심한 ; ac예각(銳角) ute예(銳)두(頭)

adage ; 속담 ; 얻어져

adapt ; 적응하다, 순응하다 ; a아주 da닿아 pt버리다

add ; 더하다, 가산하다 ; ① ad얼 d다, ② 얹다

addict ; 빠지게 하다, 중독자(中毒者) ; a~에 d중 dic독 t된

addiction ; 중독, 열중, 탐닉 ; ① ad아주 diction적셔진, ② ad아주 diction중독된

addition ; 부가, 추가 ; addi얹져 tion지는

additive ; 첨가제, 첨가물 ; addi얹져 tive타 봐

address ; 주소, 보내다, 연설 ; ① ad아주 dres들어서 s살어, ② adress어디랬어, ③ addre아주 ss줬어, ④ ad얻어 dress들었어

adept ; 능숙한, 기술 ; ade아주 pt붙이다

adequate ; 충분한, 어울리는 ; a아주 de둘이 quate꿰였다

adjoin ; 인접하다, 붙어 있다 ; ad아주 join조인

adjourn ; 휴회하다, 연기하다 ; ad어중간하게 (중간에서) journ연(延期)

adjust ; 조절하다, 적응하다 ; a하나하나 d조정 ju정비하여 바로 s잡 t다 (s=ㅈ 발음)

administer ; 관리하다, 집행하다, 주다, 부여하다, 공급하다 ; ① ad얼은 mini민(民)을, 민의 로-ster치(治), ② ad아주 mini많이-ster쳐, 줘

admission ; 입장, 입학, 허가 ; ad얻어 mis맺어 sion지는

admit ; 허가하다, 인정하다 ; ad아주 mit믿다

adolescent ; 청소년기 ; adol애들 es에서 cent갠다

Adonai ; 나의 주님 ; a아(我) do주(主) nai님 (d=ㅈ 발음) (m 생략, 3음절이 2음절화)

adopt ; 채택하다, 받아들이다 ; a하나로 do담아 p버리 t다

adore ; 흠모하다, 아주 좋아 ; ① a애가 dore달아, ② a아 dore좋아 (d=ㅈ 발음)

adorn ; 장식하다, 꾸밀 식(飾) ; a말아-dorn돌린, dorn달은

adrift ; 표류하는, 떨어져 나간 ; a어찌할지 모르고 dri떨어져 ft버렸다

advancement ; 나아가게 하다, 진척시키다 ; ① ad앞(쪽) vance반겨 ment맨들어, ② ad아주 vance발전케 ment맨들어

advent ; 출현, 도래 ; ad앞쪽 vent보인다

adventure ; 모험, 뜻하지 않은 경험, 위험을 무릅쓰다 ; ad아주-ven뺑이 ture쳐, ven뺑 ture돌아

adverse ; 거스르는, 반대의 ; ad아주 verse별러서

adversity ; 역경, 불행 ; ad아주 versity빠졌지

advocate ; 옹호자, 지지자, 변호사 ; ad아주-vocate볶아대, vocate박았다

aerial ; 공기의, 대기의, 기체의, 공중에 치솟은, 항공기의 ; aer열(熱)로 ial이어서 (날으는 비행선)

aeronautics ; 항공학 ; aero열(熱)로-nau나와, nau날으는

aesthetic ; 예술적 미의, 미학의 ; aes예술(藝術) thetic지적(知的)

affair ; 일 사(事), 일상적 업무, 사무 ; affa아빠 ir일

affect ; 아픔이 침범하다, 영향을 주다, 감동시키다 ; aff아픔 e영향 ct감동

affectation ; 꾸밈, 가식 ; affe앞에 cta꺼대 tion치운

affiliate ; 가입시키다, 제휴, 계열사 ; affi업히 iate었다 (l 삽입)

affinity ; 인척, 동족 관계, 친밀, 유사성 ; ① af앞에, af아빠-fi피 nity나눴지, ② af아빠 finity편이지

affirm ; 단언하다, 확언하다 ; affi앞에 m맞추어

affirmation ; 단언, 주장, 긍정하는 ; affir업어 mation맞이하는

affirmative ; 긍정하는, 확언적인, 동의하는 ; affi업히어 mative맞추어 버려

affix ; 접사, 붙이다 ; af앞에, af엎어-fix붙여

afflict ; 괴롭히다, 피해를 주다 ; affi앞뿔이, affi아픔이-ct크다 (l 삽입)

afflux ; 흘러듦, 유입 ; af앞으로 flux흘러서

affluent ; 부유한, 풍족한, 지류(支流) ; af앞에 fluent흘러 잇는다 (f=ㅎ 발음)

affusion ; 세례의 관수식(灌水式) ; af앞에서-fu붓는 sion식(式), 부어지는

afloat ; 물 위에 떠서, 선상에 ; a위 floa배 t떠 (l 삽입)(float=boat배)

afore ; 앞쪽에, 전방에 ; af앞 ore으로

afraid ; 두려울 파(怕), 걱정하여, 무서워하여 ; ① afrai아파 d두려워, ② afr아파 aid하다, ③ a 아 frai파(怕) d두려울 (r 유음 삽입)

Africa ; 아프리카 ; a얼굴 fri 불로 ca까매

after ; 뒤에, 나중에, 다음에 ; ① 앞에서 떨어져, ② af앞에서 ter뒤로

aftermath ; 전쟁, 사고 등의 고통, 여파, 후유증 ; 전쟁 after뒤에도 math마저

afternoon ; 오후 ; after앞에서 뒤로 no낮이 on온

again ; 다시, 또 ; a우(又) gain갱(更)

against ; ~에 맞서다 ; a앞과 gain경(競爭) st상태

agape ; 거룩하고 무조건적인 사랑, 기가 막혀, 입을 벌려 ; ① aga아가를 pe봐 주는, ② aga아 가리 악(鄂), 놀랄 악(愕)-pe벌려

agatha ; 여자 이름, 애칭은 aggie애기 ; agatha아가씨

agaze ; 응시(鷹視), 바라보고 ; a안(眼) gaze가재(눈)

age ; 나이, 성년, 노년, 수명, 시대 ; ① age이제, ② 언제, ③ 아재(아저씨)

agglomerate ; 한 덩어리로 하다, 엉겨 모이다 ; ① ag아교(阿膠)로 glo굳어 merate모였다 (l 삽 입), ② 아교를 교반(攪拌)해 멕였다

agglutinant ; 교착(膠着)시키는, 들러붙는 ; agglu아교, ag아교 glu굳어-ti티 nant난다 (l 삽입)

aggravate ; 악화시키다, 심하게 하다 ; aggra악화(惡禍)가 vate받쳐 (r 유음 삽입)

aggressive ; 침략적인, 공격적인, 싸우기 좋아하는 ; ag아귀다툼 gresive갔었지비 (r 삽입)

aggro ; 도발(挑發), 항쟁, 분쟁 ; ① ag아귀로 gro가 (r 삽입), ② aggro악(惡)으로

agile ; 민첩한, 기민한 ; 몸이 a아주 gile재여 (l 삽입)

Agni ; 불의 신 ; ① agni아궁이(알궁), ② (알 익는) → 부엌=불

ago ; 전(前)에 ; ① ago아까, ② a아주 go간

agonize ; 고민하다, 고뇌하다 ; ① ago애고 nize나 죽어, ② a아 gonize곤해져, ③ a아 go고(苦) ni나 ze죽이네, ④ a아녀 goni곤히 ze자

agony ; 답답할, 고민, 속 태울 민(悶), 고통(苦痛) ; ① a아주 gony곤(疲困)해, ② a아 gony고(苦)네

agree ; 동의(同意)하다, 승낙하다 ; a아주 gree그려

agriculture ; 농업, 농학 ; ① a알 gri곡(穀物)을-cul길러, 갈어-ture털어, 따

ahead ; 앞에 ; a앞 head머리-해두(日頭)

Ahimsa ; 인도 자이나교의 불살생(不殺生) 계율 ; a아녀 him함부로 sa살(殺)

aid ; 돕다, 거들다 ; ① ai원 d조(援助), ② ai아이를 d도와

ail ; 괴롭히다, 병들게 하다, 앓다 ; ail앓을

aim ; 겨냥을 하다, 목표 삼다, 마음먹다, 과녁 ; a앞에 i있는 것-m맞춰, m목표

aimer ; ⑤ 좋아하다, 사랑하다 ; aimer애모(愛慕)

air ; 하늘, 바람, 공기, 허공 ; ① hai하 nr늘 (h, n 생략), ② bai바 ram람 → air (b, m 탈락), ③ hair허(虛) (h 탈락), ④ air열(熱)

airport ; 공항(空港) ; 하늘 port부두(埠頭)

al ; 알 ; al알(알, 해 일(日), 사람, 육체, 큰, 새)

Alabama ; 미국 남동부의 주 ; alba아빠 ama엄마 (l 삽입)

alabaster ; 설화(雪花) ; ala얼어 baster붙어

alack ; 슬프도다, 가엾도다 ; a아 ack악 (l 삽입)

alarm ; 알람, 불안, 공포, 경고, 신호 ; ① alar알려 m놀람, ② al알려 arm알림

album ; 앨범 ; al알(몸) bu보는 것 m묶음

albumen ; 알 흰자위 ; al알 bu보호하는 men면

alchemy ; 연금술 ; al알(금) chemy캠

alcohol ; 알콜, 술 ; ① al알(몸), al얼(정신)-cohol취할, ② al알, al얼-cohol골로 가

alert ; 경계하는, 경보 ; alert알렸다, 알리다

algebra ; 대수학(代數學) ; al알 gebra재브러(곡선)

algorithm ; 연산방식, 문제 해결 공식 ; ① algor알고 ithm있음, ② al알 gorithm가르침

alibi ; 알리바이, 변명 ; ali알려 bi보여

alienate ; 사람을 소원하게 하다, 멀리하다 ; alie어려워-nat나오다 e이(離), 나왔데

alignment ; 가지런함, 일직선, 정렬 ; ali일 gn직선 ment맨들다

alike ; 서로 같을 ; ali알이 ke같어

all ; 모두, 전부의 ; al알(신체), el얼(정신), il일(삶) → all

allay ; 달래다 ; al얼 lay러

allege ; 증거 없이 주장하다 ; ① allege알려지게(알리게), ② alle얼레 ge지랄하네

allegory ; 풍유, 우화, 비유 ; ① alle알릴 gory거리, ② alle알려 gory가려서, ③ alle알려 gory가리

allegro ; 빠르게, 빠른 악장 ; alle얼릉 gro가

allergy ; 알레르기 ; ① allergy어루러기, ② aller알려 gy기(氣)

alleviate ; 완화하다, 경감하다 ; alle아래로-viate비웠다, 뺐다

allude ; 암시하다, 시사하다 ; allu알려 de줘

allure ; 구슬리다, 달래다, 매력, 유혹하다 ; allure얼루어

ally ; 동맹국(同盟國) ; 알 얼 일(all)로 (합하여)

aloha-oe ; 하와이 안녕 노래 ; ① alo알(태양)-ha호(好), 해-와요 ② alo안녕 ha하세요

alone ; 다만 홀로 ; al알(몸) one하나

along ; ~을 따라 ; ① alo알 n나란히 g가, ② along알롱 (떠네)

alpha ; 그리스 알파벳의 첫 글자 ; ai알(태양, 사람)이 pha퍼져

Alps ; 알프스 산 ; al알(달걀=하얀) p바위 s들

altar ; 제단(祭壇), 제대(祭臺) ; al알(태양, 몸, 사람)-tar터, tar닿을, tar단(壇)을 (받침 생략) (제천(祭天)행사(行祀))

alter ; 변경하다, 거세하다 ; al(불)알 ter떠

altercate ; 언쟁하다, 말다툼하다 ; al말 ter터서 cate까데 (m 탈락)

alternate ; 번갈아 일어나다, 엇갈리다, 하나 걸러의 ; (닭이) al알 ter따라 nate낳다

alternative ; 하나를 택할 여지, 택일, 대안 ; al알 ter따라 na낳은 것 tive집어 (t=ㅈ 발음)

altitude ; 고도, 해발, 고지 ; (땅) al하늘 ti닿아, 언덕-tude재지

altogether ; 아주, 전부, 벌거숭이 ; alto옷을 gether거두어 (l 삽입)

altruistic ; 이타적인 ; al알-trui돌려, 드려-stic적선

alvine ; 아랫배의, 창자의 ; al아래 vine빼내 (v=ㅃ 발음)

always ; 늘, 전부터 항상, 언제나 ; al알(알, 얼, 일)-ways와 있어

Alzheimer's disease ; 알츠하이머 병 ; alz알아차림 heimer헤메여 s서툴러

amah ; 유모, 하녀 ; ama엄마 h하녀

amass ; 축적, 쌓다 ; a알-mass모았어, ma모을 ss적(積) (ss=ㅈ 발음)

amateur ; 아마추어, 서툰 ; a안 mateur맞추어

amaze ; ~에 놀란, 깜짝 놀라다 ; ① ama으메-ze죽어, 죽이네, ② ama워메 ze징허네

ambi- ; 양쪽, 둘레 ; ambi양방(兩傍)

ambiguity ; 중의성, 애매모호함 ; ① 양방 같지, ② am아무나 biguity비꼈지

ambit ; 주위(周圍), 방위, 경계 ; ambi양방 t주위

ambivalent ; 양면이 상존하는, 애증(愛憎), 불안정 ; ambi양방 valent불안정 (t=ㅈ 발음)

amble ; 말의 측대보(側對步) 걷기 ; a한 m말 ble보 (l 삽입)

ambulance ; 구급차, 야전병원 ; am아무나 bula병자를 n나르는 ce차(車)

ambush ; 매복(埋伏) ; ① a안에서 mbus망봐서, ② a안에 mbush매복서

Amen ; 아멘, 그렇게 되어지다, 진실로, 찬양 ; ① 옴AUM, OM, ② A하느님 men믿는, ③ A한 man분(사람), ④ am암 en인정, ⑤ amen안명(安命)

amend ; 개정하다, 고치다, 변경 ; a하나 mend맨들어

amendment ; 개정, 교정 ; a하나 men맨든 거 d다시 ment맨든다

american ; 아메리카 대륙의 원주민들 ; ① a아(사람) meri머리 ca까매 n네, ② ameri앞머리 can간 (변발(辮髮))

amiable ; 붙임성이 있는, 호감을 주는 ; amia얌마 ble불러

amicable ; 우호적, 쾌활한 ; a아 mic막 cable까불어

Amitabha ; 아미타 불(佛), 무량수(無量壽) 무량광(無量光)불(佛) ; ① a아녀 mita몇이여(미터) bha불(佛)(→ 공간과 시간을 무한정, 광대무량하게 보면 볼수록 마음의 파동도 깊어지고 넓어져 온 우주에 중첩되어 있는 텅 빈 무한능력을 감싸고 있다가 경계를 접하는 순간 마음이 이를 관찰하며 입자로 바뀌며 몰입하는 능력-서방정토의 거리 10만억 불국토), ② a아닌 mita마침이 b밝고ha환해 (광(光)), ③ a아닌 mita마쳐 yu영원한 s삶 (수(壽))

amity ; 친목, 친선, 우호 ; a하나로 mity맺지

amnesia ; 기억상실, 건망증 ; a안타깝게 mn맨날 esia잊어

amnesty ; 사면(赦免), 자진신고 기간 ; a하나로 mnesty면했지 (st=ㅉ발음)

among ; ~의 사이에, ~에 둘러싸여 ; a하나 mon모인 g가운데

amor patriae ; ① 애국심, 조국애 ; amor아몰(我歿), 아(我)몸을-patriae받쳐

amorphous ; 부정형의, 형체가 없는 ; ① a안에 mor물을 phous부었어, ② a아녀 mor물(物) phous보였어

amort ; 죽은 듯한, 의기소침한 ; a원기 mor몰(沒) t돼

amortization ; 만기 연장, 할부 상환 ; a월mor말 ti떼어서 za줘 tion치운

amphi- ; 둘 양(兩), 두 가지 ; amphi양방(兩方) (m=ng)

ample ; 풍부(豊富)한, 넉넉한 ; am엄청(많이) ple부한 (l 삽입)

amplify ; 확대하다, 증폭시키다 ; a엄청 m많이 pli풀어 fy펴

ampulla ; 목이 잘록한 둥근 병 ; am앞목 pulla배불러 (l 두 번 삽입-ㄹ 두 번)

Amsterdam ; 네덜란드의 수도, 암스테르담 ; 한물(큰물) 터 (강(江)의) 담(둑)

Amur ; 아무르 강江 ; a한(큰) mur물 (h, n 탈락)

amuse ; 즐겁게 하다 ; a웃음 muse미소(微笑)

amygdala ; 복숭아류(類) ; a아 my맛이 g기막히게 dala달아

an- ; 없을 무(無), 그리고 ; ① an아녀, ② an앤드

anachronism ; 시대착오(錯誤), 년대 날짜 오기(誤記) ; a아녀 nachro날짜 (l 탈락, r 삽입)

anaconda ; 아나콘다(남미의 독 없는 큰 뱀) ; ana안아(서) conda꼰다

anal ; 항문(肛門)의 ; a아래로 nal나올

analog ; 유사물(類似物), 비슷한, 닮은, 아날로그형 ; analo하나로 g가 ↔ digital 둘로 지을 알
　　(0, 1 둘로)

analyse-ze ; 분해하다, 분석하다 ; anal하나를-se세(細)(작고 가늘게), ze째

anarchy ; 무정부의, 무질서의 ; a안(부정) nar나라 chy기틀

anastomosis ; 가지 혈관 등의 접합, 합류 ; ana하나로 sto다 mosis뫄졌어

anathema ; 아나퇴마, 교회로부터 추방하는 저주, 파문 ; a안에서 na나가게 thema퇴마(退魔)

anatomy ; 해부학, 사물의 분해 ; a안을 na나눠 tomy토막 (받침 생략)

ancestry ; 조상, 가계, 기원 ; an앞에 있는 ce세世 stry선대先代 (받침 생략)

anchor ; 묶을 박(泊), 정박하다, 닻, 고정시키다, 뉴스앵커 ; ① anchor앉혀, ② 안처(安處)

ancient ; 고대의, 아주 오래된 ; ① an안 ci기록 ent연대, ② (숫자를) an안 cien센 t때

and ; 그리고, 또한 ; ① a앞 n나란히-d더, 다음, 뒤, ② an한-d다음, 뒤

andante ; 느리게, 안단테 악장(樂章) ; ① andan완장(緩章) te더(느리게 더), ② an완(緩)을 da
　　달아 nte놓은 데

anecdote ; 짧은 재미난 일화, 입증되지 않은 이야기 ; ① an안 잊게 ec엮어 do다 te털어봐

angel ; 천사, 아름답고 친절 ; ① an인(仁), 하늘-gel절(切), 전(傳), ② an인(引) gel절(切) (친
　　절(親切))

anger ; 노여움, 성화 ; an안어 ger고(苦)를

angle ; 각도, 관점, 양상, 낚시 ; ① an안에-gle귀퉁이, 각(角) (l 삽입), ② 고기a어(漁) ngle낚
　　어 (l 삽입)

Anglo-saxon ; 앵그로 색슨족, 영국계의 사람 ; anglo인간(人間)-saxon자손(子孫)

angry ; 성낼 진(瞋), 노염, 화 ; ① an안 gry그래, ② an아녀서, gry진(瞋) (r 삽입, n 받침 탈락),
　　③ 안어 고(苦)를

anguine ; 뱀의, 뱀 같은 ; a아주 n낮게-guine기네, 길으네

angular ; 각을 이룬, 모서리진 ; ① an안(부정) gular굴러, ② 안에 각으로

anima ; ① 생명, 영혼, 정신 ; ① 안에, 하나-마음, ② 안에 명(生命), ③ a하나 nim님 a아이들,

④ ani영(靈) ma마음

animal ; 동물(動物), 짐승 ; ① anim아님 al알(사람), ② anim하느님 al알(육체), ③ a애 nim낳음 al알(태양, 생명, 신), ④ ani아니 mal매여 있을, ⑤ ani영mal물(靈物)

animate ; 생기, 살아 있는 ; ① 안외(外), 한-마음 돼, 맞댔어, ② 안외 명돼, ③ 안어 맞추어

animation ; 애니메이션, 그림만화 ; ani안에 ma명(生命) 짓는

animism ; 애니미즘-만물에 영혼(靈魂)이 깃들어 있다는 믿음 ; ① ani안에 ma마음, ② 하느님 믿음, ③ 한마음, ④ 영물(靈物)

ann/enn ; ① year, 년(年) ; a해 nn년 (h 탈락)

annals ; 연대기, 연보 ; a해 nn년을 al알아 s적어 (s=ㅈ 발음)

annates ; 카톨릭 성직 첫해 수입 세금 ; anna년에 te떼 s세금

annex ; 추가하다, 부속기관, 별관 ; an안에 n넣어 ex이었어

anniversary ; 기념일(紀念日) ; ① anni년이어 ver빌어 sary살려, ② an안 ni잊어 ver버리고 sary살리

announce ; 발표하다, 알리다 ; an안에서 noun나온-ce소리, 성(聲)

annual ; 매년의, 연간의 ; ann한 년 ual이을

anonymous ; 익명(匿名)의 ; ano아녀 ny내 mous명(名)

another ; 또 하나의, 다른 ; ano하나-ther더, 달러, 타(他)

answer ; 질문에 대답, 답신, 해답, 해결책 ; ① an안 s쉬 wer워, ② an아는 (것) swer써 줘

ant ; 개미 ; (줄 맞추어) ant간다 (g 탈락)

antarctic ; 남극 ; ant언데 ar얼음 ctic끝에 게

ante ; 전(前)에, 앞에 ; ① ~이 ante안 돼서, ② a앞 n인 te때

antediluvian ; 노아의 대홍수 이전의, 태고 때의, 낡은 ; ante앞인 때 di대(大) lu류(流) vian피난

anthropo- ; 사람, 인간, 인류 ; ① anthro인도(人道)로-po봐, 보(報), ② an인人 thro서로-po봐, 보(報)

anti ; 돌이킬 반(反), 반대(反對), 대항, 배척 ; ① 안 돼, ② 반대 (ㅂ 생략)

antibiosis ; 항생작용 ; ① anti안 돼 bio비어(공쪼) sis지었어

antic ; 어릿광대, 우스운 ; an앙 tic증(맞은)

anti-freeze ; 부동액(不凍液) ; anti안 돼-불(不)액체(液體), fre풀이 e얼어 ze죽어

antipathy ; 반감, 비위에 안 맞음 ; anti안 돼 pathy봤지

antique ; 구식의, 고대의, 골동품 ; anti연대-que쩨, que귀해

antiquity ; 고대유물, 아주 오래됨 ; anti년대 quity쩨 돼

antonym ; 반의어 ; anto반대로 ny나오는 m말

anus ; 항문, 똥구멍 항(肛) ; a아래로 nus눴어

anxious ; 근심할 양(恙), 근심, 걱정하는, 불안 ; an양에 xious치였어

any ; 약간의, 임의의, 아무, 어떤 ~라도 ; any아니 (말하기 전에 관형어로)

Apache ; 아메리카 인디언 아파치족 ; apache아버지

apair ; 짝 배(配), 한 쌍의, 둘이 ; a한 pair배(配)

apart ; 떨어져, 따로, 조각조각 ; a하나로 par파(派)로 t따로

apartment ; 아파트 ; a하나로 part방들-ment많은데, 맨들어

apathy ; 무관심, 냉담한 ; a안 pathy봤지

ape ; 영장류, 유인원, 원숭이 ; ① (새끼를) ape업어, ② (새끼가) 업혀 (살아감)

aperture ; 빼꼼히 벌어진 구멍 ; aper앞에 ture뚫어져

apex ; 꼭대기, 정점 ; a위 pex뾰족

apiculture ; 양봉(養蜂) ; a양-pi벌, 봉-cul꿀 ture따러

apocalypse ; 묵시록, 요한계시록, 종말 ; a하느님 (아버지의) poc복(福)을 a한 개의 lypse잎새에

apocrypha ; 구약의 경외서, 위경, 위작 ; ① a하느님의 poc복과 (다른) ry이(異) pha파(派), ② apo아빠를 cry그려 pha봐

Apollo ; 그·로 신화, 아폴로, 태양의 신, 우주선 ; ① a하나 pol밝은 lo라(태양), ② apo아빠 lo라(태양)

apologetic ; 변명하다, 해명하다 ; a앞일 pologe바르게 tic대꾸 (l 반복)

apoplexy ; 뇌졸중, 중풍 ; ap앞으로, 아퍼-oplexy어프러져

aport ; 좌현(左舷)으로 ; a왼 por배를 t돌려

apostasy ; 배교, 변절, 탈당 ; ① a하느님 pos배신 tasy탔어, ② apo아빠(하느님)를 s삭 tasy뗐어

apostle ; 예수제자 사도, 전도자, 개척자 ; a아버지 하느님 po퍼 stle쳐 (st=ㅊ 발음 (l 삽입)

apotheosis ; 신으로 받듦, 숭배 ; ① (하느님께) apotheo어퍼져 sis지었어, ② apo아빠로 theo지어 sis졌어

apparel ; 의복, 제복(祭服), 치장, 의장복 ; ① ap입 parel힐, ② (치장을) ap업 parel힐 (r 삽입)

apparent ; 분명한, 눈에 또렷한 ; ap앞에 parent봐 이은다

appeal ; 간청하다, 호소하다 ; ① a아는 p바를 peal펼쳐, ② ap앞에서 pe퍼 al알려

appearance ; 출현, 기색, 얼굴, 모양, 유령 ; ap앞에 pe봐 arance아른거려

appease ; 사람을 달래다, 가라앉히다, 완화, 유화 ; ① ap앞 pea평화 se서로, ② 압(壓)을 빼서

append ; 덧붙이다, 부가하다, 걸다, 음경 ; ① ap앞에 p붙여 en이은 t달어, ② app앞배 en이은 d달렸어

applaud ; 박수를 치다, 찬양하다 ; a아프도록 p박수로 plad불났다

applause ; 박수갈채, 칭찬 ; ① (손을) ap엎어-plause불났어, ② 엎어 박수(拍手)

appliance ; 기구, 장치, 가정용 기기 ; ap앞 plian편리한 ce기계

application ; 적용, 응용, 사용, 신청 ; appli앞으로 cation가지는

apply ; 포개다, 대다, 적용 ; ① ap엎어 ply브러, ② ap앞으로 ply펴

appoint ; 임명하다, 정하다 ; ap앞을 po봐-int인정하다, int앉다

appraise ; 살피다, 감정하다, 평가하다 ; ap엎어서 prai봐 se줘

appreciate ; 진가를 알리다, 감상하다 ; ap엎어 pre평ci가 ate하다

apprehend ; 우려하다, 체포하다, 이해하다 ; ap압(壓) pre법으로 hen한 d두려움

approach ; 접근하다, 다가가다 ; approa앞으로 ch쳐

approve ; 찬성하다, 승인하다 ; ap앞에 보여 prove풀어 버려

approximate ; 거의 정확한, 근사치, 근접한 ; appro앞후(後)로 xi지 mate맞춰

april ; 4월 ; ① a화(花), 열(熱)-pril필, ② a앞으로-pril벌릴, ril열릴, ③ a열(熱)- pril부를, 푸를

apteryx ; 큰 얼룩 키위(무익조) ; 아닌(무) 뼈 털 새

aptitude ; 적절함, 소질 ,적성 ; ap앞 ti대(對) tude태도(態度)

aqua- ; 물, 액체(液體), 용액(溶液) ; 액화(液化)

Arabia ; 아라비아 ; ① ar알(태양) abia아빠, ② ara알(태양)을 bia뵈여

arbeit ; ⑩ 아르바이트, 일 ; ① 알을(몸, 노동력)-바친, 밭에

arbitrary ; 행동, 법칙 등이 독단적인, 임의적인 ; ar아래로-bitrar봤다, bi봐 trar틀어

arbor ; 정자 정(亭) ; 아래 볼

arc ; 활 호(弧), 호형, 궁형(弓形) ; ① ar활(h탈락)-c시(矢), c궁(弓), ② 알, ar활-c곡선(曲線), 굽어

arch ; 아치형의 구조물 ; ar알(아로), 활-ch짓다

archaeology ; 고고학(考古學) ; ar아래-chae캐, 채(採)-ology올리기

architecture ; 건축술, 건축양식, 구조 ; ① ar아름답게 chi짓고 tec턱을 ture뚫어, ② ar아름답게 chitec창턱을 ture뚫어, ③ ar아름다운 chitec저택(邸宅) ture지어

archives ; 기록보관소, 고문서, 공문서 ; ar아로(두루마기 모양) chive접어 s서류

arctic ; 북극의, 극한의 ; ① ar아로(둥근) cti 끝에-c극, 께 ② ar어름 c꽤 tic두꺼워, ③ ar어름 cti 극도로 c추울

ardor ; 열정, 열의, 열성, 작열(灼熱) ; ardor열정(熱情) (받침 탈락, d=ㅈ 발음)

area ; 지하실 출입구를 위한 빈터, 지역(地域), 구역, 범위 ; are아래를 a여는

aregue ; 논의하다, 주장하다, 따지다 ; ① aregue아귀 (다툼), ② are알아 gue가

arenaceous ; 모래에서 나는, 모래 많은 ; are알에 na나는 ceous키워서

arid ; 땅 기후 건조한, 바싹 마른 ; ① ari알(땅), 아래-d단단한, ② arid갈라져 (g탈락)

arise ; 발생하다, 솟아오르다, 잠에서 일어나다 ; ari알이 se서

arm ; 팔, 힘, 무기, 군사 ; ① parmok팔목 (p, ok 탈락), ② ar알 m많은, ③ (한) arm아름, arm아름(드리)

armistice ; 휴전, 정전 ; arm힘 sti지(止) ce쉬어

armor ; 갑옷 ; ① 알을, har활(화살)을 (h 탈락)-mor막을

arms ; 무기, 군비 ; arm팔을 s써 (무기가 됨)

around ; 사방으로, 주위를 빙 둘러싸다 ; ar알로 oun원-d돌려, 둥근

arrange ; 배열(配列)하다, 줄 열(列), 가지런할 제(齊) ; ar열(列) ran련(連) ge제(齊)

arrest ; 체포(逮捕)하다, 멈추게 하다, 억류(抑留)하다, 잡을 체(逮) ; arre억류 st체(逮) (ㄱ 탈락)

arrival ; 이를 도(到), 도착, 도달 ; arri아래 val발

arrive ; 올 래(來), 방(訪), 도착하다, 닿다 ; ① arri올 래(來) ve방(訪), ② ar아래로 ri유流 ve버려 (바다로)

arrogant ; 건방진, 거만(倨慢)한, 오만(傲慢)한 ; (눈을) arro아래로, 알로-gant깐다

arrogate ; 속어 자기 것으로 하다, 가로채다 ; ar야로 ro로 gate가져

arrow ; 화살 ; ① arrow활로 (h 탈락), ② arrow날라와 (n 탈락), ③ 알이 빨라 (w=ㅃ 발음)

arrow root ; 칡 ; ar아래 o알 w밴 (w=ㅂ 발음)

art ; 예술(藝術), 미술, 기예 ; ① art아름다운, ② ar원(圓)으로 t된, ③ ar알(원(圓)) t다움, ④ 예(藝) 다움

artery ; 동맥 ; ar아래로 tery달려

arthritis ; 관절염 ; ar알(뼈) thri틀어 tis졌어

article ; 논설, 조항, 기사 ; ar알려 ticle지게 (l 삽입)

articulate ; 또렷이 말하다, 분명히 표현 ; articu알아듣게 ate했대 (l 삽입)

articulation ; 표현, 발음 ; 알어 지 클러지는

artifact ; 고대유물, 인공물, 공예품 ; ar아래 ti떠 fact바깥에

artifice ; 책략, 계략 ; ar아래로 ti다-fice보께, fi비밀ce계획

artificial ; 인공의, 인조의 ; ar알(사람)이 tificial대패질 할

ascend ; 올라가다, 오를 승(昇) ; ① as애써 cent간다, ② a오를 scen승 d대臺

ash ; 재, 화산재, 재 회(灰) ; ① a화(火) s재 h회, ② ash화산회(火山灰) (h 탈락)

ashamed ; 부끄러워하여, 수줍어하여 ; a얼굴 shamed싸매다

ashtray ; 재떨이 ; ash재 tray떨어

Asia ; 아시아, 동양(東洋) ; asia아사 달(阿斯達) (일본어 asia아사 히=아침 해)

ask ; 묻다 ; ① as애써-k캐냄, k구함, ② (물)as어서 k캐냄

aspect ; 외관, 모양, 생김새, 국면 ; a얼굴 s생김 p봐 ect엮다

aspire ; 열망하다, 갈망하다 ; ① a한 s생각 pire펴, ② a하나의 s숨-pire빌어, pire불어

ass ; donkey당나귀 ; ass애써

assault ; 공격하다, 폭행하다, 전시의 잔혹(殘酷)행위 ; as애써 sault싸우다-싸울 태세 (l 삽입)

assemble ; 모으다, 회합하다, 조립하다 ; ① a이어 ssemble쩜매브러, ② as아들손자 se지
　　　　mble모아 불러

assert ; 주장, 단언하다 ; as애써 ser설(說)을 t털어놔

assess ; 평가하다, 액수를 정하다, 가늠하다 ; as액수를 se세어서 ss정했어 (ss=ㅈ 발음)

asset ; 자산, 재산 ; a하나 가득-sset쌓여 있다, sset재였다, 재(材)있다

assist ; 원조하다, 거들다, 조력(助力) ; assis애써서 t돕다

associate ; 동료, 연합시키다, 교제하다, 섞일 교(交) ; as애써-soc섞 iate이다, sociate섞였대,
　　　　섞여교제

assume ; 가정하다, 떠맡다, ~인 척하다, 추정 ; assume어쩌면 (n 생략)

assure ; 장담하다, 확인하다, 보증하다 ; ① as안심 sure서약, ② assure아싸라 하게

asthma ; 천식의 ; as애써 th숨 ma막혀

astro/aster ; 별 ; ① a하늘-stro성두(星斗), 성좌(星座), 달려 있는, ② 아스라이- 떨어진, 달려, 탈

asylum ; 보호 수용소, 피난처 ; a알 (사람) sylu실려 m움

athlete ; 육상경기자(競技者) ; a앞 th달 le려 te뛰어

athletic ; 운동 경기의, 몸이 탄탄한 ; ath애써 tic뛰기

atman ; 산스크리트어, 순수한 영혼, 본질적 자아, 아트만 ; atm참 n나

atom ; 원자, 극소량 ; a원래 tom토막

atop ; 꼭대기에, 맨 위에 ; a위 top탑(塔)

atrocity ; 흉악(凶惡), 전시의 잔혹행위 ; a악(惡)-tro뚫어, 짤러-city시체

attach ; 붙이다, 바르다 ; at어디다 tach닿게

attack ; 공격하다, 습격(襲擊)하다 ; a아주 t대놓고 tack타격(打擊)

attain ; 이르다, 도달하다, 획득하다 ; a이르러 t도달하여 tai따 n낸

attend ; 출석하다, 간호하다, 수반하다, 정성을 들이다 ; at아주 ten정성을 d들이다

attention ; 주의, 응대, 친절 ; at응대 ten친절 tion지은

attest ; 증명하다, 증언하다 ; att어땠다고 es이어서 t떠들어

Attila ; 아띨라-훈족의 왕(406?~453) ; atti아침의 la라(해, 빛, 신(神))

attire ; 옷차림새, 차려 입히다 ; at옷 tire둘러

attitude ; 태도, 몸가짐, 마음가짐 ; atti어때 tude태도(態度)

attorney ; 법률대리인, 변호사 ; at얻어-torn딴 ey이, 딸린 이

attract ; 끌다, 획득하다, 유인하다 ; at애써 tract당기다

attribute ; ~의 탓으로 하다, 속성, 특질, 부속물 ; ~a에 t탓 tri들러 bute붙다

au fond ; ⓕ 근본은, 실제는 ; au원래 fond본제(本際)

aum/om ; 불교 진언, 옴 ; ① 아(我)와 우(宇)주를-모음, 맞이, 맞춤, ② 엄마, 어멈, 어머니, 어
메, 어미 모(母) (생명과 자비와 신성의 화신)

aum/om aranam arata ; 옴 아라남 아라다, 개법장 진언 ; 어메 알아 남김없이 알아 다(모두)

au revoir ; ⓕ 안녕(安寧), 다시 봐 ; au안녕 re래(來) voir봐

auction ; 경매(競賣)로 팔다 ; auc아깝게, auc호가(呼價)에-tion치운

audio- ; 들을 청(聽)의 뜻, 가청 주파수의 ; au이(耳) dio들어

August ; 8월, 아우구스투스 로마 초대황제에서 유래 ; Augu우거 st졌다

aurora ; 새벽의 여신, 서광(曙光), 오로라 ; auro열어(여명)의, 알의-ra라(태양신)

auspicious ; 행운의, 길조의, 경사스러운 ; au앞에 s상서로운 picious빛이었어

author ; 저자(著者), 작가, 창시자 ; ① au외워 thor써, ② au외워 thor저(著)

authorize ; 권한을 부여하다, 인가하다 ; author인정을 ze줘

auto- ; 자신의, 자동(自動), 혼자 ; ① jau자 tong동(自動) (j, ng 생략), ② au아(我) to동(動), ③
au아 to자(我自), ④ au아(我) to따로, ⑤ 홀 (h 탈락)

autochthon ; 토착민(土着民), 토인 ; ① au안에 to토 ch착 thon종, ② auto자동으로 ch큰 thon종

autopsy ; 부검, 검시 ; aut옷 op없이 sy시(視)

autumn ; 가을, 수확기 ; au얻어 tumn담는

avail ; 유용성, 이익, 소용에 닿다, 쓸모가 있다 ; ava아빠 il일

avalokitesvara ; 범어, 관세음 보살 ; ① 아래 보아-귀 대, 구제-esvara있어 보아 (관찰자), ②
　　　　하방(下方)록(瞙)처(處) 성(聲)(소리) 봐

avarice ; 탐욕, 욕심 ; ① 앞발로 캐, ② a아주-varice바랬어, 뻘개, 빨리 취(取)해, 빨리 캐

avatar ; ① 아바타, 구현(具顯), 몸을 받은 화신(化神) ; ① ava아빠-tar탈, 따를, ② a화(化)하
　　　　여-바닥에, va밖을 tar따를

avenue ; 대저택의 가로수 길 ; ave앞이 nue넓어

averse ; 싫어하는, 반대하는 ; a아주 verse버렸어, ② a아주 ver별러 se싫어

avert ; 눈을 돌리다, 피하다 ; ① a안(眼) ver피해 t돌리는, ② a얼굴 vert빼다

aviation ; 비행(飛行), 항공 ; a하늘 vi비 a행-tion선, tion떠운

avoid ; 회피(回避)하다, 취소하다 ; ① a안 void보이다, ② 앞에서 빼다

avouch ; 보증(保證)하다, 확언하다 ; a완전 vouch보증

awake ; 깨우다, 눈뜨게 하다 ; a안(眼)-wake밖에, wake잠 깨 (w=ㅂ, ㅈ 발음)

awaken ; 자각시키다, 깨우다 ; a완전 wa잠 ken깨는

award ; 수여(授與)하다, 수상(受賞) ; a여 ward받어

away ; 떠나다, 없는, 다른 데 ; a안 way봐

awe ; 경외심, 경외감 갖게 하다 ; (두려워 할) awe외(畏)

axe ; 도끼 ; a하나를 xe째

Aztec ; 아즈텍 ; ① A아 z사 tec달(阿斯達), ② a아 z침 te태(太白) c산(山)

B

B=ㅂ, ㅍ, ㅃ 발음

Baal ; 고대 셈족의 발 신(神) ; baal발

B Y C ; 내복(內服) 상표, 비 와이 시 ; b백(白) y양(羊) c사(社)

babe, baby ; 아기, 유아, 어린애 같은 사람 ; ① babe, baby 바보, 봐봐, ② 봐 보(살펴야 하는)

Babylon ; 바빌로니아의 수도, 바빌론 ; baal바알신에, Babel탑에-bylon빌은

Bacchus ; 술의 신, 배커스 ; (대갈)bac빡(머리) chus취했어

bachelors ; 다른 기사를 섬기는 젊은 기사 ; bachelor바칠려

back ; 등, 뒤, 배면 ; ① (등) ba배(背) (등마루) ck척(脊), ② back밖에(바깥)

bacon ; 베이컨, 훈제 ; ba바삭하게 con구운

bacteria ; 세균류, 박테리아 ; bac박쥐 teria털이야

bad ; 나쁜, 악질, 위험한 ; ① b보이는 게 a안, ba부(不)-d좋아 (ㅈ 발음), ② 부질(不質)

bag ; 자루, 가방, 부대 ; bag바구니

Bagdad ; 바그다드, 이라크의 수도 ; bag밝은 da달 d들판

baggage ; ① 수화물, ② 말괄량이, 건방진 여자 ; ① bag백이 gage가게끔, ② baggage바가지
　　　(긁는다)

baguette ; 프랑스의 길쭉한 빵 ; ① ba빵-gue구워, 길어-tte태워, tte딱딱, ② ba빵 guette구웠다
　　　(ng 탈락)

Baikal ; 바이칼 호수 ; ① bai밝은 kal(빛)깔, ② (알혼) bai바위 kal(빛)깔, ③ baikal빛깔, ④ 바
　　　위 갈 (물=냇갈=개천)

bait ; 미끼 ; bait뱉어 (내야 하는 것)

bake ; 빵 굽다, 빵 등이 구워지다 ; ba빵 ke귀 (받침 탈락)

bakery ; 빵집, 제과점 ; ba반(飯), ba밥-kery거리

balance ; 저울 칭(秤), 천칭(天秤), 평균, 균형 ; balan바른-ce쇠, 칭

bald ; 대머리 발(髮), 벗어진 ; ① bald발라당 (까진), ② bal발(髮) d대머리

balk, baulk ; 장해, 방해물 ; (담) balk벽 (l 삽입)

ball ; ① 구(球), 공 모양의 것, 볼, ② 무도회 ; ① b불 all알 (l 두 번), ② ball발랄

ballet ; 발레, 무용극 ; ball발로 e이어, balle발랄하게-t뛰어

ballocks ; 영국 속어, 엉터리, 젠장, 씨브랄 ; ballo불알 cks컷어

balloon ; 기구(氣球), 풍선 ; ball볼이 o위로 on오른

balm ; 향유(香油), 꽃다운 향기 방(芳), 방향(芳香), 향기 ; balm방(芳)

ban ; 금지하다, 무언의 압박, 반대 ; (뒤엎을) ban반(反)

band ; 일대(一隊), 한 무리 사람들, 그룹, 악단, 띠, 끈 ; ① ban반(伴, 班) d대(隊), ② ban붕d
대(繃帶), ③ 반반한-d다발, d띠

bandage ; 붕대, 안대, 동여매는 ; banda붕대(繃帶) ge젎매

bandit ; 노상강도, 도둑, 강도 ; bandi반지 t떼어

bang ; 강타하는 소리, 강타, 갑자기 쾅 ; bang쾅쾅

banish ; 국외로 추방하다 ; ① (놓을) ba방(放) nish나 줘, ② (추) bang방 sh사라져, ③ 보냈어

bank ; ① 둑, 경사, ② 은행 ; ① ban방(防) k경사(傾斜), ② ban반겨 k금(金)

banner ; 기(旗), 국기, 기 번(幡) ; ban번-ner널려, 날려

banquet ; 연회, 만찬 ; ① banquet반가웠다, ② ban빵 quet구웠다 (식사)

baptize ; 세례를 주다 ; bap베풀어, 발바닥-ti씻어 ze줘

bar ; 바지랑대, 막대기, 방망이 ; ① bar바지랑대, ② bar봉(棒)

barbaric ; 야만스러운, 잔인한 ; ① bar바로 bari발라 c가죽을, ② 바락바락 (떠들어)

barbecue ; 바비큐, 통구이 ; bar바로 be배에-cue꿰여, cue구워

barge ; 바닥이 납작한 화물선, 거룻배 ; bar발로, bar바로-ge저어

bark ; 나무껍질 ; (나무껍질) bark박(朴)

barley ; 보리 ; ① barley보리, ② 벌려(두 쪽으로 벌려져)

barometer ; 기압계, 지표 척도 ; baro봐라 meter몇이여

baroque ; 기이한, 바로크식의, 장식이 과다한 ; (장식의) bar발이 oque요괴스런

barrage ; 연발 사격, 질문 세례 ; barrage빠르게

barren ; 메마른, 척박한, 황폐한 ; barren바랜

barricade ; 통행 차단물, 방책 ; barri방(防)으로, barri바로-cade차단

barrier ; 울타리, 방벽, 요새 ; ① barr바로 ier이어서, ② barr방(防)으로 ier이어

barter ; 물물 교환, 교역하다 ; ① bar봐서-ter줘, 터, ② 바로-터, 줘

base ; 터 기(基), 저부(底部) ; ① ba반 se석(磐石), ② ba본 se좌(本座)

bash ; 후려갈기다, 쳐부수다 ; bash바서

basic ; ① 기초적인, 기본적인, ② 염기성(鹽基性)의 ; ① ba본 sic적(本的), ② basic바서지는

(소금기에)

basin ; 대야, 물동이 ; (물을) ba받아 sin씻는

bastard ; 서출 서(庶), 서자, 서얼(庶孼) ; ba배 s씨 tard다르다

bat ; 방망이, 배트 ; ① ba방망이 t대, ② ba봉 t타(棒打)

bath ; 목욕, 입욕 ; (옷을) bath벗어

bathe ; 목욕시키다, 담그다 ; (옷을) bath벗어 e입(入)

bay ; 만(灣), 내포 ; ① bay패여서, ② bay배 와, ③ 밖

bayonet ; 총검, 총검으로 찌르다 ; bayo베여 net내다

beach ; 물가 정(汀), 해변, 바닷가 ; ① (빛이, 물이) beach비치는, ② beach(물가) 변(邊), 빈
(濱)-정(汀)

bead ; 염주알, 구슬 ; bea비는 d주(珠)

beam ; 광속, 광선, 지향성 전파 ; bea빛이-m모인, 명(明)

bear ; 아이 밸 배(胚), 참다, 낳다, 곰 웅(熊) ; bear배(胚) → 견뎌 출산 → 곰

beard ; 턱수염 ; bear발(髮) d덥수룩

beat ; 치다, 두드리다 ; ① (가죽) bea피(皮) t쳐, ② bea북을, bea박자(拍子)에-t두드리다

beata ; 카돌릭의 여자 복자(福者) ; bea복(福) ta자(者) (받침 탈락)

beatitude ; 예수의 산상수훈 진복(眞福) 팔단(八端)의 일부, 지복(至福) ; beati복지(福至) tude
도단(到段) (복에 이르는 단계)

beau ; 여자에게 상냥한 남자 ; beau비위를 (맞추는)

beautiful ; 아름다운, 고운, 예쁜 ; beauti빛이 ful퍼질

beauty ; 아름다움, 미, 가인들 ; beau부(富), beau빛-ty티

because ; 써 이(以), 이유 ; becau비교(比較)

bed ; ① 침대, 숙박, ② 하천바닥 ; ① be벗고 d드러누워, be베개를 d대다, be배 d대, ② be바
d닥

bedrabble ; 비 흙탕물로 더럽히다 ; be비로 dra더러워 bble뿌려

bedraggle ; 질질 끌려서 더럽히다 ; be비로 dra더러워 ggle끌어

bee ; 꿀벌 ; ① be버 e얼, ② be벌이 e윙윙, ③ (날) bee비(飛), ④ (벌) bee봉(蜂)

beef ; 쇠고기, 고기, 살찌우다, 불평 ; ① be비 e육(肥肉) f피(皮), ② 비평

bee gum ; 미국 중남부의 고무나무 ; bee꿀벌(의 집) gum고무나무에

beep ; 전자기기 삐 소리 ; bee삐p빅

beer ; 맥주 ; bee보 r리

beetle ; 딱정벌레 ; (목을) bee비 tle틀어(도 괜찮은 곤충)

before ; ~앞에, ~전에 ; be뵈 fore앞에

beg ; 빌다, 빌 걸(乞), 구걸하다 ; ① be빌 g걸, ② be빌 g개(丐)

begin ; 시작하다, 생기다, 일으키다 ; be빛이, 보여-gin가는

begrudge ; ~을 시샘하다, 시기하다, 꺼리다 ; begru(卑屈)(하게) 엇가

beguile ; 마음을 끌다, 속여서 빼앗다, 구슬리다 ; ① 비(卑) guil끌 e어, ② be비guile굴(卑屈)

behead ; 목을 베다, 참수하다 ; be베 head머리

beige ; 원모로 짠 나사, 모직물, 베이지색 ; bei베 ge직(織)

belief ; 확신, 신념 ; belie빌어 f팍

believe ; 믿다, 신용하다 ; (믿고) believe빌어 버려

bell ; 종, 방울, 벨 ; be방 ll울

belligerent ; 교전 중인, 호전적인, 교전국 ; ① beli별러서 ger걸어 e일 nt낸다, ② belli팰려 고-gerent전투, 전(戰) 이은다

below ; 아래에 ; be배-low아래, 저(底) (w=ㅈ 발음)

belt ; 벨트, 허리띠, 띠 대(帶) ; be배 t띠

ben ; ① 안방, 집 내부, ② 봉(峰)우리 ; ① ben방(房), ② ben봉(峰)

bend ; 구부리다, 숙이다, 휘다 ; ben빙 d둘러

bene- ; 좋은, 선, 양(良) ; ① bene비워내, ② be베풀어 ne나누는, ③ (나눌) ben분(分) e이웃, ④ 비네, ⑤ 벌으네

beneath ; 밑에, 아래쪽에, 보다 낮게 ; be비워 neath냈어

benediction ; 감사기도, 축복 ; ① bene비워내 dic적 tion선(積善), ② be비워 nedi내져 ct기도

(祈禱), ③ bene비워 diction지껄여지는

beneficial ; 자선의, 유익한 ; be베풀어 ne나눠를 ficial펼칠

benefit ; 은혜, 이득, 자선공연 ; bene버네, bene비우네-fit펴다

benevolent ; 자비심 많은, 호의적인 ; bene베풀어 나눠 vol복(福)을 ent연다

Benjamin ; 야곱의 막내아들, 12지파의 하나 ; benja빈자(貧者) min맨, 미는

benign ; 자비로운, 친절한 ; be베풀어 ni나눠 gn지는

benison ; 축복, 축도 ; beni비네 son손으로

bereave ; 빼앗다, 잃게 하다 ; berea빼앗아 ve버려

Bering Strait ; 베링 해협(海峽) ; berin벌린 g강(江)

berry ; 산 딸기류, 열매, 베리 ; berry벌이 날아드는

beryl ; 녹주석(綠柱石), 벽록색(碧綠色) ; beryl벽록

besiege ; 도시 등을 포위하다 ; be빙-siege씌었지, 쌌지

bet ; 내기, 짐작, 돈을 걸다 ; be버는-t담보, t도박

betroth ; 찾을 빙(聘), 정혼(定婚), 약혼 ; be빙(聘), 배(配)-troth들어서

between ; 사이에, 중간에 ; be벌어져 tween둘 이은

bevinda ; 포르투갈 여가수 이름 ; be베를 vinda빈다

Bhagavat ; 브라만교의 덕 있는 사람, 신성한, 불(佛)의 명호, 세존 ; ① 복(福)의 밭(복전(福田)), ② 복(福)광(光) bat밭, ③ 불 가져 바쳐

bhikkhu/bhiksu ; 불교의 승려, 비구 ; ① bhi빌, 밥-k걸(乞) (법을)khu구함, ② 밥을 걸식하고 수(修) *bhikkuni : 비구니, 여성 승려 : 빌어 걸식하며 구하는 ni년

bi ; 둘, 2의, 이중, 나란히, 곁, 쌍, 양(兩), 복(複) ; ① (곱) 배(倍), ② (짝할)-병(竝), 반(伴), ③ (겹) 복(複) ↔ semi ; 반(半)

Bible ; 성서(聖書), 성경, 경전 ; bi봐 ble배울

biconcave ; 양쪽이 오목한 ; bi병(竝) con콩 cave까브렸어

biconvex ; 양쪽이 볼록한 ; bi병(竝) con콩 vex박혔어

bichigtyn am ; 몽골 바양 홍고르 아이막의 비칙트 암(岩), 암각화 ; bech빛이 gtyn그친 am암(岩)

bicycle ; 자전거 ; bicy발 사이, 병(竝) 사이-cle끌어, 굴려

big ; 큰, 중대한, 클 비(조), 클 보(甫), 클 거(巨) ; bi비(조)g거(巨)

bill ; ① 청구서, 비용, ② 부리, ③ 미늘창(도끼를 단 창) ; ① bill비(費) 보일 (ll 반복), ② 부리,
　　③ (창으로) 벨

bin ; 통, 궤, 저장통 ; bin빈 (곳)

binary ; 2진법의, 2진수, 두 부분으로, 짝 반(伴) ; binary반(伴)으로

bind ; 묶다, 묶을 붕(繃), 동이다 ; ① bin붕d대(繃帶), ② bin빙 d동이다

bine ; 덩굴 ; ① bin빙(을) e2번 → 빙빙, ② 뻗네(뻗어 돌어)

binoculars ; 두 눈의, 쌍안경 ; bin병(竝)으로 culars갈라-서, (볼) s시(視)

binovular twin ; 이란성 쌍둥이 ; ① bi병 no나눠 vular벌어져 twin둘인, ② bi병 no나눠(낳아)
　　　　　vular별란 twin둘인

bio- ; 삶, 생명 ; ① bio비어 (텅빈 공(空), 양자역학, 생명의 원리), ② bio빛이여

biosphere ; 생물 권역, 생물이 살 수 있는 표면과 대기권 ; bio비어, 빛이여-sphere시퍼래(지구,
　　　　하늘이 새파랗게 보임)

biped ; 두 발 동물 ; ① bi병(竝) pe발 d동물(動物), ② bi병(竝) pu뻗어 d동물

bird ; 새 조(鳥) ; ① bird비둘(기), ② (날) bir비(飛) d조(鳥) (d=ㅈ)

birth ; 탄생, 출생 ; ① birth비롯된, ② birth삐져, 벗어-(나와)

bit ; 한입, 작은 조각 ; (한입) bi베t다

bite ; 물어뜯다, 깨물다 ; ① bi비틀어 te뜯어, ② bi베어 te뜯어, ③ bite박히다

bitter ; 쓴, 모진 ; (써서) bitter뱉어

black ; 검은, 암흑의, 검을 흑(黑) ; ① bla밤 ck같게, ② blac불난 거 k꺼짐, ③ bla불이 ck컴컴,
　　④ b불 lack락(落)

black smith ; 대장장이 ; ① bla불에 c귀 k꺼내 s서서히 mi매우 th쳐, ② s세게 mith메쳐, ③
　　　　smi힘으로 th쳐, ④ smi힘이 th쎄 (s=h 발음)

bladder ; 오줌통 광(胱), 방광, 방뇨하다 ; blad받아 der덜어

Blanco ; ⑤ 스페인 성씨, 흰색 ; blan밝은 (색)co깔

blast ; 폭발, 강한바람 ; blas불나서 t타

blaze ; 화재, 불길, 확 타오름 ; bla불나 ze쎄

bleed ; 출혈하다 ; ble피 e외(外) d줄줄 (b=ㅍ·ㅎ, d=ㅈ 발음)

blemish ; 티, 흠, 오점 ; ble불리(不利) mish명성(名聲)(명성의 손상)

blend ; 섞다, 조화되다 ; ① bl풀어 ent이은다, ② blent풀린다

bless ; 은총(恩寵)을 내리다, 축복하다, 신성화하다 ; ① bless빌었어, ② ble불에 ss쐬어, ③ ble복(福)-ss쐬어, 지은, s신의 s선물, ④ ble복(伏) s신의 s선물

blind ; 눈먼, 안 보이는 ; ① (가려) blind버린다, ② bl발을 in안으로 d드리운다, ③ blin보이는 것 d장애, ④ blin봉사 d장님

bliss ; 더없는 행복 ; ① 불로 쐬어, ② 불, 복(福)-있어

blister ; 물집, 수포 ; bli부르 ster터

blizzard ; 눈보라, 많은 양 ; ① bli불어 zzar싸 d대, ② bli불어 zzar쌓아 d져

block ; 막다, 방해 ; ① block볼록하게, ② block벽(壁), ③ blo방 ck책(防柵), ④ blo방 ck색(防塞)

blood ; 피, 혈액 ; ① blo붉은 o혈로 d된, ② bloo피로 d된, ③ blo불 o화(火)로 d된 (b=ㅂ, ㅍ 발음)

blonde ; 금발의 여성 ; blod불난 듯한 e여인

bloom ; 꽃, 활짝 꽃핀 ; blo피어, blo불로, blo붉어-om오름

blossom ; 꽃, 과수개화 ; ① blo피어 sso싹 m남, ② blo불로 ss쑥 om옴, ③ blo붉어 ssom싸매

blot ; 얼룩, 더럽히다 ; blot부옇다

blow ; 불다, 바람이 불다 ; blo불어 w바람 (w=ㅂ 발음)

blue ; 푸른 ; ① blu불 e이글거리는(푸른빛의 불), ② b푸 lue러 e2번 → 푸르러, ③ (푸를) 벽(碧)

bluish ; 푸르스름한 ; blui푸르 s스름 h한

blunt ; 무딘, 날 없는 ; (막대) blun(棒)이 t둔(鈍)한

blur ; 더러움, 흐림, 희미하다 ; blur뿌옇(다)

blurt ; 불쑥 말하다 ; ① blurt불뚝(불쑥) (내뱉다), ② blur풀어 t털어놔

bluster ; 거세게 몰아치다, 고함치다 ; blus불어서 ter쳐

blush ; 부끄러워하다, 얼굴을 붉히다 ; blu부끄러워, blu붉혀-sh수줍어

board ; 널, 칠판, 탁자, 위원회, 올라타다 ; ① boar보(普) d대, ② boar배에 d대

boat ; 작은 배, 보트 ; ① boa배-(배키) t타(舵), 타, ② boa배 t주(舟)

bobbery ; 야단법석(野壇法席), 떠들썩한 ; bob법석(法席) bery벌려

Bodhi sattva ; (Sans) 보리살타(菩提薩陀), 보살 ; ① (자성을) bodhi보았지(견성) satt살뜰히 va보는 분, ② bodhi보호하고 satt살뜰히 va봐 (주시는 분)

body ; 몸 신(身), 몸 체(體) ; ① body보여지는, ② body뽀대, 본때 ③ (몸) bo바탕 dy지어진

Bohemia ; 체코 서부 지방의, 자유분방한 족속; bo방(放) hemia헤메 (받침 생략)

boil ; 끓다, 끓일 비(沸) ; ① bo불, bo비-il열, ② boil불 올릴, ③ (불쬘) boil배(焙)

bold ; 대담한, 굵은, 용감한 ; ① bold발딱, ② bol발랄하고 d두드러진, ③ 배짱 대담

boisterous ; 비바람이 몹시 사납고 시끄러운 ; boi비 sterous쳐 와서

bolt ; 빗장, 볼트, 나사못, 걸쇠 ; ① bolt빗장, ② bolt빗대, ③ bol봉으로 t닫는

bomb ; 폭탄(爆彈) ; (먹는) bom밤송이(chestnut) b부어 (위에서 가시와 함께 터지며 떨어짐)

bombard ; 폭격(爆擊), 포격 ; bom밤을-bard바닥에, bard받어라

bond ; 채권, 주식 ; ① bon버는 d담보, ② bond번다, ③ bo보증 n앤드 d담보

bone ; 뼈 ; ① bone본(本), ② bone뼈네

bonfire ; 큰 화톳불, 모닥불 ; ① bon방에 fire피워, ② bonfire봉화(烽火)

book ; 책(冊), 문서 권(券) ; ① bo볼 o엮을 k권, ② bo보 o여 k가르치는

boot ; 신, 구두 ; ① boo보호 t대, ② boo발에 t대

booze ; 폭음, 술 ; (입에) bo부 o었 ze제

booty ; 전리품 ; ① 벌(罰) 죄(罪), ② 받쳐, ③ 붙여

border ; 변방, 국경 ; bor보(堡)를 der둬

born ; 낳다 ; bon본 n날

borrow ; 빌리다, 꾸어 오다 ; ① (손) bor벌 ro려 w빌, ② bor빌 ro어 w빌 (w=ㅂ 발음)

Bosch ; Ⓢ 스페인 성씨, 산비탈 숲에 사는 사람 ; bo비탈 s숲-ch살아, 사람

boss ; 두목, 우두머리 ; (머리에) bo보자기 ss써

botany ; 식물학(植物學) ; bo불(不) tany다녀 (이동(移動) 불가(不可))

bother ; 성가신, 귀찮게, 신경 쓰이게 ; bother받아 (버려), bother받쳐 (버려)

bottle ; 병, 술병, 단지 병(瓶) ; ① bo병 ttle틀, ② bo박(식물) ttle뚫어, ③ (물) bot받어-tle뜰, 떠

bottom ; 밑바닥, 밑둥 ; ① bot바닥에 tom닿음, ② bot바 tom탕

bougainvilaea ; 부겐빌리아, 빨간 꽃이 피는 열대식물 ; bou빨 gain간 vilaea피워

bourg ; Ⓕ 동네, 성시(成市), 도시 이름 뒤에 붙음 ; ① bourg벌 (서라벌, 달구벌), ② bourg벽 (壁), ③ (담) bourg벼락

bourgeois ; Ⓕ 유산 계급자, 상인 근성의 ; ① bour부 geoi자(富者) s상인(商人), ② 부(富)를 쥐었어

boundary ; 지경, 범위, 영역 ; boun보이는 dary데로

bow ; ① 활 (굽어), 절 배(拜), ② 인사, ③ 이물(뱃머리, 굽어) ; ① 활, (절) bow배(拜), ② bow뵈옵니다, ③ bow배

bowl ; 나무 보시 그릇(발우), 그릇, 밥공기 ; ① bowl발우(鉢盂), ② bo밥 wl을

box ; 상자, 궤 ; ① bo박-써, (표주박) 호(瓠), ② (상자) bo방(匚) x호(瓠)

boxing ; 칠 박(拍), 권투, 복싱 ; bo박(拍) xin치는 g가격(加擊)

boy ; 소년, 아이 동(童) ; ① bo불(不) y년(年), ② boy보여, ③ bo볼록 y(Y(사타구니))

boycott ; 사람 이름, 불매동맹 운동을 하다 ; boy보여 cott같이

brace ; 버팀대, 떠받치다 ; bra바 ce쳐

brae ; 산허리, 사면(斜面) ; bra비얄 (비탈) e언덕

brahma ; 힌두교, 범(梵), 브라만, 창조신 ; ① brah불과 ma물, ②bra불 h하느님을 ma맞이하는

brain ; 두뇌, 머릿골 뇌(腦) ; ① brai백(白)n뇌, ② brai반(半)n뇌, ③ brain부리는, 부드러운-n뇌

brainstorming ; 최선책을 찾는 방법 ; brain부드러운 n뇌 stor찾을 ming묘안 (st=ㅊ 발음)

brake ; 브레이크, 제동기 ; ① brake불나게 (마찰하여 멈춤), ② bra바를 ke껴

branch ; 가지 지(枝), 분지(分枝) ; branch분지 (r 삽입)

brand ; 상표, 낙인(烙印)을 찍다, 소인(燒印)용 인두질 ; br불 and인두

brash ; 무딘, 오만한, 뻔뻔한 ; ① brash부러질, ② bra부러지기 sh쉬운

Brasil ; 브라질 국가 ; ① 푸른, 붉은-숲일, ② 붉어질, ③ 불에 숯일

brass ; 놋쇠, 황동 ; ① bra불을 s쐬인 s쇠, ② bra불에 ss쐬여

brave ; 용감한, 화려한, 용사 ; br불 ave아비

bravo ; 갈채, 좋아, 잘한다 ; ① bra밝고 vo발러서, ② bra불을 vo봐, ③ bra불(화(火), 불(佛))-vo보호

breach ; 합의나 약속을 어기다, 파괴, 절교 ; br불 each일치 (不一致)

bread ; 빵, 생계 ; ① 밥, 빵-이 돼, ② br불에 얹져 ea익혀 d대

break ; 깨트리다, 쪼개다 ; ① (쪼갤)-break벽(劈), 벽(劈) (r 첨가), ② brea부러져 k깨다, ③ br부서서 eak으깨다

breast ; 가슴, 젖가슴 ; ① br불 east있다 (심장), ② br불 east었다 (폐장(肺臟))

breathe ; 호흡(呼吸)하다, 숨 쉬다, 숨소리 배(啡) ; ① brea불어 the쉬어, ② (숨) brea불어 the들여

breed ; 새끼를 배다, 낳다, 사육하다, 재배 ; breed배다

breeze ; ① 산들바람, 미풍, ② 타다 남은 재 ; ① bree바람이-ze잦어, eeze이어져, ② bre불이 e있는 ze재

breezy ; 통풍이 잘되는 ; (바람이) br불어 eez이어져

brevity ; 시간이 짧음, 간결 ; (번개) bre불이 vity번쩍

brew ; 술 빚을 발(醱), 양조(釀造), 우려내다, 차를 끓이다 ; ① bre발(醱) w빚어, ② bre빚어 w우려내 (w=ㅂ, ㅈ, ㅜ 발음)

bribe ; 뇌물 뇌(賂), 매수, 수수하다 ; (손을) bribe비벼

brick ; 벽돌 ; ① brick벽(甓), ② bri불로 c구워 k깔어

bridge ; 다리, 교(橋), 교량 ; ① bri비와 d다리 ge교, ② bri부(浮) d다리 ge교(浮橋), ③ bri불(不) dge닿게

bridle ; 고삐, 굴레 ; ① bri부리에, 고삐에-dle대, dle달어 ② bri빙 dle둘러

brigand ; 산적, 도적 ; bri불 gand강도

bright ; 빛나는, 밝은 ; ① bright비추다, ② bri빛, br불, bri별-ight있다, ③ bright밝았다

brightness ; 빛남, 밝음 ; bright빛이 ness났어

brilliant ; 찬란하게 빛나는 ; bri불이 llant빛을 낸다 (부여(夫餘), 부리야트 공화국)

brim ; 컵에 넘칠 듯 그득하다, 모자의 챙 ; ① bri부어 m물, ② bri불 m막음

bring ; 가져오다, 데려오다 ; bri부려 ng낭구(나무)

brink ; 벼랑, 강가 등의 가장자리 ; brin벼랑 k끝

brisk ; 활발한, 상쾌한 ; (바람이) bri불어 sk상쾌

Britania ; 고대 로마에서 영국(Britain)을 부르던 명칭 ; bri불의 tan땅 ia이여

British ; 영국의, 영국 국민의 ; bri불이 tish타서

brittle ; 부서지기 쉬운, 깨지기 쉬운 ; bri부러 ttl뜨릴 e이(易) (쉬운)

broad ; 폭이 넓은, 광대한 ; (넓을) broa보(普) d대(大)

broaden ; 넓히다, 퍼지다 ; broa보(普)로 den대는

broad-leaf tree ; 활엽수 ; broa벌어 d져, 보대(普大)-leaf립(잎, 엽(葉)) tree드리

broker ; 중개인, 거간 쾌(儈) ; bro불러-ker거래, 쾌

bronchial ; 기관지의 ; bronch본지(本支)

bronze ; 청동, 구리 빛의 ; bron푸른, 불에 올린-ze쇠

brook ; 개울, 시내 ; (물이) bro불어 o오른 k개울

broom ; 비, 빗자루 ; broo버려 m막대

broth ; 걸쭉한 수프, 죽porridge ; ① broth부렀어, ② broth푸러져

brother ; 형 형(兄), 아우 제(弟), 형제, 동료 ; bro불알-ther달려, 달은

brown ; 밤색, 구리 빛, 갈색 ; bro불로 wn분(焚) (타다)

browse ; 둘러보다, 대강 읽다, 인터넷 돌아다니다 ; brow볼려 (서성이며) se시(視)

bruise ; 멍이 생기다, 타박상 ; ① bruise부었어, ② bruise부어서

brush ; ① 솔, 붓 필(筆), ② 휙 스쳐 가는 ; ① bru붓 sh솔, ② (바람이) bru불어 sh성

brutal ; 잔인한, 천한 ; bru불로 tal태울

brute ; 짐승 같은 ; ① brute뿔 있다, ② bru뿔로 te쳐

bubble ; 물거품 포(泡), 기포, 거품 ; ① bubble부뿔어, ② bubble부풀어

bucket ; 바께스, 물통, 두레박 ; buc박 ke깨어 t통

buckle ; 버클로 잠그다 ; bu붙여 c껴 kle클러

bud ; 싹, 눈, 봉우리 ; ① bu봉긋 d도드라진, ② bu봉우리 d돋은

Buddha ; 불(佛), 부처, 불타(佛陀) ; ① bud벗 dha다, bud벗 dha었다, ② bud벗 d었다 ha한 계(限界)를 (깨달아서 하느님, 브라만, 신, 윤회, 속박, 굴레로부터 벗어나 해탈(解脫)한 대(大) 자유인(自由人))

buddy ; 형제, 동료, 친구, 여보게 ; bud벗

budge ; 약간 움직이다, 의견을 바꾸다 ; bud밧 ge꿔

buffer ; 완충재, 완화 ; buf부풀려 fer펴

buffo ; ① 이탈리아 가극의 익살 광대 ; buffo바보

bug ; 작은 곤충, 벌레 ; ① (벌레가) bug버글 버글, ② bu벌레-g곤충, 징그러

bugle ; 군대 나팔, 각적(角笛) ; ① bu뿔 gle적, ② bu불어 gle적

build ; 건축, 세울 건(建), 쌓을 축(築) ; ① (펼) buil부(敷)-d들어올려, 짓는, 댄, 다지는, ② buil빚을 d조(造), ③ buil빌 d단(壇) (제천행사)

bulb ; 구근(球根)식물 ; ① bul불알 b뿌리, ② bul부른 b배

bulge ; 부푼 것, 팽창 ; bul불러 ge져

bulk ; 크기, 대부분, 부피, 규모(規模) ; ① bul불른 k크기, ② bul불룩 k커져, ③ bul불러 k커져, ④ bul부피 k규모

bull ; 소 우(牛), 황소, 수소 ; bull뿔

bullet ; 총알, 탄알 ; ① bulle불이 t튕겨, ② bull불에 e이어 t대 (심지에 불 붙여), ③ bulle불 t탄(彈)

bully ; 약자를 괴롭히는 사람, 등쳐 먹는 사람 ; ① (불량) bully배(輩), ② bully빨어 (먹어)

bulwark ; 성채, 방어벽, 보루 ; ① bul보로 war방어 k기지, ② bul보루 wark벽

bump ; 충돌하다, 부딪치다 ; bum뻥하고 p부딪혀

bumpy ; 길이 울퉁불퉁한 ; bu불퉁 m면 py패여

bundle ; 묶음, 묶을 붕(繃) ; bun분(分), 붕(繃)으로-dle떠

bungalow ; 방갈로, 별도 단층집 ; bun방을 galow갈러

bung ; 마개, 거짓말 ; bung뻥

bunnia ; 상인 ; bun버는 nia이여

bunt ; 머리로 받기, 밀기, 번트 ; bun받는-t대 (막대기), t대가리로

burden ; 무거운 짐, 부담(負擔) ; ① bur부(負), 버거운, 부려-den짐, ② burden부담(負擔)

burdensome ; 부담스러운, 힘든 ; burden부담이 some쫌

bureaucracy ; 관료(官僚)체제, 관료정치 ; ① (국민을) burea부려 urea우려먹는, ② bu부릴 (벼슬아치) reau료(僚)

burg, -burgh ; 마을, 성시(城市), 부르크, 도시 이름의 종성 ; ① burg벌(서라벌), ② (울타리) burg벽(壁), ③ (담) burg벼락

burn ; 불태우다, 타다 ; ① bur불 n난, ② (불사를) burn분(焚), ③ (구울) burn번(燔)

burst ; 터지다, 폭발하다 ; ① bur불이 st터져, ② bur뿜어 st터져

bury ; 매장하다, 파묻다 ; ① (묻어) bury버려, ② (무덤) bury분(墳)

Buryyat ; 시베리아 바이칼호수 동부의 족속 ; bury부여 yat이었다(고대 만주지역인 부여(夫餘)의 후손)

business ; 사업, 일 ; busi분주(奔走)를, busi부지런히를, busi부자를-냈어

bustle ; 바삐 움직이다 ; bus부산 tle떨어

busy ; 바쁜 ; ① busi분주(奔走), ② busi부지런히, ③ bu바삐 (열)sy심히

butcher ; 푸주한(漢), 도살업자, 백정, 정육점 ; ① (가죽을) but벗 cher겨, ② but백 cher정(白丁), ③ bu푸 tch주 (도살하고 요리하는 곳) (푸줏간, food)

butler ; 집사, 하인 우두머리 ; ① 하인을 붙들어, ② 주인을 받들어

butt ; 뭉뚝한 부분, 궁둥이, 부딪치다 ; ① butt부었다, 붙은, ② butt방둥이

butter-fly ; 나비 ; (꽃에) butter붙어-fly펄럭, fly빨어, fly비(飛)

buttock ; 엉덩이, 궁둥이 ; but방둥이, but붙은-tock떡

buttocks ; 엉덩이, 볼기 ; (볼기에) but붙은 tock떡 s살

button ; 단추, 버튼 ; but붙여 ton단

by ; 붙을 부(附), 곁에, 가까이, ~따라, 부수적인 ; ① (짝지을) by배(配), ② 붙을 by부(附)(부수적(附隨的))

bye ; 헤어질 때 인사말, 안녕 ; by봐 e이담에

bygone ; 지난 일, 지나간, 옛날의 ; by비껴 gone간네

C

C=ㄱ, ㅋ, ㄲ, ㅅ, ㅈ, ㅉ, ㅊ 발음

cab ; 택시, 기관실, 칸 ; ① ca차 b박스, ② (상자) cab갑(匣)

cabbage ; 양배추 ; ① 속이 ca차 bbage포개져, ② cab겹 bage벗겨

cabin ; 오두막, 선실, 객실 ; ① 차 박스, ② 갑 안

cabinet ; 상자, 용기, 캐비넷 ; 갑 안에 넣는 데

cable ; 굵은 밧줄, 케이블, 전선 ; ① 삽바, ② 꽈브러

cacanny ; 천천히, 신중히 ; 찬찬히

caco- ; 악(惡), 추(醜)의 뜻 ; ① 착오(錯誤), ② 꺼꾸로

cactus ; 선인장 ; ① 가시 가득 세, ② 가시 찔러서

cad ; 상스러운 사내 ; ① 개자식, ② 개지

cadaverous ; 시체와 같은, 창백(蒼白)한 ; ① 까져 뼈로서, ② 갔다 백(白)으로, ③ 갖다 버려서

caddie-dy ; 캐디, 골프백을 메고 도와주는 여자 ; ① 같이 다(니는) 여자, ② 같이 (따라) 여자

cadge ; 구걸하다, 걸식하다 ; ① (음식을) 걷지, ② 거지

cadgy ; 바람난 ; 까져

Caduceus ; 제우스 신의 사자(使者)인, 헤르메스의 뱀 두 마리 지팡이 ; (뱀) 사(蛇) 두(마리) 세웠어

caducity ; 노쇠, 조락성(凋落性)의 ; ca꽃 du져 city쳤지

caducous ; 꽃받침 쉬이 지는, 명이 짧은 ; ① 꽃 져 쇠서, ② 가생이 조(早) 꺼져

cafe ; 카페, 커피점, 레스토랑 ; ① (길) 가(街)에 펴, ② 커피

calabash ; 호리병, 박으로 만든 제품 ; ① 갈라 박 써, ② 칼로, 갈라-바서, ③ 칼로 베서

calamity ; 재난, 재앙 ; ① 깔려 묻혀, ② 칼로 맞지

calculation ; 계산하다, 추계하다 ; 갈러 굴려대

calendar ; 책 력(曆), 역법, 달력 ; 가른 달

calibrate ; 눈금을 매기다 ; 갈라 부렸다

call ; 부르다 ; ① (부를) 초(招), ② (부를) 갈(喝)

calligraphy ; 서예, 달필 ; (벼루를) 갈어 그려 펴

calm ; 고요한, 차분한 ; 참하고 맑은

calories ; 칼로리 ; 가열(加熱)해 수(水)를

calyx ; 꽃받침 ; ① 깔았어, ② 걸쳐서

camel ; 낙타(駱駝), 곱사등이 타(駝) ; ① 가, 커-멀리, 멜, ② 괴물(怪物), ③ 가, 커-물(物件)을
      (싣고)

camera ; 사진기 ; ① (카메라 천과 색깔이) 까매라, ② (현상실이) 까매라

camouflage ; 변장(變裝)하다, 위장하다 ; ① 가면 변장, ② 감어 풀로 가려

camp ; 야영지, 주둔지, 캠프 ; ① 가다가 막(天幕)을 펼치는 곳, ② (길)가에 막사 파

campaign ; 군사운동, 선거운동, 조직적 사회운동 ; 길가 막사에서 펴 가는

can ; 가능(可能), 캔, 통조림 통 ; ① 가능(可能), ② 까는

Canaan ; 가나안 땅, 낙원, 약속의 땅, 이상향 ; 가능한, 가능 안(岸), 강 안쪽-(땅)

canal ; 운하(運河), 수도(水道), 체내(體內)의 관 ; ① 관(管), ② 캐널

cancel out ; 취소하다, 상쇄(相殺)하다 ; 상쇄로

cancer ; 암(癌), Crab게자리 ; 강하고 세여

candle ; 양초, 촛불 ; ① 칸-달어, 들어, ② 켜는데

canine ; 개 견(犬) ; ① 견(犬)이네, ② 강인해

cannibal ; 식인종(食人種) ; ① 카니바(간 이빨) 족속, ② 같은 이, 간 내어-발라먹어

cannon ; 대포 ; 꽝, 강(强)-나오는

canthus ; 안각(眼角), 눈의 양끝 ; 가늘게 떴어

canyon ; 깊은 계곡, 협곡 ; ① 광연(廣沿), ② 강 이은

cap ; 모자, 뚜껑 ; ① (모자) 갑(帢), ② 가려 봐

capability ; 능력, 역량, 가능성 ; 갑(甲), 가뿐히-해브렸지

cape ; 곶, 갑(岬) ; 갑(岬)

capital ; 수도, 자본, 주요한, 으뜸 ; 갑(甲), 값이-달러

capitalism ; 자본주의(資本主義) ; 값이 딸려 있는 주의

capricious ; 변하기 쉬운 ; 가변(可變) 쉬워 서

Capricorn ; ① 염소 뿔, ② 염소자리, ③ the Goat(황도10궁) ; ① 겉 뿔이 꼬인, 까 뿌리 꼬인,
　　　　　② 불이 크는 동지(冬至), ③ goat까대, 검다

capsule ; 캡슐, 피막, ~을 싸다 ; 갑(匣) 쒸여

captain ; 선장, 장(長), 지도자 ; 갑(甲)장(長)

caption ; ① 표제, 제목, 자막, ② 체포 ; ① (넣을) 삽(揷) 채운, ② 갑 채운

captive ; 사로잡힌 사람, 포로 ; 갑(匣)에 채워 버려

capture ; 억류, 포획, 붙잡다, 캡처 ; 갑(匣) 채워

car ; 수레 거(車), 차(車), 카 ; 거, 차

caravan ; 사막의 대상(隊商), 상인들 집단, 캠핑 차 ; ① 걸어-(나눌) 반(班), (옮길) 반(搬), ②
　　　　　걸어서 버는

carbon ; 탄소(炭素) ; 까매 본(本)

carbuncle ; 뾰루지, 여드름 ; 가려워 부은 (등창) 저(疽)

carcass ; 시체, 죽은 동물의 내장 뺀 몸통 ; 칼로-그었어, 깠어

card ; 카드, 증(證), 권(券), 패(牌), 장(狀), 딱지 ; ① 장 닥지(딱지), ② 잘랐다, ③ 자른-종이, 증

care ; 걱정, 주의, 치료, 돌볼 찰(察) ; ① 찰요(察療), ② 치료(治療)

career ; 경력(經歷), 출세, 질주 ; 경력, 커 일-이을

caricature ; 풍자만화, 만화로 하다 ; 그려 가르쳐

cargo ; 선하(船荷), 적하(積荷), 화물, 짐 ; 차(車)로 가

carnivore ; 육식동물 ; 꺼내(살), 까-이빨로

carous ; 주연, 잔치 ; 차렸어

carpenter ; 목수, 목수일 ; (나무를) 짜, 칼로-벤다, 판다

carpet ; 융단, 양탄자 ; 깔어 펴 대

carriage ; 마차, 객차, 운반 ; 차로-이어 가, 이었지

carry ; 운반하다, 나르다, 실어 보내다 ; ① 차 리용(利用), ② 차로

cart ; 굴대 가(軻), 손수레, 이륜차 ; ① 굴대, ② 가(軻) 대(臺), ③ 차(車) 대(臺)

cartographer ; 지도 제작자 ; 차 도(道) 그림표

carton ; 판지로 만든 상자, 곽(廓), 통(桶) ; 곽통

cartoon ; 만화, 연속만화 ; ① 화도(畵圖) 여는, ② 그려, 차례-대여, 도(圖)-여는

cartridge ; 탄약통, 카트리지 ; 차례로 들었지

carve ; 새길, 벨 간(刊), 새길 조(彫), 새길 각(刻), 자르다, 조각하다 ; 칼로 베

casabianco ; Ⓕ 프랑스 성씨, 하얀 집 ; 가사(家舍) 백(白)인 색

cascade ; 작은 계단 폭포, 흐르다 ; 차례로, 차서-수(水)-가둬, 가데

case ; ① 케이스, 경우, 사례, 상황, ② 그릇, 상자 ; ① 사정(事情), ② 상자(箱子)

casino ; 카지노, 소별장 ; 카드 쥐어 놀아

cask ; 나무로 된 술 담는 통 ; 가둬 술 굴려

casket ; 갑 갑(匣), 함 궤(櫃), 작은 귀중품 손 상자 ; 갑(匣) 소(小) 궤(櫃) t틀

cassock ; 신부(神父)의 속을 가리는 긴 옷 ; 가려 삭 속

cast ; 던지다, 배역을 맡기다, ~을 주조하다, 깁스 ; 가를 떠 (st=ㄸ 발음)

caste ; 인도 4계급(階級) ; ① 가둬, 간혀, ② 계(階) 제도(制度), ③ cas세습 te돼

castle ; 재 성(城), 성곽 ; 가를, 재 성-둘러

castrate ; 거세하다 ; 까서 뗐대

cataclinal ; 지층 하강경사와 같은 방향의 암석층 ; 같어 끌린 암

catadromous ; 강하성(降河性) 물고기가 산란 위해 하류로 내려감 (뱀장어) ; 갔다가, 강 따라-
　　　　　　　도로 물에

catalog ; 목록, 카탈로그 ; ① 찾는 열거(列擧), ② 찾다 록(錄)

catch ; 붙들다, 잡다 ; ca잡아 tch채

category ; 범주(帆柱) ; 같은 고리

cater ; 음식물 구매하여 공급 ; 사 줘

caterpillar ; 유충, 애벌레, 털벌레, 풀쐐기 ; 까실한, 까털 필 애

catharsis ; 카타르시스, 배변, 비극, 공포의 정화, 표현 ; ① 깨달아졌어, ② 감정 떨어졌어

cathedra ; 주교의 자리, 대학교수의 강좌, 권위로써 ; 깨쳐 다 알

Catholic ; 천주교의, 천주교도 ; ① catholi깨달을 c각(覺), ② catholi깨달아 c교(敎)

cattle ; 가축 축(畜), 집합적 소 ; ① 가축(家畜), ② 가둬 둘레

Caucasus ; 코카서스 산맥 지방 사람 ; ① 코가 섰어, ② 코 커졌어

caudal ; 꼬리의, 미부(尾部)의 ; 꼬다리

cauldron ; 시루 증(甑) ; ① caul시루 dron중, ② (큰) 걸어 둔

causal ; 인과(因果) 관계의 ; ① 가져올, ② 과(果)를 쫓을

cause ; 이유(理由), 원인(原因), ~을 야기하다, 까닭 ; 과(果)-씨, 사(使)

caution ; 조심, 경고(警告), ~하지 말라고 ; 깨우치는

cavalry ; 기병, 기병대, 기갑부대 ; 가 빨리

cave ; 움, 동굴 ; 깜(해), 깨(져), 캐, 까-빈

cavity ; 물체 속의 구멍, 충치 ; 깨져 비었지

cease ; 그만두다, 멈추다, 그치다, 죽다 ; ① 꺼져, ② 그칠, 저(沮)-지(止)

ced, ceed, cess ; 가다, 양도하다 ; ① 가다, ② 격(格)으로 양도(讓渡), ③ 갔어

celebrate ; 경축하다, 칭찬하다, 축하하다 ; 기려, 설레-부렸다

celebrity ; 유명인사, 명성 ; 기려, 설레-부렸지

cell ; 작은 방, 세포(細胞) ; 세(細)세(細)할 (ll 반복)

cellar ; 지하실, 땅광, 움 ; 작은방(세(細)한) 아래

Celsius ; 섭씨온도의, 스웨덴 천문학자 ; 설 쉬었어 ↔ Fahrenheit 화씨온도의, 환한 해다

cement ; 시멘트, 양회 ; 세계 맨드는 돌

cemetery ; 묘지, 관 ; 시(屍)(체) 묻으리

censor ; 검열하다, 검열관 ; 견사(見査)

centennial ; 100년마다의 ; cen천(千) ten텐(으로) 나눌

center ; 가운데 앙(央), 중심, 센터 ; 중(中), 큰, 센-점(點), 터

centipede ; 지네 ; ① 긴다 바닥, ② 긴데 발 족(足)

century ; 1세기, 백 년, 백(百) ; ① 천(千)을 ten텐으로, ② 세(世)-연달아, 연대(年代)로

ceramic ; 세라믹, 도자기(陶瓷器), 도기의 ; 구어, 화(火)-미적(美的), 매끄러워

cereal ; 곡물(穀物), 알곡 ; ① 살려 알, ② 곡류(穀類) 알

ceremony ; 의식, 예법, 법 식(式) ; 설(날)에-모여 나눠 (차례, 세례 지냄)

certain ; 자신하는, 확실한 ; ① 결단(結團), ② 절대(絶對)인

certify ; 증명하다, 자격증, 교부하다 ; ① 서(書)를 줘 보여, ② 서(書)로 대여 봐

cess ; 조세, 과세 ; ① ces과세(課稅) s징수(徵收), ② (과)ce세 ss징수, ③ 쌀(로) 징수

chachacha ; 차차차, 빠른 춤곡 ; ① (춤을) 춰춰춰, ② chacha같이-cha춰, 차(발을 굴러)

chador ; 차도르 ; 천을, 차양(遮陽)-돌려

chaff ; 왕겨, 여물, 사료, 하찮은 것 ; 잡 풀

chain ; 체인, 매는 사슬 ; ① (쇠사슬) 쇄(鎖)인, ② 꿰인

chair ; 의자(椅子), ~의 직(職) ; 자리

chaldea ; 칼테아, 고대 페르시아만 왕국 ; 잘돼여

chalk ; 초크, 분필(粉筆), 흰흙 악(堊), 백악(白堊) ; ch석회 alk악(堊)

challenge ; 도전적인, 노력의 목표 ; ① 할랑께, ② 잘란께, ③ 갈롱져

chamber ; 방, 침실(寢室), 회의실, 의원 ; 잠 방

champion ; 챔피언, 선수권 우승자 ; 참을 피워낸

chance ; 사건, 우연, 운, 기회, 가망성 ; ① cha가 n능 ce성, ② 행(幸運) 기(機會), ③ 환(換)-교(交), 체(替), ④ 좋은 경우

change ; 바꾸다, 교환, 환전, 변하다 ; ① 환(換)교(交), ② 환거(交換去來), ③ 환전(換錢), ④ 환기(換氣)

chanson ; 샹송 ; 찬송(讚頌)

chant ; 노래, 성가, 부르다 ; 찬탄(讚嘆)

charcoal ; 숯 탄(炭), 목탄 ; ① 숯 구울, ② 타 깜할

charge ; 짐을 싣다, 청구, 요금, 책임, 기소, 화물 ; ① 차(車)에 짐, ② 책임(責任)을 지는

chariot ; 고대의 전차, 마차 ; 차(車), 창을-이어 단, 달려

charisma ; 카리스마적 자질, 성령의 은사(恩賜), 권위(權威) ; 칼 있음매(청동방울, 거울, 검-
        지배자 권위 상징품)

charity ; 자선, 관용, 사랑, 자비 ; 자(慈)로 대(對)해

charm ; 매력, 매혹하다 ; ① 참해, ② 끄는 마력

chase ; 쫓다, 추적(追跡) ; ① 추적(追跡), ② 찾아

chasm ; 지면 등의 크게 갈라진 틈 ; 깨짐

chasse ; Ⓕ 입가심 술 ; 가셔

chat ; 이야기 담(談), 잡담(雜談) ; 잡담

chateau ; Ⓕ 성, 대저택, 별장, 샤또 ; 저택(邸宅)

chatter ; 재잘재잘 지껄이다 ; chat수다 ter떨어

cheap ; 값이 싼, 싸구려 ; 치리기-파치, 팔어

check ; 점검(點檢)하다 ; 점검(點檢)

checker ; 체크무늬, 바둑판무늬 ; ① 격(格子) 각, ② 직각(直角)

cheer ; 환호, 갈채, 응원 ; ① (춤을) 추어, ② (흥을) 키워

cheese ; 치즈, 일류품 ; 귀해서

chef ; 쉐프, 주방장 ; ① (불) 지펴, ② 지 볶아, ③ 지어 food푸드(푸성귀들, 밥들)

chemical ; 화학(化學)의, 화학물질 ; 금(金)을 캘 (연금술)

cherish ; 소중히 여기다, 아끼다 ; ① 친애로 사랑, ② 설을 쇠여

cherry ; 체리, 버찌, 벗나무 ; 찔레 *베리 찔레 → 버찌

chest ; 가슴, 궤짝 ; ① 젖, ② 상자(箱子), ③ 궤(机)짝

chestnut ; 밤나무, 밤색 ; ① (벌어)졌다 넣어 단단한, ② 째졌다 넣어 두꺼운

chew ; 씹다 ; ① (씹을) 저(咀), ② 씹어

chicle ; 치클(껌의 원료) ; ① 치(齒) 청(淸), ② 깨끗이

chief ; 장, 우두머리, 으뜸, 두목 추(酋), 패(覇) ; 추(酋長) 패(覇)

child ; 아이, 어린이 ; ① 잘을 (아이) 동(童), ② (어릴) 치(稚) (아이) 동(童)

chiliad ; 천 년, 일천 년 ; 천 년 돼

chill ; 냉기, 한기 ; ① 추울, ② 찰

chime ; 차임, 음정을 맞춘 두 벌의 종, 조화, 일치 ; (종을) 침 e이(둘 이二)

chin ; 턱, 턱끝 ; (아구) 창

China ; 중국 ; 지나(支那) (옛 중국의 진(秦)나라에서 유래)

chip ; 나무토막, 지저깨비, 조각 부스러기 ; ① 지(저깨)비, ② 조(각) 부(스러기)

chir- ; '손'의 뜻 ; ① (손가락) 지(指), ② 쥐어

chisel ; 끌로 새기다, 깎다, 조각 칼 ; 조(彫)절(切)

chitchat ; 수다, 잡담(雜談) ; 수다 잡담

chivalrous ; 기사도 정신, 무용의, 의협의 ; ① 기(騎) 빨라서, ② 지(志) 발라서, ③ 깃발로

chloro- ; 초록색, 염소(鹽素)의 뜻 ; ① choro초록(草綠) (l 삽입), ② chlor짤 o염(鹽) (l 삽입)

choice ; 선택, 선정 ; ① 최(最善)-결, 정(決定), ② 정선(定選), ③ 정선(精選)

choir ; 합창단(合唱團), 성가대 ; ① (노래 부를) 창(唱)이여, ② (성가) 합으로, ③ (소리) 합일로, ④ 조(組)로

choke ; 숨이 막히다, 질식시키다 ; 조이고 끼여

choose ; 고르다, 추릴 소(捎) ; ① 추려 선정, ② 계산

chop ; 토막으로 썰다, 내려치다 ; 조각으로-패, 뽀개다

chopstick ; 젓가락 ; 잡어 찍개

chord ; 화음(和音), 심금, 현(絃), 줄 ; ① 조여 줄, ② 화(和)조(調)

chore ; 지루한, 일상 가정의 허드렛일 ; c가(家) hor호(戶) e일

chorus ; 후렴(後斂), 합창(合唱)곡, 합창단 ; ① 후렴 송(誦), ② 창(唱)송(誦)

Christ ; 기독(基督), 그리스도, 구세주 ; ① Jesus (대신) 죄를 져서(대속), (해를) 져서-christ클르셨다, 깨었다, ② 죄를 져서 christ그러했다(여여(如如))

Christmas ; 크리스마스 ; 그리스도(해) mas맞이늑동지(冬至) (*일본-마쯔리(맞으리) 축제)

chron-, chrono- ; 시간, 타임, temper(틈 벌어진), time(틈에) ; ① 지나는, ② 시(時) 나눠

chronic ; 만성(蔓性)적, 고질(痼疾)의 ; 걸어온, 지나-구(疚), 고(痼), 걸렸네

chronicles ; 연대기, 연대표, 구약성서의 역대(歷代)기 (모세의 걸음) ; ① 시년(時年), 걸어온-
     글로 써, ② 갈라놔 글로 써, ③ 걸어온 이글어 써

chuck ; 가볍게 치다, 휙 던지다, 내쫓다 ; ① 칠 격(擊), ② (던질) 척(擲), ③ (물리칠) 척(斥)

church ; 교회(敎會), 예배 ; ① chur주(主)의 ch집, ② 기리는 집, ③ 교리-살아, 각(覺), ④ 가
     르쳐, ⑤ 절 집

cicada ; 매미 ; 시끄럽게 까대

cider ; 사이다, 사과즙 ; ① 사과 달어, ② 시다(신맛)

Cincinati ; 미국 오하이오주의 도시 ; 신(神)이 신났지

cinema ; 영화, 영화관 ; ① 가네 맺혀, ② 칸에 맞춰

cinnamon ; 육계나무, 계피 ; ① 신(神) 나무, ② 쓴내 맛인

circle ; 동그라미, 집단 범위, 주기(週期) ; ① 고리 굴러, ② 고리 껴, ③ 주기(週期), ④ 실을 클
     러, ⑤ 길 궤(軌), ⑥ 지을 계(契)

circuit ; 순환로, 순회, 전기회로 ; 고리, 줄을, 실을, 선-꿰다

circular ; 원형의 ; cir고리 cular굴러

circulate ; 원을 만들다, 빙빙 돌다, 순환, 유통하다 ; 고리, 실을-굴려대

circus ; 서커스, 곡예(曲藝) ; 고리, 굴러, 줄-꽜어

citizen ; 시민, 국민, 주민 ; 시(市)터 주인

citrous ; 감귤류의 ; ① 시고 달아서, ② 씨 들어 셔

city ; 저자 시(市), 도시 ; ① 시 터, ② 시도(市都)

civic ; 도시의, 시민의 ; 시(市) 백성(百姓)

civilized ; 문명화된, 교양 있는 ; 시(市) 부락 지어진

claim ; 주장, 요구하다 ; ① 갈망(渴望), ② (관심을) 끌음

clairvoyant ; 투시력이 있는 ; 초(超) 보인다

clam ; 대합조개 ; 큼

clamor ; 시끄러운 소리, 외치는 소리 ; ① 끌어 모아, ② 소란(騷亂)(스런) 말

clan ; 씨(氏)족, 벌족(閥族) ; 씨 나눈

clang ; 쨍그렁 울리다 ; 쨍그렁(대(大)

clank ; 철컥 울리다 ; 챙그렁(소(小)

clap ; 손뼉을 치다, 박수치다, 쾅 부딪치다 ; ① 쳐 박수, ② 쾅 부딪혀

clarify ; 명확하게 하다, 분명히 말하다 ; 클러, 갈러-펴, 봐

clash ; 격렬, 격돌, 충돌소리 ; 격렬-소리, 성(聲)

clasp ; 잡을 파(把), 움켜쥐다 ; ① 꽉 잡을 파, ② 걸어서 파, ③ 끌어 잡을 파

class ; 품등 과(科), 학급, 등급 ; ① 급수(級數), ② 갈랐어, ③ cla과 s수준 s수업

classic ; 고전적인, 고상한 ; ① 가식(假飾)적, ② 가식(加飾)적, ③ 가식(佳式)적

classify ; 분류하다, 기밀(機密) 취급하다 ; 갈라서, 클러서-살펴, 잘 봐

clay ; 찰흙, 점토 ; 차(져)

clean ; 청결한, 깨끗한, 잘 씻은 ; ① 정(淨), ② 청(清), ③ (맑게) 개인, ④ 치운

clear ; 깨끗한, 산뜻한, 분명한 ; ① 개여, ② 치워, ③ 쾌(快)여, ④ 물 맑을 철(澈), ⑤ 청량(清亮), ⑥ 청아(清雅), ⑦ 청결(清潔), ⑧ 글이여(글을 써서 뜻이 분명한)

Cleopatra ; 클레오파트라 (이집트 여왕) ; clo광(光), 갈래-opatra아버지(父)에, 퍼쳐

clergy ; 집합적 성직자, 목사 ; ① 꿇어 기도(祈禱), ② 깨어 (얼) 기도

clever ; 영리한, 똑똑한 ; 꾀, 쾌-빠릿해

clew ; 실꾸리, 실몽당이, 실마리, 단서 ; ① 꾸려, ② 끌어

cli- ; 희랍어, 기울기의 뜻 ; (기울) 사(斜)

click ; 째깍 소리 내며 움직이다 ; 째깍

climax ; 최고조, 절정 ; 최(고), 끌어-만족(滿足)

cliff ; 절벽, 벼랑 ; 절벽(絕壁) 벼랑

climb ; 오르다, 등산, 더 위 잡고 오를 반(攀) ; ① 기운, 가뫼 반(攀), ② 가 림(林)반(攀), ③ 사(斜)암(巖)반(攀)

cling ; 달라붙다, 고수하다 ; 끈기 (끈덕진)

clinic ; 의원, 진료소(診療所) ; 진(診察) 낫게

clip ; ① 자르다, 베다, ② 클립으로 고정하다 ; ① 잘라 버리다, ② 꽉 붙은

clique ; 무리, 도당, 파벌 ; 골라, 꾸려, 끌어-꿰어

cloak ; 망토, 가리다 ; ① 클러 가려, ② 가려 길게

clock ; 시계 ; ① 기록 기계(機械), ② 시(時), 광(光)-기(記錄) 기(機械)

clog ; 나막신, 막히다, 방해물 ; ① 깔어, 껴-굽, ② 꽉

clone ; 복제 생물 ; ① 꼬았네DNA, ② 끌어, 같아-내여, 낳네

close ; 감다, 막을 차(遮), 닫을 쇄(鎖), 닫다 ; ① 감아서, ② 가렸어, ③ 걸어 쇠, ④ 걸었어, ⑤ 껐어, ⑥ 차(遮)쇄(鎖)

cloth ; 옷, 천, 헝겊 ; ① 걸쳐, ② 가려 써, ③ 고쟁이

clothes ; 옷, 의복 ; ① 걸쳐 써, ② 거적, ③ 고쟁이 써

clothing ; 옷, 의복 ; ① 걸치는, ② 가려 씌우는, ③ 고쟁이

clotted ; 굳은, 응고(凝固)된 ; 고체(固體)된

cloud ; 구름 운(雲), 구름낄 담(曇) ; ① 구름들, ② 가렸지, ③ 구름 담(曇)

clout ; 손에 의한 타격 ; 강타(强打)

clown ; 광대짓, 촌뜨기 ; ① 구르고 우는, ② 광(대)

club ; ① 몽둥이 곤(棍), 곤봉, ② 클럽 ; ① 곤봉(棍棒), ② 끌어, 껴-방(房)

clue ; 실마리 서(緒), 단서 ; ① 클러, ② 서(緒)

clutch ; 꽉 잡다, 꼭 쥐다 ; ① 클르고 잡지, ② 쥐었지, ③ 꽉 단단히 쥐다

coach ; ① 대형 탈것, ② 코치하다 ; ① 커 차, ② 깨치게 하는, ③ 과(科) 지도(指導)

coal ; 석탄, 숯 ; ① 숯을, ② 검은 알

coalition ; 연립정부(聯立政府), 연합체 ; 같이 어울려 지은

coarse ; 거친, 조잡한, 야비한 ; 거셔

coast ; 해안지대, 연안 ; 가생이 땅

coat ; 상의, 외투 ; ① 겉에 덮는, ② 큰옷

coating ; 칠, 도금 ; 겉에 대는

coax ; 구슬리다, 달래다 ; 꼬셨어

cobra ; 인도, 코브라 뱀 ; 꼬부려

cobweb ; 거미집, 줄 ; 꽁무니(에서) (실) 빼-집, 잡어 (w=ㅈ 발음)

cock ; ① 수탉, ② 닭 계(鷄) ; ① 꼭꼬, ② 꼭 계, ③ 콕콕(하루 종일 집어 먹음)

cockatoo ; 앵무새 ; 꼭 같어(사람 말 따라서)

cocoon ; 고치 ; 코에서 (실) 꽈 오는

cod ; 물고기, 대구 ; ① 코 대(大), ② 코다(리)

code ; 코드, 암호, 부호 ; ① 꽈져, ② (나뭇)가지

coerce ; ~하게 만들다, 강요하다 ; ① 구어서 삶어, ② 코를 껴

coexist ; 공존하다 ; 같이(공(共)) 애써 잇다

coexistence ; 공존, 병립 ; 같이(공) 애써 잇는 것

coherent ; 일관성(一貫性) 있는, 부착하는 ; 꼭, 꽈-할란다

cohesive ; 화합(和合)하는 ; ① 같이 합심, ② 같이 했지비

coil ; 소용돌이, 코일 ; 꼬일

coin ; 동전, 화폐 ; (줄로) 꿴

coincide ; 동시에 일어나다, 일치하다 ; 같은-시대(時代), 시제(時制)

cojon ; Ⓢ 코혼, 남성의 고환(睾丸) ; 고환(睾丸) (j=h 발음)

col ; 산과 산사이의 안부(鞍部) ; 골

cold ; 찰, 추운 ; ① 차다, ② 겨울 동(冬), ③ 고드름icecle

collaborate ; 협력하다 ; 공동으로 일을 보았데

collapse ; 붕괴(崩壞)하다, 쓰러지다 ; 깔아, 갈라-엎어져

collar ; 윗옷의 칼라, 깃, 목걸이 ; 경(頸) 가릴 (ll 반복)

collateral ; 서로 나란히, 평행한, 이차적인, 방계(傍系)의 ; 같이 갈 대(代) 이을

collect ; 모으다, 수집하다 ; 골라 가려-엮다, 채집

collective ; 집단의, 공통의 ; 공공(公共)으로 엮였지비

collide ; 충돌하다, 의견 상충하다 ; 갈라-져, 대들어

collusion ; 공모, 결탁, 유착 ; ① 공갈로 지은, ② 갈롱진

colony ; 식민지, 집단, 거주지, 군집 ; ① 길러 내, ② 같이 온 이

color ; 빛 색(色), 채색, 색조(色調), 색깔 ; ① (색을) 갈러(깔), ② (보이는) 감을, 조(調)를-알아

Colosseum ; 로마의 거대 원형경기장 ; 거(巨) 원석(圓石) 세움

colossus ; 아주 큰 조각상, 거상, 위인 ; 거(巨) 원석(圓石) 섰어

column ; 기둥, 원기둥, 컬럼 ; 커, 갈러-문(門)

columnist ; 정기 기고가, 컬럼니스트 ; 글월 문(文) 자(者)

com ; b, p, m 앞에서 m, 함께 같이, 완전히 ; ① co같이 m묶어=함께, ② 큰(큼), ③ 공(共), ④ 겸(兼), ⑤ 교감(交感), ⑥ 공감(共感)

coma ; 혼수(昏睡)상태 ; ① 꺼져가는 마음, ② (기억이) 까매

comb ; ① 빗, ② 닭 볏 ; ① 참 빗, ② 큰 볏

combine ; 결합하다, 콤바인 ; ① 겸(兼)병(竝), ② 같이 (벼를)비네

combustion ; 연소, 불이 탐 ; 검(불=신령(神靈)) 부치는

comedy ; 희극, 익살 ; 꾸며대

comet ; 꼬리별 혜(彗), 혜성 ; 꼬리 매달려

comfort ; 위안이 되는 것, 위로 ; 공감 퍼쳐

command ; 명령(命令), 지휘(指揮), 통솔(統率), 능력 ; 같음(공감) 맨들어

commemorate ; 기념하다 ; 같음(공감) 머물렀다

commerce ; 상업, 무역 ; co가고 om옴-뭘 세어, 물건, mer물(物) ce상(商)

commitment ; 전념, 헌신, 책무 ; 공감 (가는 것) 맞추어 몸 따라

committed ; 헌신적인, 열성적인 ; 공감 밑에 대다

committee ; 위원회 ; 공(公)-맡어 떼로, 맞추어

common ; 흔한, 공동의 ; 같음 많은

commove ; 동요시키다, 선동 ; co같게 mo움직여 ve버려

communal ; 공동의, 공용의, 집단이 관련된 ; 공문(公文)으로

communication ; 전달, 교통, 왕래 ; ① 글월 문(文)에 깨치는, ② 공감 문(文)에 깨치는

communion ; 친교, 교감, 성찬식, 종교단체 ; 검(신(神)) 문(門) 이은

communism ; 공산주의(共産主義) ; commun공명(共命) ism인식(認識)임

comouflage ; 위장하다 ; 감아 풀 위장

companion ; 동료, 친구 ; ① 같은-반연(絆緣), 편이여, ② 가고옴 편히 오는

company ; 함께 있는, 벗들, 동료, 회사 ; ① 같은 반(班)에 ② 크게-파니, 버네

comparative ; 비교 언어학, 비교(比較), 상대적인 ; ① 같음 바라다 봐, ② 꼼꼼히 병렬 대 봐

compare ; 비교하다 ; 같음, 꼼꼼히-배(配), 병(竝), 비(比)

compass ; 나침반, 콤파스, 한계, 범위 ; 금(선) 봤어

compassion ; 동정심(同情心), 연민(憐憫) ; 같음 봐주는

compatible ; 양립하는, 조화되는 ; 같음 봐 대 볼래

compel ; 강요하다, ~하게 만들다 ; 강하게-별러서, 뺄

compensation ; 배상, 변상, 보수 ; 공감 변상 주는

compete ; 경쟁, 시합, 겨루다 ; ① 공히 빼 달려, ② 공히 (맞서) 필적(匹敵), ③ 가고 옴-핏대,
   피터

competitive ; 경쟁을 하는, 경쟁력 있는 ; ① 공히 벼 털어 대 봐, ② 공히 빼 달려찌비

compile ; 자료를 따라 엮다, 편집하다, 편찬 ; co같이 m묶어 펼

complacent ; 현실에 안주하는, 자기만족 ; com좀 풀어진다

complain ; 불평하다 ; ① 큰 불안(不安), ② 꼰 편안

complete ; 완전한, 더없는 ; 같음, 공감, 큰-풀렸다

complex ; 복잡한, 복합건물, 강박관념, 열등감 ; 큰, 같이 묶어-ple복 x잡

compliance ; 응낙, 승낙, 법등의 준수(遵守) ; 공(公) 편안케

complicate ; 복잡하게 만들다 ; 큰풀, 불-같애, 커져

compliment ; 칭찬, 찬사 ; 공감, 관계-편히 멘드러

compound ; 화합물, 복합체, 합성의 ; 같이 묶어 빻은 조합(調合)

comprehend ; 이해하다, 깨닫다 ; 공감 풀어 이해한다

compress ; 압축(壓縮)하다, 요약하다 ; 큰 압(壓)쎄

compromise ; 타협, 절충(折衷) ; 공(公) 풀어 맺어

compulsory ; 강제, 의무적인 ; 강(제) 벌서리

computer ; 컴퓨터 ; 같이 묶어 푸는 터

Comus ; 그리스, 로마의 주연, 축제의 주관 신(神) ; co가(歌) mu무(舞) s술

concave ; 오목할 요(凹) ; ℧ 공간 깨져 빠져 ↔ convex ; 볼록한 Ω ; 공간 삐져나와

conceal ; 숨기다, 감추다 ; 감출

concede ; 마지못해 인정하다, 내주다, 양보 ; 공감-가다, 주다

conceive ; 마음속으로 품다, 상상하다, 임신하다 ; 관계 씨 배

concentrate ; 집중하다, 집약하다, 농축하다 ; 공히 선 중(中)에 대

concept ; 개념(槪念) ; 감(感) 잡다

concern ; 우려, 염려, 관여하다 ; 관련(關聯) 걸러내는

concert ; 합주, 연주회 ; 공(供)히 쳐대

conclude ; 결론을 내다 ; 관(官)-결정, 끝장

concord ; 일치, 조화, 화합 ; ① 큰 가닥, ② 크게 꼬아진 (d=ㅈ 발음)

concrete ; 구체(具體)적인, 콘크리트 ; ① 공(工) cre구te체, ② 강(强)하게 쳐 다져

concur ; 동의하다 ; 공(共)-걸어, 가

concurrent ; 동시에 일어나는, 협력하는 ; 공(共) 껴 잇는다

condense ; 응결(凝結)하다 (기체가 액화됨), 압축하다 ; 공(空)(기(氣)) 전수(轉水)로

condiment ; 양념 ; ① 간 절여 맨든다, ② 간장 맛낸다

condition ; 컨디션, 건강상태 ; 건(條件), 상(狀況)-되어지는

condole ; 조의를 표하다 ; 공(恭)-도울, dole조의(弔儀)

condor ; 콘도르, 아메리카 독수리 ; ① 큰-도리(새), 조(鳥) ② 공(空中) 돌아

conduct ; 안내하다, 인도하다, 지도하다 ; 큰 닭의 태도(장닭이 암닭을 이끄는)

conduplicate ; 꽃잎 2절의 ; 꼰 두 풀 같애

cone ; 원뿔꼴 ; ① 꼬았네, ② 꼬네

con espressióne ; ① 감정을 담아서 ; con강하게 애써es pre표 ssióne정

confederation ; 동맹, 연합, 연방 ; con같은 패들로 된

conference ; 협의, 회의 ; co같이 n넣어 퍼 연계(連繫)

confession ; 고백(告白), 참회 ; con공(供) fe백(白) ssi죄(罪) on인(認)

confident ; 자신감 있는 ; 큰 펴진다

configuration ; 틀에 맞추어 배열(配列)하다, 환경설정 ; 큰 포국(布局) 진

confine ; 국한시키다 ; 칸-파네, 폐(閉)

confirm ; 확실히 하다, 증거를 들어 사실임을 보여 주다 ; (볼) 간(看) 펌

confiscate ; 몰수하다, 징발하다 ; 강(强) 빼서 갔대

conflagration ; 큰불, 대화재 ; 큰 불로 불거지는 (f 두 번, l은 반복)

conflict ; 전투, 갈등, 충돌 ; ① 강한 뿔 처대, ② 공히 패 처 때려

conform ; 따르게 하다, 같이하다 ; con같은 for보는 m모양

confound ; 혼동하다, 당황케 하다 ; 큰 found혼동(混同)

confraternity ; 종교 자선 단체 ; 공(供) 풀어 털어 넣지

confront ; 직면하다, 맞서다 ; 상(相), 같이-보는 대면(對面)

Confucius ; 공자(孔子), 공부자(孔夫子) ; con공(孔) fucio부자(夫子) s선생(先生)

confuse ; 헤매게 하다, 혼동하게 하다, 헷갈리게 하다 ; 크게 퍼져

congeal ; 엉길 응(凝), 얼리다 ; 굳은 결(凝結)

congenial ; 같은 성질의, 마음이 맞는, 적합한 ; 같은-전(傳)할, 지낼

conglobate ; 공 모양의, 둥그런 ; 공 굽어(구(球)) 테

congo snake ; 미국 남동부 뱀장어 비슷한 큰 도롱뇽 ; congo강가의 스낵(뱀)

congratulation ; 축하하다 ; 같이 경축(慶祝)을 올러대는

congregate ; 집합시키다, 종교적 집회 ; 공계(共戒) 갖춰

congress ; 의회, 국회, 회의 ; 관(官) 글로 써

congruity ; 적합성, 일치점 ; con공히 같지

conical ; 원뿔 모양의, 꼬깔 ; 꼰 깔

conifer ; 침엽(針葉)수 ; 가느다란, 가는-잎이여, 이파리

conjecture ; 추측하다, 억측, 짐작 ; 관(關係)-적(追跡) 털어봐, 엮어 대여

conjure ; 마력으로 좌우하다, 불러내다 ; 공(功)을 드려 주력(呪力)

conky ; 코가 큰, 코주부 ; 큰 코

connect ; 잇다, 연결, 접속하다 ; ① 건너갔다, ② 건너 연결되는

conquer ; 이길 극(克), 정복, 획득한다 ; 공(攻), 정(頂), 정(征)-극이여, 꿰어

conscience ; 양심(良心), 도덕관념 ; 공(公), 공(空)-식(識) 아는, 큰 정신-깨어 (있는 마음)

conscious ; 의식하는, 지각 있는 ; ① 큰 식(識) 깨어 살아있는, ② 공(空) 살아 깨어 있는 식(識)

consecrate ; 신성하게 하다, 봉헌하다 ; conse정성 crate갖춰

consecutive ; 연이은, 잇따른 ; (이을) 찬(纘) 승계(承繼) 돼

consent ; 허가, 승낙, 동의 ; 강제로 진 티

consequence ; 결론(結論), 결과, 영향력, 중요성 ; 큰 속(續) 관계

consequent ; 결과로 일어나는, 필연의 ; 가는 (이을) 사(嗣) 꿴 대로

conservation ; 보존, 보호 ; 공(功) 줘-보전, 봐지는

conservative ; 보수적인, 보존력 있는 ; con가능한 ser전해서 vati뻗쳐 ve브러

conservatory ; 가옥에 붙어 있는 온실 ; 칸 지어-빛오리, 밭 따로

conserve ; 보존하다, 설탕 절임으로 하다 ; 간 절여 브러

consider ; 숙고하다, 두루 생각하다, 헤아릴 참(參) ; 관심 줘

consistent ; 일관(一貫)된, 변함없는 ; 관(貫) 지속(持續)된다

console ; 위로하다 ; 공(共感) 살려

consolidate ; 합체하다, 강화하다, 통합하다 ; 공(功), 강(强)-살려 댔어

consonant ; 협화, 조화, 일치, 공명 ; 공(共) 소리 난다

conspicuous ; 눈에 잘 띄는, 뚜렷한 ; ① 큰 성(星) 밝았어, ② 가능 시(視) 밖에 성(星)

constant ; 변함없는 ; 큰 땅 덩어리

Constantine ; 콘스탄티누스 대제 ; 큰 땅 따네

constatinofle ; 도시 이름 ; 큰 땅 다 넓히어

constitute ; ~구성되다, 설립하다, 여겨지다 ; con건(建) sti지어 tute대다

constrict ; 수축시키다 ; 강제 수축되다

construction ; 건설, 조립 ; ① 건(建) 쌓아 둘러 엮어 지은, ② 건축 지은

consuetude ; 관습, 판례 ; 관습 tude태도

consult ; 의견을 듣다, 의논하다, 상담(相談), 상의, 참고하다 ; 간(間) sult상담

consume ; 소비하다, 섭취(攝取)하다 ; con건(健康) 위해 s식(食) um음(飮) e입

consumption ; 소비(消費) ; 건강 소모(消耗) 버려 치운

contact ; 연락, 접촉 ; 간(間) 당겨 대

contagion ; 접촉 전염, 감염 ; 간(間)-닿아 전염, 타(他)전(傳)

contain ; 담고 있다, 포함하다 ; 큰 담는

contaminant ; 오염시키다, 오염물질 ; con손-타, 때, 닿아-묻혀 논다

contemplate ; 생각하다, 심사숙고(深思熟考)하다 ; 찬찬히 점 풀어 대여

contemplation ; 사색(思索), 명상(冥想), 응시 ; 찬찬히 점 봐지는

contemporary ; 동시대의, 현대의 ; 같은 뜀 박자로

contempt ; 경멸, 경시, 모욕 ; 까내 점 푸닥(거리를)

contend ; 다투다, 겨루다 ; 간(間) 당겨 대

content ; 포함하여 만족시키다, 내용물, 함유량, 목차 ; c그릇 on안에 담아내다

contention ; 싸움, 갈등, 논쟁 ; 간(間) 전(戰) 지으는

context ; 맥락(脈絡), 전후사정, 문맥 ; 관계 대어 지었다

contest ; 경쟁(競爭), 경연, 논쟁 ; 경(競)-쳤다, 따져 대, 진단

continent ; 대륙, 육지 ; ① 크게 띄어 논 땅, ② 큰 땅-연달아, 이은 닿을

continue ; 계속하다, 연속하다 ; 간다-연(年), (連)-이어

contortion ; 뒤틀림, 일그러짐 ; 꼰 틀어진

contra-, contro- ; 반(反), 대(對), 항(抗), 역(逆) ; 꼬는 대(對)에

contraband ; 밀수품, 금지의 ; 가는 돌려 반대

contract ; 계약 ; 간(間) 둘 엮다

contradict ; 반박하다, 모순하다 ; 꼬는 돌려 지껄이다

contrast ; 대조, 뚜렷한 차이 ; con간(間) tras대조 t되는

contrastive ; 대조 언어학 ; 관(關係), 간(間)-둘러서 대 봐

contribute ; 기부하다 ; ① 크게 들어붓다, ② 공(供) 더 보태

contribution ; 기여, 기부 ; 공(供) 들어붓는

control ; 관리, 조정(調整), 통제, 다스릴 어(御) ; ① 건드릴 어(御), ② 공(供)드릴, ③ 관(管理) 통 (제)어(統 制御)할

controversy ; 논란, 말다툼 ; ① 꼬는 틀어 벌어졌어, ② 건드려 봤어

controvertible ; 논쟁의 여지가 있는 ; ① 꼬는 대(對) 벼 대 봐, ② 꼰 대(對) 벌어져브러

convene ; 모이다, 소집하다 ; 공(共) 반에(班常會)

convenience ; 편리, 형편이 좋음, 공용화장실 ; 공(共), 간(間)-편안(便安)케

convenient ; 편리한, 편할 편(便) ; 간(間) 편한 도구

convention ; 집회, 인습, 관례 ; 간(間), 관-편해지는

converge ; 모여들다, 수렴되다 ; 같이 봐져

convergence ; 융합(融合), 통합 ; ① 크게 벌어진-껴, 결합, ② 공(共) 벌어진 거

conversation ; 생활태도(양식), 회화, 대화, 회담, 교제 ; ① 공(共) 별(別)로 생존(生存), ② 간 (間) 벌려 살아지는

converse ; 거꾸로의, 정반대의 ; 가는-ver반 se전(反轉), ver반대로 se서

convert ; 전환하다, 개조하다, 개종하다 ; 크게, 가는-버리다, 변전(變轉)

convex ; 볼록할 철(凸), 볼록한 ; ① 크게 보였어, ② 꽁(지) 삐졌어(삐져나왔어)

convince ; 확신시키다, 설득 ; 강(剛) 뺑쳐

convinced ; 확신하는 ; 강(剛) 뺑까대

convoy ; 전하다, 호송(護送) ; 가는, (사이) 간(間)-voy호위(護衛)

conviction ; 신념, 확신, 유죄판결 ; 큰 확정(確定) (v=h 발음)

coo ; 비둘기가 구구 울다 ; 구구

cook ; 열을 이용한 요리 ; 국

cool ; 찰 냉(冷), 서늘할 량(涼) ; ① 추울, ② 찰

cooze ; 계집 녀(女), 질(膣), 성교 ; ① 계집, ② 규수(閨秀), ③ 꼬져

copious ; 풍부한, 방대한 ; ① 곱 배(倍), ② 커 뵈여서

copper ; 구리, 동 ; (잘) 굽어

copy ; 복사(複寫), 베낄 사(寫) ; ① 사복(寫複), ② 겉, 같게-베껴, 빼

coquet ; Ⓕ 여자가 아양을 부리다 ; 꼬(리쳐), 꽈-교태(嬌態)

cobel ; 받침나무, 까치발 ; 까(치) 발

cord ; 새끼, 끈, 코드 ; ① 꽈 돌린, ② 꼰 줄, ③ 꼬다

cordial ; 다정한, 친절한, 성심껏 ; 코를 댈

core ; 과일의 속, 사물의 중심부, 핵심 ; ① (뼈) 골(骨), ② 고(갱이), ③ (얼굴) 코

corn ; 낟알, 곡류(穀類), 옥수수 ; ① 콩, ② 곡, 까-나온

cornea ; 각막 ; (눈) 깔-나와, 내(內)여

corner ; 모퉁이 ; 각(角)이 나

cornucopia ; 뿔 모양의 장식품, 풍요 ; 꼰(뿔) 위에-꽃, 곡물-펴, 피어

corolla ; 꽃 화관 ; 꽃 올려 (받침 생략)

corollary ; 필연적(必然的) 결과, 당연한 귀결(歸結) ; ① 결론 나리, ② 끌어 나오리, ③ 과(果)
　　　를 낳으리

corona ; 관(冠), 화관 ; ① 관(冠) 아(름다운), ② 광이 나, ③ 꽃을 놔, ④ 꽃 관

corporate ; 법인의, 기업의, 공동의 ; 조(組) 법률(法律) 체(體)

corportion ; 기업, 회사, 법인 ; 조 법률 체(體)인

corps ; 군단, 병단, 단체 ; 꼬여 p병력 s솔져

corpse ; 시체, 주검 시(屍), 송장 ; 콧바람 서 (숨 정지=죽음)

corpus ; Ⓛ 신체, 시체, 송장 ; ① 콧바람 서, ② 코 불어 서

correct ; 옳은, 바로 잡다 ; ① 골러, 가려-엮다, ② 정(正)으로 엮다

corridor ; 복도, 회랑 ; 걸어 돌어

corrode ; 금속이 부식(腐蝕)하다 ; 가루 돼

corrupt ; 부패한, 타락한 ; 골어-부패 타락한, 폐단, 엎어져

corsage ; 꽃장식, 코르사주 ; 꽃으로 싸게

cosmetic ; 화장품, 겉치레 ; 겉에서-미적(美的), 뭐 찍어(발라)

cosmology ; 우주론 ; 커서 몰러 알기

cosmos ; 우주(宇宙), 무한한 ; ① 커서-몰라서, 맞어, 멀어서, 못 세어, 미(迷), ② 까매서-몰라
　　　서, 미(迷), ③ 거성(距星)명성(明星) (질서가 정연한 정돈된 아름다움 개념)

cost ; 비용 ; ① co가(價) s소비 t재화, ② 값쳐

cottage ; 집 사(舍), 시골의 작은집 ; cottage코딱지만 한 집

cotton ; 목화 면(棉), 솜 면(綿) ; cot꽃-ton딴, ton돈

cough ; 기침 ; ① cough캭, ② (숨) cough가뻐

count ; 계산, 수를 세다 ; ① (손가락을) count꼬운다, ② count간주(看做)하다

counter ; 반대, 대항 ; coun꼬인, 꼬운-ter대(對)에

country ; 나라 국(國), 마을 리(里), 마을 향(鄕) ; coun강(江), 군(郡)-try따라

coupdetat ; 쿠데타 ; cou꼬여 p병력 de뒤집어-tat대다, tat타도

couple ; 짝, 한 쌍, 커플 ; ① (눈) couple커플, ② cou짝 ple배(配)

course ; 과정, 진로 ; ① cour과 se정, ② 강의 수(水), ③ 가 수(水)

court ; 안뜰, 큰 저택 ; ① cour궁 t택, ② 저택(邸宅)

couteous ; 예의 바른, 인정 많은 ; couteous깨우쳐서

cover ; 덮을 개(蓋), 덮을 비(庇), 덮다, 씌우다 ; ① co개(蓋)ver비(庇), ② co가려,싸, 감싸-ver
　　　버려

covet ; 탐하다, 열망 ; ① co코 vet베다, ② 커, 끓어-빚얻지

cow ; 암소, 젖소, 소 우(牛) ; ① cow소, ② co소 w우(牛)

coward ; 겁쟁이, 비겁, 겁 ; ① (꼬리를) coward꽈대, ② cowar겁에 d질려 (w=ㅈ 발음)

cozy ; 편안한, 포근한 ; 코 자(얘기를 잠재울 때)

crab ; 게, 갑각류 ; ① (껍질) 갑(甲), ② (조) 가비, ③ 걸어 비스듬히

crack ; 금가다, 쪼개지다 ; ① 갈라-금이 간, 깨진 금, ② (틈) 극(隙) 금

craft ; 재주, 수공업, 기술 ; ① 공(工), 끓여-빚다, 붓다, 붙이다, ② 그려 붓 대

cram ; 밀어 넣다 ; 채워-밀어, 먹여, 모여

crane ; 학(鶴), 두루미, 기중기, 목을 길게 빼다 ; (목)-기네, 끌어내

crapulent ; 과식하여 거북한 ; 과(過)(하여) 불린다

crash ; 갑자기 나는 요란한 소리 ; 깨져

crate ; 나무상자 ; 꾸려 테

crater ; 분화구, 큰 구멍 ; 깨진, 가라앉은-터, 터져

crayon ; 크레용 ; 그려 용(품)

craze ; ① 미치게 하다, 발광시키다, ② 대유행 ; ① 광적(狂的), ② 깔렸제

creak ; 삐그덕 소리, 알력(軋轢) ; 끼긱

cream ; 크림 ; ① (끈끈할) 점(粘), ② 기름, ③ (끈적, 매끈)-거림

crease ; 주름이 생기다 ; ① 겹지어, ② 그어-져, 접어

create ; 창조하다, 고안하다 ; ① crea창 te조, ② 깨었다, ③ 지어대

creative ; 창의적 ; 깨쳐 버려

cred, creed ; 신용, 믿다 ; ① 거래되는, ② c신 re뢰 d도

credit ; 신용, 믿다, 신용거래, 공적인정 ; ① 거래(去來)됐어, ② 꿔, 끌어-주다, ③ 신뢰(信賴) 되다, ④ 신뢰 대(貸) 줘

creek ; 시내, 샛강 ; ① 개여울 가, ② 샛강, ③ 곶

creep ; 기다, 포복(匍匐)하다 ; 기어-포복, 바닥, 배

crescent ; 초승달, 초생달 ; cre초 scen승 t달 (초 3일째에 뜨는 달)

crest ; 조류머리의 볏, 산마루, 문장심벌 ; 깃-대, 털

crevasse ; Ⓕ 갈라진 틈, 빙하균열 ; 갈라 빠져

crevice ; 벽 좁고 갈라진 틈 ; 갈라져, 껴-박혀, 벽이, 박어

crick ; 근육 경련(痙攣) ; cric근육 k경

crew ; 승무원, 팀, 조 ; ① cre조 w원(組員), ② 꾸려

cricket ; 귀뚜라미 ; cric깃 ke께 t떨어

crime ; 범죄, 죄 ; crim걸림 e위반(違反),

crisis ; 판단의 갈림길, 흥망의 위기 ; 갈려져-서, 생각

criss, cross ; 열 십자(十字) ; ① 가로-질러서, 져, ② cro교 ss차(交叉) ③ cri십 ss자

criterian ; 판단(判斷) 기준, 표준(標準) ; 깃대로 아는

criticism ; 비판(批判), 비난, 비평, 평론 ; ① 가르쳐, 갈라쳐, 그릇됨을-짓음, ② 지적 있음

criticize ; 비판하다 ; cri그릇 ti돼 cize찾어

crocodile ; 악어 ; 코 커져

crook ; 구부러짐, 갈고리 ; ① 굽을 곡(曲), ② 고리 굽은

crop ; 농작물, 수확 ; cro곡물 p베어

cross ; 교차하다, 가로 지르는 ; ① 교차(交叉), ② 각(角)으로서 (건널) 섭(涉), ③ (엇) cross갈려져, ④ 가로 져

crossing ; 횡단(橫斷), 도로의 교차점(交叉點) ; 갈려지는

crotch ; 나뭇가지 분깃점, 가랑이 ; ① cro갈라 tch쳐, ② crotch가지

crouch ; 쪼그려 앉을 거(踞), 몸을 쭈그리다 ; ① crou거(踞) ch쭈그려, ② crouch꿇었지

crow ; 까마귀 오(烏) ; cro까악, 까(매)-w오(烏)

crowd ; 군중(群衆), 대중 ; ① crow총(叢) d도(徒), ② cro군(群) wd운집(雲集)

crown ; 관 관(冠), 왕관, 면류관 면(冕) ; crown관(冠) (r 삽입)

crucible ; 도가니 ; ① (도가니) cru과(堝) 켜 불에, ② 구리 캐 불에

cruise ; 순항하다, 돌아다니다 ; crui끌어-se저, 순(巡)

crumble ; 빻다, 부서지다, 무너지다 ; cru가루 m만들어 ble빻아

crunch ; 으드득하는 소리, 결정적 시기 ; crun까는 ch치(齒)

crusade ; 십자군 전사, 십자군 ; cru십 sa자 de단(團)

crux ; 급소(急所), 요점 ; cru급 x소

cry ; 부르짖을 규(叫), 울다, 소리내다 ; ① (부르짖을) cry규(叫), ② (울) cry고(呱)

cryo- ; 저온, 냉동(冷凍)의 뜻 ; ① cry차 o얼(어), ② 차 온(도)

crypto- ; 비밀의, 숨은 ; cryp깊 to다

crystal ; 수정, 결정(結晶), 유리(琉璃) ; ① cry결 stal정을, ② 깨져 잘

cub ; 곰, 사자 등의 새끼 ; cub까블어

cubic ; 입방의, 세제곱의, 정육면체 ; cubic곱방체

cuckoo ; 뻐꾸기 ; cuc꺽 koo꾸로 (둥지 주인이 바뀜, 탁란(托卵))

cuddle ; 껴안다 ; cuddle껴 대

cue ; 계기, 신호, 큐, 땋은 머리 ; ① cue꿰, ② cue꿰어, ③ (맺을) cue계(契)

cuff ; 소매끝동, 수갑(手匣)cuffs ; ① cu끝 f풀어 f펴, ② cuff갑(匣)

cuisine ; 비싼 요리, 요리(料理)법, 요리장 ; ① cui주(廚房)의 sine장(醬), ② cui귀(貴) sine진(珍)

cull ; 추려내다, 도려내다, 꽃 따다, 동물 도태(淘汰) ; ① cull추릴, ② cull가릴, ③ cull고를

culminate ; 정점에 이르다, 끝이 나다 ; ① cul결 mi말 na나 te다, ② 결미(結尾)나다

cult ; 이교(異敎) 추종(追從), 예배, 제사 ; 굿 (l 삽입)

cultch ; 굴 양식용의 조개 부스러기, 잡동사니 ; 굴 찌끼기

cultivate ; 밭 갈다, 경작(耕作)하다 ; ① 갈지, 갈어 지어, 길르다, 키워대, 갈어 쳐-밭에, 밭을, ② culti경작 밭을

culture ; 문화, 교양 ; ① 가르쳐, ② 글 도리, ③ 글을 뚫어 (돌에 새김), ④ 굴에서 추려 (단군 신화), ⑤ 갈어 지어 (논밭을), ⑥ 경작(耕作)

culture myth ; 민족 신화 ; myth미신(迷信)

culvert ; 암거, 배수 도랑 ; 갈, 길, 굴-파다, 빼다

cum ; ~이 딸린, 겸용(兼用)의 ; ① 겸(兼), ② 글월 문(文)

cunning ; 교활(狡猾)한, 간계(奸計) ; ① 간(奸巧)한, ② (눈을) 까는

cup ; 잔 배(杯), 컵 ; 굽은 배(杯)

cupr- ; 구리의 뜻 ; (잘) 구부려

cupule ; 도토리깍정이 ; 꺼풀

cur ; 이동의 뜻 ; ① 갈, ② 걸어, ③ 흘러

curator ; 박물관(博物館), 미술관(美術館) 전시(展示) 담당자 ; (작품을)-걸어대, 끌어대, ② 거래(去來)를 틀 사람

curb ; 고삐, 경계석(境界石), 보도(步道)의 연석 ; ① 고삐, ② 갈러 보도

curd ; 응유재품, 엉겨 굳어진 것 ; 굳은

cure ; 고칠 료(療), 치료(治療) ; ① 치료(治療), ② 쾌(快)

curfew ; 통행금지, 신호 종(鐘) ; cur꺼버려 few불을 (화(火))

curious ; 궁금한, 기이한, 호기심이 강한 ; 궁리했어

curl ; 곱슬곱슬, 돌돌감기다 ; ① 꼬올, ② (둥글) 구(球)을

curmudgeon ; 노랑이, 수전노 ; 궤로 묻어 전(錢)

currency ; 통화(通貨), 통용 ; 굴러, 가이은 시세

current ; 현재의, 지금의, 해류, 경향, 추세, 물댈 관(灌) ; ① (흘러)가(서) 잇는데(에), ② 갈러
        잇는다

curriculum ; 교육과정 ; ① 가려 꾸림, ② 글을 꾸림, ③ 꾸려 글모음

curse ; 저주할 저(詛), 빌 주(呪), 저주, 악담 ; ① 저주(詛呪), ② 거세(去勢)(불알 까서)

curtail ; 격식축소, 삭감, 단축 ; ① 잘(라) 줄일, ② 삭 떼일

curtain ; 커튼, 휘장 장(帳), 막 ; ① 걸어, 쳐-단, 친, ② 걸어 장(帳)

curve ; 굽을 구(勾), 곡선, 휨, 굽음 ; ① 구부(리는), ② 굽어

Cusco ; 잉카문명 도시 ; 커서, 꺼져-가(운데), 고(높은데)

custody ; 양육권, 보호권, 구류 ; ① 거뒀지, ② 가뒀지

custom ; 풍습, 습관, 법식 예(例) ; 관습, 구습-따름, 닮음

customize ; 주문제작 ; 걷다가(거기다가) 맞춰

customs ; 관세 ; 거저 따옴 세금

cut ; 베다, 절단, 자르다 ; ① 끊을 단(斷), ② 끊다

cute ; 귀여운, 예쁜 ; 귀태

cyber ; 인터넷과 관련 있는, 인터넷의 ; ① 키(로 조종하는) 배 (선장, 통제, 조종, 통치, 안내),
        ② 사이 벌려

cybernetic ; 인공두뇌의 ; 키 배 뇌(腦)적(的)

cyberspace ; 가상현실 ; 키 배, 사이 벌어져-밖에

cycle ; 순환, 한바퀴, 원, 자전거 ; ① cycle주기(週期), ② 사이-끌어, 껴, 굴려

cyclone ; 싸이클론, 인도양 폭풍우 ; ① 주기(週期) 오네, ② 기(氣) 끌어내, ③ 기(氣) 구르네

cylinder ; 실린더, 원통 ; ① 주(週) 안에서 돌을, ② 껴 안 돌을, ③ 기른 돌을

cynical ; 냉소주의 ; ① (개) cyn견(犬) cal깔보는, ② (나무에) 끼네 칼

cypress ; 삼나무의 일종 ; 키 삐쭉

D

D=ㄷ, ㄸ, ㅈ 발음

dab ; 여러 번 가볍게 만지다, 살짝 바르다 ; ① 대보고 발라, ② 도배, ③ 대고 붙이다

dacapo ; 이태리의 음악, 처음부터 반복하여 ; 다시 가서 복(復) (받침 생략)

daddy ; 아버지, 최중요 인물 ; (하늘에) 닿지

daffodil ; 나팔 황수선화, 담황색 ; ① (물에 손이) da닿아 ffodil빠질, ② da담ffo황

dag ; 옷의 장식 ; 댕기

dagger ; 양날의 단도, 비수 ; 단검(短劍), 도검(刀劍)-찔러, 짜개

Dalai Lama ; 티벳트의 환생한 라마교 교주 ; ① 다 알아 (맞춰), ② 다 알아 라마(해 머리), ③ 전래(傳來) 라마(해 머리)

dalliance ; 남녀 간의 희롱 장난 ; 달려 안겨

dam ; 방죽, 댐, 둑; ① 담, ② 담어

damage ; 손해, 손상 ; 다, 줘-마져

Dan ; 북부 팔레스타인에 이주한 히브리인, sir, master에 해당하는 경칭 ; ① 단(檀君), ② 장(長)

dance ; 춤출 사(娑), 춤추다, 댄스 ; ① 당(巫堂), 단(檀)-사(娑), 춰, ② 당겨

dandruff ; 비듬 ; 잔 두피(頭皮)

dandy ; 멋쟁이, 일류 ; dandy단정(端正)

danger ; 위험(危險) ; (길의) 단절(斷折)

dangle ; 달랑달랑 매달리다 ; 댕그러니

Daniel ; 구약 히브리의 예언자 ; 단(檀), 장(長)-이을

Danube river ; 다뉴브 강(江) ; (유럽 대륙을) 다 누벼 흘러 버려

dare ; 감히 ~하다 ; 대(對)여

dark ; 어두운, 암흑의 ; ① 달(날)-기울어, 컴컴한, ② 다 검은, ③ 닭이 (어두우면 홰에 들어오는)

dart ; 화살처럼 날아가다, 던지다, 화살 ; 대에-던져, 투(投)

data ; 데이터, 자료 ; ① 돼 있다, ② 적었다

date ; 날짜, 남녀 만남, 대추야자 ; ① 달 뜨는 (날마다 모양이 다름), ② (마음에) 달 뜨는, ③ 대추

daughter ; 딸 ; ① (머리를) 땋았다, ② 다 웃다

David ; 이스라엘의 2대왕, 다윗 ; 다 비우다 → 자비 줘

dawn ; 아침, 새벽, 여명 ; ① (동틀) 돈(旽), ② (아침 해) 돈(暾), ③ (아침) 단(旦), ④ (먼)동이 (튼다)

day ; 낮, 주간, 해, 날 일(日) ; ① 더워 (일(日)=H해), ② (한밤) 자, ③ 주(晝)

dead ; 죽은 ; 디져

deal ; 거래, 처리하다, 나누다, 분량 ; ① (~을)-댈, 쥘, 줄, ② (거래가) 될, ③ (한)되 (두)되

dealer ; 상인, 중개인, 대리점 ; (~을) 댈 사람

dean ; 대성당의 사제장(司祭長) ; 장(長)

death ; 죽음, 사망 ; ① (다) 됐어, ② 디져

debacle ; ⑤ 강 얼음의 깨짐, 대홍수, 와해, 실패 ; ① 대(大) 붕괴(崩壞), ② 질어 밖에, ③ 죄다 바뀌어

debark ; 나무껍질을 벗기다 ; 제(除) (나무껍질) 박(朴)

debate ; 논의, 논쟁 ; 지(죄다), 더-뱉어, 받어,

debilitate ; 쇠약하게 하다 ; 떼어 버려 뒀어

debris ; 파괴된 후의 잔해, 쓰레기 ; 떠-브렸어, 버렸어

debt ; 빚, 부채 ; 대(貸) 빚짐

decadence ; 타락, 쇠퇴(衰頹) ; 더 깨진 쇠(衰)

decadent ; 쇠퇴, 타락한, 퇴폐(頹廢)적인 ; 더 깨진 퇴(頹)

decay ; 부패, 쇠퇴 ; 더, 지(죄다가)-쇠여, 깨여, 까여

decease ; 사망하다 ; ① 저(리) 갔어, ② 디져서, ③ 죽었어, ④ 제(除) 꼈어

deceive ; 속이다, 기만(欺瞞)하다 ; ① 덮으로 채 브러, ② 더 깊어, ③ 지(다가) 기(欺) 뻥

decent ; 적절한, 품위 있는 ; 지킨 태도

decipher ; 암호문을 해독하다 ; 되짚어 (지은)

decision ; 결심, 결정 ; 둘-결정, 결심

deck ; 갑판, 지면 지붕, 꾸미다 ; 더 꾸려 가려

declare ; 공표하다, 주장, 진술하다, 신고하다 ; ① 지껄여, ② 선명하게 더 갈러

decline ; 기울다, 감소, 거절하다, 내리다, 기울 측(昃) ; 뒤로-끌리네, 끌어내려

decode ; 암호를 해독하다, 이해하다 ; 떠 꽈져

decor ; 실내장식(室內裝飾) ; 더-가릴, 꾸릴

decorate ; 꾸밀 장(裝), 장식하다 ; 더 꾸렸다

decoy ; 유인용 새, 미끼 ; 지 꼬여

decrease ; 감소, 줄이다 ; ① 제(除) 커져, ② 뒤로 가져

decreased ; 죽은 ; 지(죄다), 다-꺼졌다

dedicate ; 시간 등을 바치다, 헌신하다 ; 줘 지 갖다(가)

deduction ; 연역(演繹)법, 추론하다, 보편에서 개별로 추론 ; 떼어 지 끌어지는 ↔ induction ;
　　　　　　귀납(歸納)법, 개별적 사실에서 보편 명제를 유도하다 ; 하나에서 지 끌어지는

deem ; ~으로 여기다, 생각하다 ; 짐작

deep ; 깊은 ; ① 깊은, 짙은-바닥, ② 깊이, 짙게-파묻혀 (d=ㄱ·ㅈ 발음), ③ 디비져 (들어가)

deer ; 사슴 ; (잘) 뛰어

defeat ; 쳐부수다, 패배 ; ① 줘 패다, ② 져-뺐다, 패했다

defecate ; 오물을 없애다, 배변 ; 제(除) 바같에로

defect ; 흠, 결함, 하자, 결점, 버리다 ; 떠 밖같에

defend ; 막다, 방어, 수비, 변호 ; 뒤로 뺀다

defense ; 방위 ; 뒤로 방어 수비

defer ; 미루다, 연기하다 ; 지(遲滯)-펴

define ; 범위를 한정하다, 단어 뜻을 규정하다 ; ① 더, 떠서-보내, 파내, ② 재판해, ③ 제(制)
     펴내

definite ; 뚜렷한 ; 더 파냈대

deflate ; 공기 빼다, 물가를 끌어내리다 ; ① 떠 빠쳐, ② 제(除) 빼다 (l 삽입)

deflect ; 빗나가게 하다, 편향시키다 ; 떼어, 돌어-비켰다

defoliate ; 잎이 떨어지게 하다 ; 떠 풀잎 져

deforestation ; 산림 벌채 ; 떠 퍼런 숲들 치운

defy ; 반항, 거역, 도전 ; ① 줘 패, ② 떠 피

degrade ; 지위를 낮추다 ; 제(除), 도(度), 저(底)-강등(降等)

degree ; 법도 도(度), 정도, 학위 ; ① 도(度) 계위(階位), ② 등급(等級)

dehydrate ; 건조 시키다 ; 조(燥) 해에 들어대

delay ; 늦을 지(遲), 끌 연(延), 지연, 연기하다 ; 지연(遲延)

dele ; ⓛ 교정 명령, 빼라 ; 떠라

delegate ; 대표의 대리로 보내다, 권한을 위임하다 ; ① 딸려 갔데, ② 대리(代理)로 가다

delete ; 삭제하다, 지우다 ; ① 지웠다, ② 덜었다

Delhi ; 인도 북부의 수도 ; 달 해

delicacy ; 섬세, 민감, 다루기 힘든, 별미 ; ① 달려 까시, ② 제일로 사려 깊은

delicious ; 맛있는, 맛 좋은, 유쾌한 ; 절로, 제일로-(먹어)치웠어

delight ; 기쁨, 즐거움 ; 떨렸다

delivery ; 인도, 출하, 배달, 구출 ; 덜어, 돌려-버려

del Rio ; Ⓢ 강가에 사는 사람 ; 주(住)할 류(流)

delude ; 속이다 ; 둘러대

deluge ; 대홍수, 큰물, 범람 ; 대(大) 우기(雨期)

delusion ; 미혹, 망상, 착각 ; 절을 우상(偶像)(에게)

deluxe ; Ⓕ 호화로운, 사치(奢侈)로운 ; ① 제일로, 더 락(樂)-사(奢), ② 질러 써

delve ; 탐구하다, 파다, 동굴 ; 지(地)를 파다

demagogue ; 민중 선동정치가 ; ① 더, 되게, 죄다-막 우겨, ② 더꽈-끄는, ago선 gue구(先驅)
　　　　　*ago 전에=선(先)

demand ; 수요(需要), 요청하다 ; 더 만들어

demi ; 반(半)의 뜻 ; 대어-마져, 맺어

demise ; 사망 ; ① 다-멎어, 마쳐 ② 떨어져, 떠져-목숨

demo ; 시위, 민중, 데모 ; ① 더 모아, ② 떼로 모여

democracy ; 민주주의 ; 더 모아, 떼로 모여-갖기, 끌어가기

demolish ; 파괴하다, 철거하다 ; 떠 몰(沒)쇄(碎)

demon ; 마귀, 악마, 귀신 ; 저승 마귀 오는

demonolatry ; 귀신 숭배 ; 마귀 올려드려

demonstrate ; 실례 증거 보임, 설명하다, 시위 참가 ; 더 모은 s설명 들이대

demonstration ; 증명, 시위, 데모, 시범 설명 ; 떼로 모인 따라 짓는

den ; 야생 생물 동굴 ; ① 지은, ② 지(地)안

denote ; 표시하다, 의미하다 ; 띄어 났다

dense ; 빽빽한 나무, 안개 짙은 ; 짙은 수(樹)

density ; 밀도, 농도 ; ① 짙은 정도, ② 짙은 상태

dent ; 움푹 들어간 곳 ; ① 지른데, ② 들어간 데

denti- ; ① 이빨의 뜻 ; 단단한 치(齒)

deo ; 신(神), 능력자, 하느님 ; ① 다, ② 돼, ③ (이 세상을) 지어

deodorant ; 냄새 제거제, 데오도란트 ; 제(除) (냄새날) 옹(月翁) 더러운 티

departure ; 출발(出發), 벗어남 ; 더 파(派)로 떼ㄹ

depend ; 의지하다, 좌우되다, 매달리다 ; 더-펀든다, 빙(憑)돼, 빈둥대는, 빈대

depict ; 그림 그리다, 묘사하다 ; 대에 베끼다

deplete ; 고갈시키다, 격감시키다 ; 더 빼대 (l 삽입)

deplore ; 애통, 한탄, 개탄 ; 져, 제(除)-불 올라

depose ; 면직하다, 폐하다 ; 제(除) 보직(補職)

depreciate ; 가치가 떨어지다, 평가절하 ; 저(低) 평가(評價)돼

depress ; 우울하게 만들다 ; 저(低)-압(壓)쎄, 풀 섰어, 불이 쎄

deputation ; 대표, 대리 파견 ; 대표 대신

deprive ; 박탈(剝奪)하다, 빼앗다 ; ① 떠 브러브러, ② 죄 뺏어 버려

deputize ; 대리로 임명하다 ; 대표로 됐지

deputy ; 부관, 대리인 ; 대표자

de re gle ; Ⓕ 상규와 같이 ; 따 라 규(規)

derange ; 혼란, 교란, 발광시키다 ; 떠-안정, 안전, 연결

deride ; 조롱하다, 조소하다 ; 질러, 둘러, 들이-대

derive ; 비롯되다, 유래하다, 끌어내다 ; 전류(轉流) 비롯

derm- ; 피부, 외피, 진피의 뜻 ; 덮은-막, 더미

descend ; 내리다, 경사지다, 자손 잇다 ; ① 저(低) 상(上)간다, ② 저강(低)(降)되는, ③ 자손
　　　　되는

descretion ; 신중함 ; 재서 그래지는

describe ; 묘사하다, 서술하다 ; ① 자세히 그려 버려, ② 더 세밀히 베껴, ③ 다, 더-그려봐, ④
　　　　떠서 클러 버려

desert ; 사막, 황무지, 버리다 ; ① 떠-졌다, 살다, 살터 ② 디졌다, ③ 디지는 땅, ④ 지(地)사
　　　　(沙)로 돼

design ; 디자인, 설계, 도안 ; 도(圖) 직인(職印)

desire ; 바라다, 욕구, 욕망 ; 더-잘해, 실어, 줘, 살어

desk ; 책상 궤(机) ; 두는, 뒤-상(床)궤(机)

desolate ; 장소가 썰렁한, 적막한 ; 적막 썰렁타

despair ; 절망하다 ; 떠져-평(平), 포(抛棄)를

desperate ; 필사적인, 절망적, 무모한 ; 떠서 버렸데

despicable ; 야비한, 비열한 ; 져서 비겁해

despise ; 경멸하다 ; ① 저(低) 봐져, ② 뒤집혀서 시(視)

dessert ; 후식, 디저트 ; ① 뒤에 줬다, ② 뒤에 썰다

destine ; 운명으로 예정된, ~행이다 ; 지어져, 돼서-되네

destiny ; 운명, 숙명, 신으로부터의 약속 ; ① 전생에 지었대네, ② 돼서 태어나

desultory ; 산만한 ; ① 떠져 울타리, ② 더 술 따러

detach ; 떼다, 분리하다, 파견하다 ; 떠-닿은 거, 댔지, 닿지

detail ; 세부적인 ; 뒤에도 닿을

detain ; 붙들다, 억류하다 ; 뒤로 떼논

deter ; 단념시키다 ; 제(除) 떨려

deteriorate ; 저하하다, 더 나쁘게 하다 ; 더 타락(떨어져)으로 돼

detection ; 탐지 ; 떼 턱진

detergent ; 세제(洗劑), 표백제(漂白劑) ; ① 제(除)-떨어진다, ② 떠-때간 데, 때를 지운다, 닦는다

detersive ; 깨끗이 하는 ; 제 털고 씻어 버리는

detour ; 우회(迂回)도로, 방향 바꾸기 ; 저리 돌어

detox ; 해독, 중독 치료 ; ① 제(除) 독소(毒素), ② 떠 독소

deuce ; 둘, 2점, 듀스 ; 둘이서

devaluate ; 가치를 떨어뜨리다, 평가절하 하다 ; 저(低) 본질적 유용 위치

devastate ; 황폐화하다, 큰 충격을 주다 ; 더 바서 댓데

develop ; 발전시키다 ; 더 velo피어 p발전

development ; 개발 ; 더 벌려 펴 맨들어

deviant ; 정상에서 벗어난, 성도착증 ; 도져 viant변태(變態)

deviate ; 일상, 예상 등을 벗어나다 ; 더-빗데, 피하다

devil ; 마귀 마(魔), 악마, 사탄, 죽기를 비는 ; ① 죽게-빌을, 빨을, ② 두 뿔

devote ; 바치다, 헌신하다 ; 더, 다-보태

dew ; 이슬 로(露) ; 젖어

dexterity ; 손재주, 재치 ; dex재주 떨었지

dharma ; 인도의 법(法), 진(眞), 달마, 가르침 ; ① 드넓은 하늘의 마음, ② 다-알아, 할-마음

dhoti ; 인도의 허리에 두르는 띠 ; 허리 띠

dhow ; 아라비아해의 삼각돛 범선 ; 돛

di ; 2중의 ; ① 두 이(二), ② 둘의

dial ; 다이얼, 숫자판 ; ① 도(圖)를, ② 돌을, ③ 적을

diabolo ; 공중팽이 ; 띄어 버려

diagram ; 그림, 도형 ; 도(圖) 그림

dialect ; 방언, 사투리 ; dia지역 열어가 텄어

dialysis ; 투석, 분리, 분해 ; 둘 양(兩)으로 찢어

diameter ; 직경, 지름 ; 둘(양쪽), 직, 질러-맺어

diaper ; 기저귀, 마름모 ; ① 대어-펴, 베를 (삼베), ② 젖어 버릴

diarrhea ; 설사 리(痢), 설사(泄瀉) ; 질어 아래로-새, 싸, 쏟아(h=s, ss발음)

diatomic ; 두 개의 원자로 이루어진 ; 두 이(二) 한 토막

diatribe ; 욕, 비방 ; 대, 질러-들이버

dic-, dict ; tell, 말하다, 기록 ; ① 적는, ② 지껄이다

dice ; 주사위 ; 던져

dicho- ; 2부분의, 2분 하여의 뜻 ; (2)둘 조(組)

dictate ; 불러주어 받아쓰게 하다, 지시하다 ; 지껄여, 적어-댔대

dictator ; 독재자, 독재(獨裁)정권 ; dic독 ta재 tor자

diction ; 말투, 발음, 어휘선택 ; 지껄여지는

dictionary ; 사전 ; ① 지껄여지는(발음)-리(理)로, 놓으리, ② 다 갖추어 놓으리

diddle ; 속이다, 편취하다 ; 뒤로 뗘

die ; 죽다 ; ① 죽어, ② 디져

diet ; 식사 ; (밥을, 진지)-지었다

different ; 다른, 상이한, 차이 ; 떨어져 버린다

difficult ; 어려울 간(艱), 곤란한, 힘드는 ; ① 잡히어 끌리다, ② 덜 피 끓다, ③ 뒤 바깥에

dig ; 파다, 파내기 ; ① 땅에 구멍, ② 지 긁어, ③ 쪼개

diffuse ; 펴다, 방산하다 ; 지-펴서, 퍼져

digital ; 통신 등이 디지털 방식-숫자로 쓰는, 손가락의 ; ① 둘로 짓다 알(0.1), ② 두 지(指)로 될

diglot ; 2개 국어로 쓴, 말하는 ; 두 글로 돼

dignity ; 위엄(威嚴), 품위 ; 지(至), 두 배-권위(權威) 태(態)

dike ; 둑, 제방 ; 둑

dilemma ; 딜레마, 진퇴양난 ; 두 맘 먹어(이러지도 저러지도 못함)

dilute ; 희석(稀釋)하다, 물을 타다 ; 줄일 타

dim ; 어두울 명(冥), 어둑한, 흐릿한 ; ① (해) 짐, ② (해) 져 명(冥)

dimple ; 보조개 엽(靨) ; 작게 움푹 패여

din ; 떠듦, 시끄러움, 소음, 종교, 종파 ; ① 징 (우리나라 악기), ② 종(宗) (교)

ding ; 종소리 ; 댕~

dino- ; 무서운의 뜻 ; ① dino진노(震怒), ② 쥐나

dip ; 담그다, 내려가다 ; 적서 빼다

diplo- ; 2중, 복(複)의 뜻 ; 둘 복

diploma ; 졸업증서, 면허장 ; ① 두 장의 판(둘 복(複)) 문서, ② 증, 쥐-봐, 포(襃奬) 마쳐

direct ; 주의를 돌리다, 지시하다, 똑바른, 직접적인 ; ① 직접 엮다, ② dire주의 ct지도

dirk ; 단검, 비수(匕首) ; ① 단, 도-검(칼), ② 찌르개

dirt ; 진흙, 쓰레기, 더러운 ; ① 질을 토(土), ② 뒤 똥

dis ; 반대, 부정, 무(無), 비(非), 분리 ; 제(除), 됐어, 뗐어, 디져, 뗘서, 덜었어, 둘이서, 졌어, 찢어

disappear ; 사라지다 ; 제(除) 앞에 보여

disapprove ; 반대하다, 못마땅하다 ; 제(除) 앞으로 봐

disaster ; 재해, 참사, 불행 ; 떠져 아래로 (별)떨어질

disburden ; ~에서 짐을 내리다 ; 덜어서 부려진

disburse ; 지급하다 ; 떠줘 벌려서

disc, disk ; 납작한 원반 ; 두(면=양면(兩面)) 쇠-굴러, 구멍

discern ; 분별하다 ; 뒤져서-간(看), 캐는

discipline ; 배움, 훈련, 자제심, 학과, 고행 ; ① 뒤에서 기쁘네, ② 떼었어 기를 피는 것을

discord ; 불화, 다툼 ; 떠져 꽈진

discourse ; 담론, 토론, 담화 ; ① 지져대 강설(講說), ② 지져가 설(說)

discovery ; 발견, 찾아내다 ; dis뒤져서 co가 ve발 ry려

discuss ; 토론 ; 뒤섞여서

disdain ; 경멸, 오만 ; 됐어 띵

disease ; 병, 질병 ; 떠져 ease(보통)

disgrace ; 망신, 수치 ; 떠져서 광채(光彩)

disguise ; 변장하다, 숨기다 ; ① 디섞어져, ② 지 숨겨서

disgust ; 싫증, 혐오 ; 됐어 그었다

dish ; 접시 ; di접 sh시

dislike ; 싫어하다 ; 됐어 락(樂)

dismay ; 실망, 당황 ; ① 떼 희망(希望) (s=h 발음) ② 더 실망(失望)

dismiss ; 해산시키다, 해고하다 ; 떼져, 떼서, 떨어져-맺어 있어

disparate ; 서로 다른, 이질적인 것들로 이루어진 ; 떠진 파(派)로 돼

dispatch ; 급히 보내다, 신속처리 ; 떠서 빨리 처리

dispel ; 느낌 등을 떠서 버리다, 없애다 ; 떠서 버릴

dispense ; 계량하여 분배하다, 제공하다, 베풀다 ; 떠서 분배(分配) 보시(報施)

disperse ; 흩어지다, 해산시키다 ; 떠서 퍼져

displace ; 옮겨 놓다, 대신하다, 쫓아내다 ; 떠서 풀어 갈려 있는

display ; 전시하다, 표시, 진열 ; 떠서-풀어, 펴, 보여

disproof ; 반증, 논박 ; 대서 풀어 엎어

disprove ; 틀렸음을 입증, 반박 ; 대서 풀어브려

dispute ; 논쟁, 분쟁, 반박 ; ① 짖어 퍼대, ② 둘이서 뻗대

disregard ; 무시, 묵살하다 ; 됐어 돌려 가다

disrupt ; 방해하다, 분열시키다, 교란시키다 ; 떠서, 들어서, 둘러서, 찢어-엎다

dissolve ; 녹여 없애다, 끝내다, 해산하다 ; 지어서 수(水)로 변해

dissuade ; 설득해서 ~하지 않도록, 단념시키다 ; 됐어 설득(說得)

distant ; 먼, 떨어진 ; 저쪽, 떨어져-딴 데

distillation ; 증류법, 정수, 증류수 ; ① 데워서 떨어지는, ② 때서 떨어트려지는 (ll 삽입-반복)

distinct ; 뚜렷이 다르다, 뛰어난, 분명한 ; 더 뛰어난 것들

distort ; 비틀다, 왜곡하다 ; 뒤틀다

distress ; 정신적 고통, 조난 ; 더 삭 틀어졌어

distribute ; 분배하다, 유통하다 ; 떠, 찌져, 떠서-돌려서, 드러-붓다, 부어대, bute분(배) (유)통

district ; 지역 구(區), 지구 ; 띄어, 띄어서-따로 긋다, 줄을 긋다

ditch ; 도랑, 해자, 개천 ; 도(랑), 돗군, 둑-치, 천

diurnal ; 주간(晝間)의 ; 주(晝)날

dive ; 뛰어내리다, 잠수하다 ; 잠겨, 들어가-버려

diverge ; 다른 방향으로 갈라지다, 벗어나다 ; 둘로, 떠, 두개-벌어져, 봐져, 별(別)지(支)

diversion ; 유용, 기분 전환 ; 떠, 지-벌어진, 버려진

divert ; 방향을 바꾸게 하다 ; 돌려, 달리-벌렸다, 버린다

divide ; 나누다, 분할하다 ; 줘, 떠-vide배당(配當)

divine ; 점 복(卜), 신의, 신성한 ; ① 점복(占卜), ② di점보네, ③ 지어, 다-비네, 보네, ④ 지 비워내

divine matrix ; 현대 과학과 고대 지혜를 통합한 개념, 에너지 장, 홀로그램, 자타연결망, 인드라망 ; 다보네 매달렸어

division ; 분할, 분배(分配) ; 둘로, 줘-배, 분-지은

divorce ; 이혼, 별거(別居), 분리 ; 둘-별거, 뽀개

do ; 행하다, 하다 ; ① do동(動), ② 하 do다, ③ do돼 *잘 더 돼=WELL TO DO

docile ; 유순한, 온순한 ; 독실(篤實)해

dock ; 도크, 부두(埠頭) ; 돗군

doctor ; 의사, 박사, 의원 의(醫) ; ① 독(毒)-다뤄, 다 알아, 깨쳐, ② 두루 깨쳐 다 알아, ③ 독(讀)도(導)를

doctrin ; 교리, 원칙, 정책, 교리 ; (살펴볼) 독(督) 드러낸

document ; 기록영화, 문서, 실제 기록 ; 다 꿰어 맨든

dodder ; 비틀거리며 떨다 ; ① 동동-덜덜, 떨어

dog ; 개 견(犬), 개 구(拘), 개 술(戌) ; ① do좋은-g개, 견, 구, ② 다가와, ③ (길에서) 덩구는, ④ 독(督), 독-하다

dogma ; 독단적 주장, 교리, 신조 ; 독(獨)한 마음

doilmara ; 카일라스산 순례길 돌 언덕 ; 돌마루

dolce ; ① 달콤한, 감미로운 ; 달콤

dole/Dole ; 시주, 슬픔, 열대과일 업체 ; ① 돌려, ② (가슴이) 쯜어, (머리가) 돌어, ③ 달어, 달려

dolmen ; 고인돌 ; ① 돌 묻은, ② 돌맹이

dolpin ; 돌고래 ; 돌을 뻥

Dom ; 귀족, 성직자 존칭, 지배, 중심 ; ① 담로(백제 지배층), ② 돋음

dome ; 둥근 천장 ; 둥근, 돋은-머리, 뫼, 모양

domestic ; 길들여진, 가정(家庭)의 ; 죽 묵어(집)에 정(停) 길들여

dominance ; 우성, 지배, 우월 ; 돔이 난께

donate ; 기부(寄附), 주다 ; 돈 내다

donkey ; 당나귀 ; 당나귀

donor ; 기부자, 기증자, 시주 ; 돈-놓을, 내여, 나올

Don quixote ; 동키호테, 열광적인 공상가 ; don돈 (돌은) qui기xo사te도 (騎士道)

doom ; 파멸, 죽음, 비운 ; ① 도움 → 죽음(판사가 점차 법과 양심이 없어지고 이기적 정치적 독단적으로 판결을 하여 도움이 아니라 죽음을 주는 타락한 법정) → ② 뎜자리

door ; 문짝, 문 문(門) ; ① (빙)-둘러, 두른, ② (치는 발을)-들어 올려, 달어, ③ 돌로

do re mi- ; 장음계 ; 도(道) 례(禮) 미(美) 화(和) 솔(帥)(sol=설날=해) 라(羅)(ra빛) 시(施) 도(道)

dormancy ; 수면, 동면(冬眠), 정지 상태 ; 동면(冬眠)기(期)

dorsal ; 물고기나 동물의 등에 있는 살, 지느러미 ; 등 살

dot ; 점 점(點), 티 ; 점 티

double ; 곱 배(培), 두 배 ; 두 배

doubt ; 의심하다 ; 두 번 보다

douceur ; ⑤ 부드러움, 단것 ; 달콤

dough ; 밀가루 반죽 ; 죽

doughty ; 강한, 용감한 ; 다부져

dove ; 비둘기 ; 조(鳥)비(飛) (*bird-비조(飛鳥)=비둘기)

Dover ; 영국 남부 항구도시 ; (건널) 도(渡)배

down ; 넘어질 도(倒), 하강, 감소, 가는 털, 솜털 ; ① 도(倒)한, ② (밑에) 닿은, ③ 더, 떨어, 저 (低)-n낮은, ④ 더운

downpour ; 폭우 ; down-퍼, 부어

drag ; 당기다, 질질 끌다 ; ① 당겨, ② 데려가, ③ 들어-끄는, 가는

dragee ; ⑤ 당과, 당의정, 드라제, 캔디 ; 당과(糖菓)

draggin wagon ; 렉커 차 ; 당겨-낀, 가는, wa바퀴 gon가는

dragon ; 용 용(龍), 전설의 큰 뱀 ; 대(大)공(恐) 공룡(恐龍)

drain ; 물을 빼다, 따라내다, 비우다 ; ① 도랑, ② 덜어 내는, ③ 짜는, ④ 줄이는

drainage ; 배수(排水)시설, 하수로 ; ① 또랑 나게, ② 덜어 내게

drama ; 극적(劇的)인 사건, 희곡의 드라마 ; ① 다른, 줄여-막(幕), ② 줄여 만들어

drape ; 옷 천등을 느슨하게 걸치다, 씌우다, 휘장 ; 둘러-버려, 펴

drastic ; 격렬한, 과감한, 극단적인 ; 들어-제껴, 지 다까

draw ; ① 그리다, ② 끌어당기다, 끌 예(曳) ; ① (그림) 도(圖), ② 들어 예

dread ; 몹시 두려워하다 ; drea두려워 d디지네

dream ; 꿈 몽(夢), 꿈꾸다 ; 자, 지어-몽 (d=ㅈ 발음)

dreg ; 찌끼 재(滓) ; ① 때 껴, ② 찌끼 전(澱), ③ 떡 저

dress ; 옷 의(衣), 옷 복(服), 의상, 원피스 ; 둘러 써

drift ; 떠다닐 표(漂), 이동, 표류(漂流)하다 ; 떠, 돌아-표(漂)돼

drill ; 드릴, 송곳 ; 뚫을

drink ; 마실 끽(喫), 마실 음(飮), 마시다 ; 지른, 지리는, 잔, 들어 안으로-끽, 커는

drip ; 물방울 적(滴), 떨어질, 방울방울 흐르다 ; 적(滴), 떨어-비, 방울

drive ; 몰다, 운전하다 ; 달려, 돌아, 둘러-버려, 봐

drizzle ; 가랑비, 비가 보슬보슬 내리다 ; 적셔서 질어져

drone ; 숫벌, 윙윙거리다, 드론, 게으름뱅이 ; ① (날개)-떠네, 도네, ② 드러누워

droop ; 아래로 처지다 ; 뒤로-빠져, 엎어져

drop ; 물방울 적(滴), 떨어지다 ; 적, 떨어져-비, 바닥, 방울

drought ; 가뭄 한(旱), 건조(乾燥) ; ① 조(燥) 우기(雨期) 한때에, ② 더욱 한(旱) 돼

drown ; 물방울 적(滴), 물에 빠져 죽다, 익사(溺死) ; 적(滴)에 죽은 (w=ㅈ 발음)

drowse ; 꾸벅꾸벅 졸다 ; 졸려워서

drug ; 약 약(藥), 약품 ; ① 조제(調劑), ② 다려 조(調), ③ 닦어

drum ; 북, 드럼 ; (가죽으로) 둘름

dry ; 마를 조(燥), 마른, 물기 없는 ; ① 다려, 조려, ② 조(燥)

du ; 둘, 두 개, two ; 두 이(二)

dual ; 두 부분으로 된, 이중창 ; ① 둘, ② 두 알

duality ; 이중(二重)성 ; 두 알이지

dub ; ① 별명을 붙이다, ② 물웅덩이 ; ① 더 붙여, ② 둠벙

duck ; 암오리 ; 뒤뚱 걸어가는닭

due ; 당연히 치러야 할 지불, 회비, 당연한 ; ① 떼여, ② 줘

duel ; 결투, 양자 간 다툼 ; 둘이 얼러

duet ; 이중주, 이중창(二重唱) ; due돼여, 지어-t둘이

duffel ; 벨기에 남부소도시 Duffle에서 생산한 외투 ; ① 덮을, ② 덥힐

dugout ; 굴, 선수대기소 ; dugou땅굴 t대기(待機)소

dull ; 무딘, 둔함, 지루한 ; ① 덜, ② 둔할

dumb ; 벙어리의 ; ① 젬병, ② 장(障) 멍청이 바보

dummy ; 동체모형, 토우 ; (흙) 더미

dump ; 내버리다, 뎜자리 ; ① 뎜자리 버려, ② 더미 부리다

dung ; 똥, 오줌-변(便), 똥 분(糞) ; 똥

duo- ; 둘의 뜻 ; ① 둘, ② 두 이(二)

duple ; 배의, 이중의 ; 두 배

duplicate ; 복사하다, 사본을 만들다 ; 두 표 같애

durable ; 내구성 있는 ; 두어 배

durian ; 동남아시아 열대과일 ; 찔러 향

dust ; 먼지, 티끌 ; ① d더럽고 s지저분한-t티끌, 때, 진(塵), ② 더러운-티끌, 때

duty ; 맡길 임(任), 임무, 의무(義務) ; (짐) duty졌지

dwarf ; 난장이 ; ① 등어리 병신, ② 작아브러, ③ 짧어

dwell ; 살다, 머물다 ; 자리 잡을 (d·w=ㅈ 발음, ll 반복)

dwindle ; 점점 수가 줄어 ; 주는down 줄어

dye ; 물들다, 염료(染料), 염색(染色)하다 ; (물) 들여

dynamics ; 동(動)적인, 박진감(迫進感) ; ① 진(進), 동(動)-막 가, ② 지남(指南)철(鐵) (움직임을 유발하는), ③ 동(動), 진(進)-물건, 움직-심(힘)

dynasty ; 왕가, 왕조 ; 중국 최초 통일왕조(王朝), 진(秦)나라, bc900~bc206, 진 → 지나 chi na → china

dysentery ; 설사 리(痢), 이질 ; dy뒤로 se세게 n나가게 tery털어

E=ㅣ, ㅔ, ㅓ 발음

e ; ① (바깥) 외(外), ② (둘) 이(二), ③ (다를) 이(異), ④ (옮길) 이(移)

each ; 각각의, 각자의 ; ① 이(二) 각히, ② 이어-저마다, 각자 호(互)

eager ; 열망하여, 간절히 바라는 ; 이 갈어

eagle ; ① 골프의 이글-표준 타수보다 둘이 적은, ② 독수리 ; ① 이(二) 적은, ② (하늘과 땅을) 이어-(독수리) gle조(鵰), 줘

ear ; 귀 이(耳), 청각 ; (귀) 이(耳)

early ; 이른, 일찍이 ; 일러

earn ; 벌다, 얻다 ; ① 얻는, ② 이윤(利潤)

earth ; 지구, 땅, 흙 토(土) ; ① 얼었어, ② 얼은-지(地), 땅(빙하기, 간빙기), ③ 위에 땅, ④ 이 어 땅

earthenware ; 질그릇, 도기(陶器)의 ; 이어진 자루

ease ; 편안, 안락, 용이 ; (쉬울) ea이(而) se쉬움

east ; 동녘 동(東) ; ① 해 떠 (h생략), ② 아사, 아스-땅, 떠, 동(東), 달

easy ; 쉬운 ; 이(易) 쉬운

eat ; 먹다, 씹다 ; ① (입에) 여타, ② (먹)었다, ③ (맛)있다

ebb ; 썰물, 감퇴 ; 이(치아) 빠져

Ebola virus ; 에볼라 비루스 ; 열불라 virus병원(病原) 숙주

ebullient ; 원기 왕성한 ; 열불란다

echo ; 울릴 향(響), 메아리, 반향 ; e2 c소리 ho향(響)

eclipse ; 일식 월식의 식(蝕), 이지러짐, 빛을 잃음, 소멸, 퇴색 ; 이지러, 엇갈려, 끌려-빠져, 버 려졌어

eco ; 생태(生態), 환경, 생명 ; ① 엮어진, 엮여진, ② 엮어, 엮겨

economic ; 경제(經濟), 이익이 남는 ; 옥(屋), 애껴-남음이 커

economy ; 아껴 씀, 경기, 절약 ; 옥, 애껴-남어

ecto- ; 외부의 뜻 ; 역(域)다른

-ed ; 과거 ; ① 있었던, ② 있던, ③ 이었다

Eden 동산 ; the Garden of Eden ; ① 잊은, ② 이전, ③ 이(理)로 된 (동산)

edge ; 모서리, 끝머리, 테두리 ; ① 엇각, ② 이었지

edible ; 먹을 수 있는, 식용의 ; ① 이로-씹을래, 씹어, 집을래, 집어, ② 입에 대브러

edit ; 편집하다, 수정하다 ; e2번 dit짓다

education ; 교육(教育) ; ① 이두(吏讀), 애들, 리(理)덕(德), 리(理)도(道)-깨치는

eel ; 장어 ; 길어 (k 생략)

eerie ; 으스스한 ; 얼어

ef- ; ex의 뜻 ; 외부(外部)

effective ; 효과적인 ; 이(二)배 엮었지비

efficient ; 효율적인 ; 이(二)배로 캔다

effloresce ; 꽃이 피다 ; 이쁜 화(花) 벌어져서 (l 삽입, f 반복)

effulgence ; 눈부심, 광휘 ; e안(眼) f부셔, ef외부-ful불 gence광채

égalité ; Ⓕ 같음, 평등 ; e이(二) galite같애

egg ; 계란, 달걀, 알 란(卵) ; 애기 계(鷄)

ego ; 몸 기(己), 자기, 자아(自我)의식 ; ① 얼굴, ② 얼의 골(ergo)

egress ; 밖으로 나감 ; 외(外) 갔어

eight ; 8, 여덟 팔(八) ; ① 이었다, 잇다(8), ② 애 있다(임신부 팔자걸음)

Einstein ; 아인슈타인 ; ein하나의 s숫 tein돌

either ; ~이 아니다 ; ~이 아이다

elaborate ; 공들인, 정교한 ; 얼을 부었대

elapse ; 시간이 경과 ; 일(日)이 빠져서

elder ; 어른 장(丈), 손위의 ; 어른 장 (d=ㅈ 발음)

elect ; 뽑다 ; 일이(1, 2)-결정, 가려 대 봐

elective ; 선택과목, 선거하는 ; 일이(1, 2) 가려 대 봐

electric ; 전기 ; 일이(一二) 엮어 튀겨

electron ; 전자(음전하 질량 작음) ; 일이(一二) (음양(陰陽))-엮여 도는

elegance ; 우미한, 고상한 ; 얼이 광채

element ; 요소, 성분 ; 일이(一二) 만들어

Elena ; 성, 이름 엘레나 ; ① 애를 낳아, ② 일(日)이 나와

elevator ; 승강기 ; 올려, 일 위로-받쳐

eleven ; 11, 십일, 열하나 ; el 10에 e 1 ven붙인

elf-fire ; 도깨비불 ; 얼이 풀린 불

eligible ; 적격의, ~을 가질 수 있는 ; 일(1)로 집어

elite ; 엘리트 ; ① 일이(一二)등(等), ② 1로 돼

Elizabeth ; 영국, 여왕 이름 ; ① 얼이 자비(慈悲)스러움, ② 얼이 자(慈)로 배였어, ③ 얼라 잘
뱄어

ellipse ; 타원형(楕圓形) ; ① 알이 옆으로 세워져, ② 알이 립(立) 서

Elohim ; 히브리인의 신, 하느님 ; 열(熱)의, 하늘, 해(日)-힘

eloquent ; 웅변을 잘하는, 설득력 있는 ; ① 얼러 꾀인다, ② 이빨로 꾀인다, ③ 열라 구한다

elusive ; 교묘히 잘 빠지는 ; 외로 쉬빼

Elysium ; 그리스 신, 죽음 뒤에 최상의 행복, 이상향 ; 얼이-잠, 쉼

emancipate ; 해방하다, 자유사상의 ; ① 이만 cipa석방(釋放) 돼, ② 외(外), 이(離)- 사람에게
잡혀 진

embargo ; 배의 입출항을 금지하다 ; 엄금(嚴禁) 배 가

embark ; 배에 승선하다 ; 임(臨) 배로 걸어가

embezzlement ; 횡령하다 ; 위임 빚져 망조

embosom ; 품에 안다, 소중히 하다 ; 여매 보쌈

embrace ; 껴안다, 받아들이다 ; 여매-보쌈, 팔 껴

embroidery ; 수를 놓다, 바느질 ; 이음 보에 달려

emerge ; 나오다, 벗어나다 ; e이(離) mer물 ge가에서

emergency ; 비상사태, 위급, 긴급(緊急) ; emer임할 gency전시(戰時)

emigrate ; 이민(移民)을 가다 ; 이민 가다

eminent ; 별 태(台), 걸출한, 저명(著名)한, 탁월(卓越)한 ; 외(外)로 명(名) 이은다

emit ; 열(熱), 빛 등의 방출하다, 발산하다 ; 열(熱), 외(外)-밀어대

Emma ; 여자 이름 ; 엄마

emotion ; 감동, 감격, 감정, 정 ; 안에-꽈지는, 마음 짓는

empathy ; 감정이입, 공감 ; 이(二) 마음 봤지

emperor ; 임금 제(帝), 으뜸 패(霸), 임금 황(皇), 임금 벽(辟) ; 위엄(威嚴) 패 올라

empire ; 제국(帝國), 제정 ; 위엄을 피워

employ ; 고용(雇傭)하다, 쓰다 ; 임금(賃金) 주고-부려, 불러

empress ; 왕비, 여왕 ; em위엄 pre비(妃) ss제(帝)

empty ; 빈, 빌 공(空), 빌 허(虛), 공허한 ; 이-몸, 마음-비었지

en, em, im ; ~속에 넣다, 만들다 ; 인(認), 안에, 위임(委任), 임(臨), 힘, 열은, 여는, 이은, 연(戀)

encaustic ; 소(燒)작(灼)화(畵), 색을 불에 달구어 넣은 ; 안에 구워 찍어

-ence ; 명사 어미 ; -잉께

enceinte ; Ⓕ ① 임신, ② 담, 울, 성곽(城郭) ; ① 임신돼, ② 안으로 쌓은 데

enchain ; 사슬로 매다 ; 연(連), 이은-(쇠사슬) 쇄(鎖)인

enchant ; 매혹하다, 마법을 걸다 ; 인(引) 환(幻)돼

enclosure ; 둘러싸다, 울, 담 ; en안 clo구역 sure세워

encourage ; 용기를 돋우다 ; en원(援助) coura격려(激勵)-ge권(勸), 줘

encrimson ; 심홍색으로 물들이다 ; 여는 심홍(深紅)색 (s=ㅎ 발음)

encyclopedia ; 백과사전 ; 연계(連繫) 글로, 과(課)-표제(標題), 펴 지어

end ; 끝, 끝내 종(終), 종료(終了), 최후 ; ① 이은-뒤, 도(到), ② 이내 종(終), ③ 연종(連終)

endear ; 사랑받게 하다 ; en인, 연(戀)-dear정(情), 줘

endow ; ~에게 주다, 기부(寄附)하다 ; 인(仁)-도와, 줘

endure ; 견디다, 참을 인(忍) ; 인(忍) 더

enemy ; 대적할 적(敵), 원수 ; 이 내밀어

energetic ; 정력적인 ; 원열기(原熱氣)적(的)

energy ; 기운 기(氣), 정력, 활기, 원기 ; 원(原) 열기(熱氣)

enfant terrible ; Ⓕ 무서운 아이 ; 앙팡지게 때려브러

enfold ; 안을 포(抱), 포옹하다, 안으로 접다 ; 안 포개 접어

enforce ; 법을 집행하다, 강요하다 ; 연(開) 팔 쎄

engine ; 엔진, 발동기, 기관 ; ① 연기(煙氣) 내, ② 연관(煙管)이은

England ; 잉글랜드, 영국의, Great Britain(거대 불타는) ; englan인간 d땅

English ; 영국의, 영어의 ; engli인간으로-sh살아, sh서(書)

engrave ; 새길 명(銘), 나무 돌등에 새기다 ; 안으로-그어브러, 끌로 베, 그려 파

enjoy ; 즐기다, 맛보다, 누리다 ; ① 연인, 인(人)-좋아, ② 조여

enlarge ; 크게 하다 ; en연(連), 이은- large량(量)거(巨)

ennoble ; 기품(氣稟)을 주다, 귀족(貴族)에 봉하다 ; 인(人)-높을래, 높아

enormity ; 무법, 극악, 심각한 ; 인(人) 오(惡) 미쳐

enough ; 충분한, ~하기에 족한 ; ① e2번 noug넉넉 h해, ② 이(利) 너끈해, ③ e이(쌀) nough 높아

enpension ; Ⓕ 하숙집식으로 하숙비를 내고 ; 언쳐 방-사는, 지은

ensure ; 보장하다 ; 인정(認定)

enter ; 들어서다, 시작하다 ; 안-들어, 터로

enter- ; 사이에 ; (가운데) 앙(央) 터

enterprise ; 기업, 회사, 모험 사업 ; ① 안으로 들어와-퍼세, 불어 세워, ② 언 터에 뿌리 세워

entire ; 온전 전(全), 전체의 ; 완(完)-차려, 다 꾸러미

entrails ; 내장, 창자 ; 안에 들어 있을

entrechat ; Ⓕ 발레, 여러 번 치기 ; 연달아 뛰어 차대

entree ; Ⓕ 입장허가, 입장권 ; 안 들여

entrepreneur ; Ⓕ 기업가 ; ① 안으로 들어가, 연달아-불어 놀 이, ② 언터에 뿌리 내릴 이

entrust ; 맡길 위(委), 위탁하다 ; 인정(認定)-주다, 신탁(信託)

envision ; 상상하다, 예상하다 ; 연(連), 안-뵈지는

envy ; 시새울 시(猜), 부러움, 선망(羨望) ; 안 봐

Eos ; 신화, 에오스, 새벽 ; ① 열어-새(벽), 새로, ② 열 오셔

epi- ; 외(外), 위 ; ① 옆에, ② 외피(外皮), ③ 외 밖

epicure ; 미식가 ; 입 가려 (먹어)

epitaph ; 묘비명, 비문 ; 입혀 탑(塔)

epidermis ; 외피, 표피 ; 외피 덮은 막있어

episode ; 이야기, 삽화(揷話) ; 옆에 수다

equal ; 고를 균(均), 필적하는, 동등한, 같은 ; 둘 이(二)-균(均), 같을

equator ; 적도(赤道), 지구의 적도 ; e(둘, 2)-같은 땅, 같이 돌

equilibrate ; 평형을 유지하다, 균형을 ; 이(二) 같아 브렸다

equinox ; 춘분, 추분, 주야 평분시 ; 둘이 같은 나눈 시(時)

equip ; 장비를 갖추다 ; 일 구비(具備)

era ; 특정한 성격의 시대 ; e년 ra해 (r=h 발음)

erect ; 세우다 ; 일어섰다

Erie ; Lake Erie, 미국 5대 호수, 에리호 ; 얼어 있어

Erin ; 아일랜드 옛 이름 ; 얼은

erk ; 신병, 얼간이 ; 얼간이

eros ; 성애, 성적욕구 ; ① 열라 s사랑, ② 애욕-s성(性), s사랑, s섞어sex, ③ 열애(熱愛) s성(性)

erosion ; 침식, 부식 ; ① 아래로 지는, ② 열에 지는

error ; 실수, 잘못 ; 오류(誤謬)

erupt ; 용솟음 쳐 나오다 ; 열을 뿜다

escape ; 달아날 도(逃), 달아나다 ; ① 어서가 피해서, ② 외 삭가 피해

essay ; 수필, 짧은 과제물 ; 이어서-서(書), 써, 사(辭)

esse ; ⓛ 존재, 실체 ; 있어

essence ; 정수(精髓), 본질, 진수 ; ① 있는 정수, ② 있어 쎈 질

estate ; 사유지(私有地), 토지, 부동산 ; 있어 땅 터

estimate ; 추정(推定)하다, 평가하다 ; 얼추 맞추어

estrade ; Ⓕ 대, 단, 연단 ; 연설 대 단

estrage ; ~의 사이를 나쁘게 하다 ; 둘 사이 틀었지

estray ; 헤매고 있는 사람 ; 잊어 돌아

estrogen ; 에스트로겐, 여성 호르몬 ; es여성 돌려지는

eternal ; 영원한, 영구적 ; ① 잇다 날, ② 영원히 전할

ethane ; 에탄, 가스 ; e열 타네

ethical ; 윤리의, 도덕의 ; 이치(理致) 가르칠

etiolate ; 식물을 누렇게 뜨게 하다 ; ① 잎 떨어져, ② 잎 달려 떠

ethnic ; 민족, 전통 ; ① 있으니께, ② 이슨이끼리, ③ 이어서 낳기, ④ 인종(人種)

ethnography ; 민족학 ; ① 인종, ② 어(語) 친(親)한

ethos ; 에토스, 신뢰, 윤리 ; 이타(利他)적

etymological ; 어원의, 어원학상 ; ① 어찌 맨들었는지, ② 어찌 말로 지껄이게 댔는지

eu- ; 선, 미, 양의 뜻 ; ① 우(優), ② 유(喩)·(裕)

euphemism ; 완곡(婉曲)어법 ; 이(異)-비유(比喩), 비유(譬喩)-말씀

Euphrates ; 메소포타미아 지방의 강 이름 ; ① 류(流) 평태(平泰) 수(水), ② 류(流) 보(普)호
         (浩)태(泰)수(水), ③ 유(裕)를 퍼쳤어

europe ; 유럽 ; (선비) 유(儒), (넉넉할) 유(裕)로-평화

evacuate ; 비우다, 떠나다, 대피하다 ; 이(移) 바깥에

Eve ; 이브 ; ① 이쁜이, ② 이뻐

event ; 사건, 결과 ; e일이-vent번져서, 빵 터져

ever ; 늘, 항상, 영원 ; ① 영원히 벌어지는, ② 영원한 별

evil ; 나쁜, 불길한, 흉할, 요사 흉(凶) ; ① 이빨, ② 이와 뿔

evolve ; 진화하다, 점진적 발달 ; ① 이빨 빼, ② 이(利)발(發)보(步), ③ 앞 밟어

ex- ; 이전에, ~로부터, 밖으로, 전적으로 ; 예전, 이어서, 위쪽, 외역, 외적(外的), 애써, 억수로, 억세, 외(外)

examination ; 시험(試驗), 조사, 검사 ; ① 애써 문(問)을 치는, ② 애써 문(問)에 답안

example ; 법식 례(例), 실례, 견본 ; 예를 삼아 표본(標本)

excavation ; 발굴(發掘), 땅파기 ; 애써 캐 바닥 치우는

exceed ; 능가할 능(凌), 초과하다, 넘어서다 ; 위에 서-컸다, 갔다, 제끼다

excerpt ; 발췌(拔萃), 초록 ; 외쪽-서(書)를, 추려-뽑다

excess ; 지나침, 과도, 초과, 초과한 ; 위쪽-섰어, 커져

excessive ; 과도한, 지나친 ; 억세 커져브러

exchange ; 바꿀 환(煥), 교환하다 ; e이(두)쪽- 환(煥)교(交), 환전(換錢)

excise ; 국내 소비세, 물품세 ; 엮어서 세(稅)

exclude ; 제외하다, 배제 ; 엮겨(진것) 꺼져

exclusive ; 배타적인, 독점적인 ; 엮어(진것) 꺼졌지비

excretory ; 똥 시(屎), 배(排)설(泄) ; 외적-쿠려, 시-덜어

excuse ; 봐주다, 용서해 주다 ; 외쪽-구실, 고소(告訴), 껴져

excursion ; 소풍, 여행, 유람 ; 외(外)역(域)-걸어, 가-지는

exercise ; 운동, 연습, 훈련 ; ① exer애써-실습, 기세, ② ex연습 애써서

exert ; 노력, 발휘하다, 노력하다 ; ① 애쓰다, ② 억세다, ③ 애쓰는 태도

exhale ; 숨을 내쉬다 ; 외(外)쪽으로 호(呼)를

exhaust ; 다 써버리다 ; 였어 xhaust소진(消盡)돼

exhibit ; 전시하다 ; ① 외지 햇빛 들어, ② 외지 해 비춰

exile ; 추방하다, 망명 ; ① 외지로, ② 잊을래

exist ; 존(存), 있을 재(在), 존재하다 ; ① 있어-있다, 산다, ② 이어져 있다

exorcism ; 푸닥거리 계(禊), 귀신 물리기 ; 역귀를, 액(厄)귀를-씻음

exorcist ; 무당 무(巫) ; 액귀를 씻다(씻김 굿)

exotic ; 이국적인, 외래의 ; 외산, 역외-적(的)

expand ; 확대하다 ; 외적 편다

expansion ; 팽창, 신장 ; 외적(外的) 팽장

expedition ; 탐험, 원정 ; 외적 뻗어지는

expel ; 쫓을 축(逐), 쫓아내다, 추방하다 ; 애써, 외적-뺄, 방(放)

experience ; 경험, 느낌 ; ex외적 peri퍼 en안 ce경험

experiment ; 과학 실험 장치 ; e원리 x실험-퍼, 봐-맨들어

explain ; 설명하다 ; e원리 x쉽게 plain풀어내

explicate ; 설명하다, 해석하다 ; e이해 x설명 plicate풀어가다

explode ; 터질 작(炸), 폭발하다 ; 억세게-폭(爆)작(炸), 불나서 데여, 불났데

explore ; 탐험(探險)하다, 답사, 탐구하다 ; 외역(外域) 볼래

expose ; 드러내다, 폭로하다 ; 외적-보여져, 봐 줘, 바람 씌어

express ; 표현하다, 나타내다, 신속한 ; ① 외적으로 펴 짜, ② 외적 풀어-설레발이, 써, 썰, ③ 억수로 빨랐어

expulsion ; 퇴학, 제명, 추방 ; 외(外)제(除) 벌주는

exquisite ; 매우 아름다운, 정교한 ; 억수로-꽤 좋데, 꿰어졌대

extend ; 늘이다, 확대하다 ; 애써 장(張) 돼

extension ; 신장, 연장, 확대 ; 외역 장 지은

extent ; 넓이, 크기, 규모 ; 외적(外的) 정도(定度)

exterior ; 외부의 ; 외쪽 터

exterminate ; 몰살시키다, 다 죽이다 ; ① 외역 떠밀어 내다, ② 예외 없이 전멸 났데

extict ; 멸종된 ; ex없어 ti지 ct갔다

extinguish ; 소멸(消滅), 끄다, 없애다; 없애 튕겨서 (촛불을 끄다)

extra ; ~범위 밖의, 극한, ~이외의 ; ① 위 섰다, ② 억세다, ③ 외역 대

extraneous ; 외래의, 이질적인, 관계없는 ; 외질 들여놓았어

extravagance ; 사치(奢侈) ; 위 섰다- 방종(放縱) 사(奢), 빼간 께

extremely ; 심할 심(甚), 매우 극성(極盛) ; ① ex아주 도리에 멀어, ② 억세드라 멀리

extrovert ; 외향적인 사람 ; 외적으로 다 벌리다

extrusion ; 밀어냄, 돌출된 부분 ; 외쪽 도라진

exult ; 기뻐서 어쩔 줄 모르다, 의기양양하다 ; ex이겨서 ult웃다

exuviate ; 껍질을 벗다, 탈피하다 ; 익어서 벗다

exvoto ; ⓛ 기도 봉헌물 ; 원하는 소원, 외쳐-받쳐

eye ; 보다, 눈 안(眼) ; ① e안(眼) Y(코) e안(眼) (얼굴의 모양), ② ey2 e안(眼)

eyre ; 순회 재판소 ; 열어

F

F=ㅍ, ㅂ, ㅎ 발음

fable ; 우화(偶話), 교훈적인 이야기 ; 화(話)로 배워

fabric ; 직물(織物), 구조 ; 베 불려 짜≒textile직물-(씨줄과 날줄을) tex직 tile짜

facade ; Ⓕ 건물 정면, 겉보기 ; 바깥에

face ; 얼굴, 외관, 표정 ; ① 대갈 face팍, ② face밖에, 바깥, ③ face표정(表情), ④ 파져

facsimile ; 복사, 모사전송 ; fac복 si사(複寫) mile멀리

fact ; 사실, 진실, 진상 ; ① 팍 드러나는, ② (식물) 박 뚫어

faction ; 당파(黨派), 파벌 ; 파로 갈러지는

factory ; 공장 ; 팍 센 돌려

fad ; 변덕, 일시적 유행 ; ① 변덕, ② 뺑덕

fail ; 실패, 고장, 파산 ; 패(敗)할

fair ; 공정, 박람회, 아름다운, 맑은 ; ① 평(平)으로, ② 펴, ③ 화(花)로, ④ 파래

faith ; 신념, 믿음, 종지, 신뢰 ; 확신(確信)

fake ; 위조(僞造), 가짜의, 모조품 ; 바꿔

fall ; 떨어지다, 내리다, 나무를 쓰러뜨리다, 가을 ; ① 펄펄 눈이 내린다, ② 나무를 팰, ③ 파(破)패(敗)할, ④ 하(下)할

fallacy ; 잘못된 생각, 궤변, 오류(誤謬) ; 허위(虛僞) cy기만(欺瞞)

false ; 그릇된, 진실되지 못한, 가짜, 거짓의 ; ① 불신(不信), ② 불(不) 사실

falter ; 비틀거리다, 머뭇거리다 ; fal풍 (바람)-ter떨어, 타

fame ; 명성(名聲) ; 봐, 평판-명(名)

family ; 가족(家族), 가정, 일가 ; fa부 mi모 (父母) ly로 (엮어)

fan ; 부채 선(扇), 선풍기, 펼쳐지다 ; ① 판(版), ② (넓다랗게) 편

fancy ; 상상의, 공상적인 ; ① 환(幻)기(奇), ② 환시(幻視)

fantasy ; 공상, 환상(幻想) ; 환(幻) 터져

far ; 멀 하(遐), 멀리, 훨씬 ; 하

farce ; 익살극, 웃음거리 ; ① 판을 깨, ② 활개 (쳐)

farm ; 농장, 농원 ; (땅을) 팜

fart ; 방귀 ; 팡 터져

fascinating ; 호리는, 마음을 사로잡다 ; 봐서 신났지

fashion ; 패션, 방식 ; ① 방식(方式)이은, ② 봐 주는

fast ; ① 빠른, 고속, ② 종교적 단식(斷食) ; ① 빠른 속도, ② (음식)-뺏다, 뻗대

fasten ; 묶다, 죄다 ; 붙인

fat ; 살찐, 지방(脂肪)이 많은 ; ① fa배 t터지는, ② 비대(肥大), ③ 포동포동

fatal ; 치명적인, 죽음을 초래하는 ; 뻐들, 뻗어버리다

fate ; 숙명, 죽음 ; (운명을) 받어

father ; 아비 부(父), 아버지 ; ① 부성(父性), ② fa환인(桓因), 환웅-(桓雄) ther들

fatty ; 지방이 많은 ; ① 배 쪄, ② 방지↔지방(脂肪)

fatuous ; 얼빠진, 어리석은, 환영 ; ① (혼) 빠쳤어, ② 혼 죽었어

faucet ; 수도꼭지 ; 폐쇄(閉鎖)틀

faul ; 규칙위반, 반칙 ; 파(破)율(律)

fault ; 잘못, 결함, 책임 ; 파율 돼

fauna ; 특정지대, 시대의 동물(動物)군, 상(相) ; ① 패 나눠, ② 표 나

favor ; 호의, 친절 ; ① fa호(好) 보일, ② face얼굴 보일

fear ; 두려워할 포(怖), 공포, 근심 ; ① 포(怖), ② 두려워할 파(怕)

feather ; 깃털 ; 퍼 털

feature ; 특색, 이목구비 특징 ; ① 보여져, ② 비추어 틀려, ③ 보여 틀려

feces ; 똥, 배설(排泄)물 ; 배(排), 변(便)-찌꺼기

fecit ; (L) ~가 그리다, 작(作) ; 화(畵) 짓다

fee ; 요금(料金), 수수료 ; 비(費)

feeble ; 연약한, 힘없는 ; 허약 보여

feed ; 먹일 포(哺), 사료(飼料) ; 포 줘

feel ; 느낌, 만져봄, 감동 ; (눈물을) 흘릴

fell ; 언덕, 넘어뜨리다, 피부(皮膚) ; ① 바위, ② (나무를, 목을) 벨, ③ 피부 (ll 반복)

felony ; 중죄(重罪), 흉악범죄 ; 배은(背恩)

female ; 암컷 빈(牝), 여성의 ; ① fe빈male, ② 비(非)male ↔ 수컷 모(牡)male

fence ; 울타리 번(樊), 담 ; ① 번 쳐, ② 빙 (둘러) 세움, ③ 뻥 쳐

ferment ; 효소(酵素), 발효(醱酵)시키다 ; ① 효로 만든다, ② 피어 맨들어

fern ; 고비 미(薇), 고사리 ; 펴는

Fernando ; 스페인식의 사람 이름 ; ferdinando, 평정심 나은 자(대담한 사람)

ferry ; 페리, 나룻터, 나르다, 연락선 ; 배로

fertile ; 비옥(肥沃)한, 결실을 낳는, 기름진 땅 ; ① 벼를 털어, ② 베어 털어, ③ 비(肥)로 질, ④ 비(肥)할 땅

fester ; 상처가 곪다, 썩다 ; 부(腐)창(瘡)

festive ; 축제의, 축하하는 ; 바쳐-벼, 밥

fetal ; 태아(胎兒) ; 핏덩이, 배에 담긴, 포태(胞胎)-알

few ; 약간의, 조금의 ↔ many(많이) ; 수가 few비어

fiber ; 섬유(纖維), 실 ; 퍼 베를

fiction ; 허구, 소설 ; ① 허구(虛構)지은, ② 바꿔 지은

field ; 목초지, 벌판, 들판, 밭 ; ① 평편한-질펀한 곳, 들판, ② 필지(筆地)

fierce ; 흉포(凶暴)한, 사나운 ; 험(險)이 쎄

fiery ; 불의, 불같은 ; ① 불로, ② 화(火)로

fight ; 싸울 투(鬪), 다투다 ; ① 분투(奮鬪), ② 패여 다툼, ③ 불이 팅겨, ④ 피-있다, 터져

figure ; 모양, 자료수치, 도표 ; 봐 그려

filament ; 가는 실, 전구 필라멘트 ; 빛을 맨들어

file ; 서류철(綴) ; 펼

fill ; 메우다, 때우다, 채우다 ; ① 봉(封)할, ② 부을, ③ 박을

filter ; 필터, 여과(濾過) ; 뺄 체

fin ; 지느러미 ; ① 펴는, ② 편, ③ 핀

final ; 마지막의 ; 한(限)할

finance ; 자금, 재정(財政), 재무(財務) ; 비(費), 빚-낸 ce전(錢)

find ; 찾아내다 ; 본다

fine ; ① 멋진, 우수한, 좋은, ② 벌금 ; ① 환해, ② (손 모아) 비네, ② 비(費)내여

fine art ; 미술 ; ① 환해 알다움, ② 피네 아름다움

finger ; 손가락 지(指) ; ① 편 지, ② 핀 거

finish ; 마치다, 끝내다 ; ① 편히 쉬어, ② 판이-서, 서, 수(完遂)

fiore ; ① 꽃 ; ① 화(花), ② 피여, ③ 피어올라

fir ; 노송나무 회(檜), 서양 전나무 ; 회

fire ; 불, 화(火) ; ① (불) 화(火), ② (불) 피여, ③ 불이여

firm ; 굳은, 견고한 ; 신념으로 fir빌 m음

first ; 먼저 선(先), 처음의, 첫째 ; ① 비로소, ② 비롯된

fiscal ; 국고의, 회계(會計)의 ; 비(費) 세금(稅金) 계(計算)을

fish ; 물고기, 생선 ; ① 비린내-수(水), 선(鮮), 생선(生鮮) ② 물에 빠져 사는 생선

fist ; 주먹, 주먹으로 때리다 ; 팼다

fit ; ① 꼭 맞는, ② 발작, ③ (감정, 행동의) 격발, ④ 간질 ; ① 바짝, 붙어, ② 발작, ③ 핏대, ④ 비틀어

five ; 다섯, 5 ; 손 fi펴, fi핀거finger-ve봐

fix ; 고정시키다, 정하다, 붙이다 ; ① 박았어, ② 붙여

flag ; 기(旗), 깃발 ; ① 펄럭거림, ② 패(旆)기(旗)

flagellant ; 매질 ; 패 죄를 지울란다

flame ; 불꽃 염(炎), 불길 ; 화염(火焰) e이글

flap ; 덮개, 날개 펄럭이다 ; 바람, 펄럭-퍼덕, 펴

flare ; 너울 불길, 확 타오르다 ; 불 올려

flash ; 번쩍거릴 섬(閃), 빛날 정(炡), 번쩍이다, 타오르다 ; 불-섬(閃), 정(炡)

flat ; 편평한, 납작할, 균일한 ; (평평할) fla평(平), (평탄할) t탄(坦)

flaw ; ① 흠집, 결함, ② 질풍(疾風), 돌풍 ; ① fla흠 w집, ② fla폭, 풍-wind바람

flay ; 벗길 박(剝), 가죽, 껍질을 벗기다 ; 박

flea ; 벼룩 ; 벼룩 (모음, ㄱ 생략=3음절이 2음절화)

flee ; 달아날 포(逋), 도망가다 ; ① 달아날 배(北), ② 부리나케, ③ 피해, ④ 풀려

fleed ; 달아나다, 도망 ; flee빨리 d달아나다

flesh ; 사람, 동물의 살, 고기 ; 붉은 살

flex ; 구부러지다, 몸을 풀다 ; ① 휘었어, ② 풀었어, ③호(弧)손(巽)

flicker ; 빛 등이 깜박거리다, 생각 등이 스치다 ; 불을 켜

flight ; 날 비(飛), 비행, 비상 ; 비행, 비약(飛躍)해-떠

fling ; 내던지다, 설치다 ; ① 버리는, ② 뿌리는

flint ; 봉화, 부싯돌 ; 불내는-터, 돌

flip ; 손가락을 튕기다, 홱 뒤집히다 ; ① finger핑거 p비벼, ② 꽉 빨리, ③ 방향 반전

float ; 뜰 부(浮), 뜨다, 띄우다 ; 부, 흘러-떠

flood ; 홍수, 범람(氾濫) ; ① 퍼져, 범람-잠겨, ② 흘러오다

floor ; ① 바닥, ② 마루, 층 ; ① 방 아래, ② 방을 올려

flop ; 털썩 주저앉다 ; 바닥으로 펄썩

floppy ; 헐렁한, 늘어진 ; 흘러 빠져

flora ; 식물(植物)군(群) ; 풀, 화(花)-류(類)

florid ; ① 혈색이 좋은, 발그레한, ② 장식이 많은 ; ① 혈이 좋다, 불이 있다, ② 풀을 잇다

flour ; 가루 분(粉), 분말, 밀가루 ; 분

flourish ; 번영하다, 동식물이 잘 자라다 ; ① 번성(繁盛), ② 풀 있어

flout ; 비웃다, 놀리다 ; 비웃다

flow ; 흐를 유(流), 흐르다 ; ① 흐를 유(流), ② 흘러w 물water

flower ; 꽃 화(花), 화초, 개화 ; ① 화려(華麗), ② 화, 풀어, 피어, 불 올라-벌려, ③ 화 우아(優雅)

fluctuate ; 변동하다 ; 번(繁)쇠(衰) 동요(動搖)돼

fluent ; 유창한, 거침없는, 능란한 ; ① (말 잘할) fluen편(謅) 떠들, ② 풀어 잇는다

fluid ; 진 액(液), 액체, 유동체 ; ① 흐를 d진액(津液), ② 흘러 젖어

flush ; ① 쏟아져 흐르다, 수세식, ② 홍조를 띠다 ; ① 흘러-서, 세(洗), ② 붉어져

flute ; 플루트, 피리, 적(笛) ; ① 피리-적(笛), ② 불어 대

flutter ; 훌쩍 날 편(翩), 퍼덕거리다 ; ① 퍼덕, ② 펄쩍

fluttery ; 펄럭이는 ; 펄럭, 풍으로-떨려

fly ; ① 훨훨 날 휘(翬), 날다, 비행, ② 파리 ; (날)-비(飛), 휘, ② 파리

foam ; 거품 ; ① 포말(泡沫), ② 거foam품

focus ; 초점(焦點) ; 포개져

fog ; 안개 분(雰), 안개, 연무 ; ① 분-안개, 가려, ② 날이 fog포근해 짐, ③ 보는 게-거북해, 가려져

foil ; 박(箔), 금박 ; 박

fold ; 주름, 접다 ; 포개어 접다

foliage ; 한 나무의 잎, 잎 전부 ; 퍼렇지

folk ; 사람들, 가족, 평민, 민속의 ; ① 부계(父系), ② 부(父)의 가족

follow ; 쫓을 약(若), 쫓다, 따르다 ; fol벌레가 follow불로 (ll 삽입 반복)

folly ; 판단력 부족, 어리석음 ; 바보 (ll 반복)

food ; 먹이 량(糧), 음식, 식량 ; ① 푸줏간, ② 밥 얻어, ③ 밥 오다

fool ; 바보 ; fo바보 이얼간이

foot ; 발 족(足), 발 부분 ; ① 발 족, ② 바닥

for ; ① ~향하여, ~에 대하여, 목적, 추구, ② 부정, 거부 ; ① 향할, ② 부(不)

forbid ; 금지하다, 허락하지 않다 ; 향할 bid부정(不定)

force ; 힘 력(力), 세력, 기세 ; ① 활(活)력(力) 쎄, ② 폭(暴)-세(勢), 쎄, ③ 형세

fore- ; 미리 예(豫), 이전, 먼저, 앞에 ; ① 앞에, ② 불(不)래(來), ③ 봐 예, ④ 배 불어, ⑤ 빨러

foreign ; 외국의, 낯선 ; ① for불(不) e눈에 ign익은, ② 국경선을 수forei풀에 gn그은

foreman ; 감독, 공장장, 배심원 대표 ; 봐(보는) 사람

foremost ; 맨 앞에 있는, 가장 중요한, 유명한 ; 앞에 모였다

forensic ; 과학수사의, 법정의 ; ① 보려는 수사(搜査), ② foren변론 sic석(席)

foretell ; 예언하다 ; 불(不)래(來), 앞에, 봐-털어놔

forfeit ; 벌금, 몰수품 ; 벌(罰)로 뺏다

forget ; 잊을 망(忘), 잊을 훤(諠), 잊다, 망각하다 ; 버려졌다

forgive ; 용서하다, 탕감하다 ; ① 포기(抛棄), ② 풀어, 버려-줘 버려

fork ; 갈라질 기(岐), 포크, 갈퀴, 쇠고랑 ; ① 벌어질 기, ② 벌어진 갈고리

form ; 형상 형(形), 모양 상(狀), 형식 ; ① 봄, ② 볼, 형-모양

formal ; 형식상, 딱딱한, 격식 ; 형 모양을

former ; 전자의, 이전의, 옛날의, 먼저 ; 앞에-먼저, 머물러

formidable ; 무시무시한, 가공(可恐)할 ; 파묻어 버릴

formula ; 공식, 방식 ; 법문(法文)으로

forsake ; (친구) 버리고 돌보지 않다, (신앙, 전통) 떠나다 ; 불(不) 사귀어

fort ; 보루 보(堡), 보루 도(堵), 요새(要塞) ; ① 보(保)대(臺), ② 포대(砲臺)

forte ; 강하게, 장점, 특기 ; 뻗쳐

fortunate ; 좋을 기(祺), 다행 행(幸), 운이 좋은 ; ① 뻗치네 더, ② 복, 부(富)를 줘 나투어

fortune ; 복 호(祜), 운, 운명, 재수, 운수 ; 부(富), 복(福), 호를-주네, 되네

fossil ; 화석(化石) ; 화석

foul ; 나쁜, 더러운, 부정한 ; 파(破)율(律)

foundation ; 근본 저(底), 창립, 설립, 기초, 토대 ; 본(本)-되어지는, 다지는

fountain ; 샘, 분수 ; foun분(噴水)tion전(栓)

four ; 4, 넷 사(四) ; 방(方) (동서남북의 4방) → (2음절화)

fox ; 여우 호(狐), 여우모피 ; 폭신(폭신한 털)

fracture ; 부숨, 분쇄, 골절(骨折) ; 파(破), 불어져-골절, 깨져

fragile ; 부서지기 쉬운, 망가지기 쉬운 ; ① 부러질 e이(易), ② 파(破)해 질

fragment ; 파편, 조각(爪角) ; 파 각 맨들어

fragrant ; 향기 향(香), 향기로운 ; 향기 난다

frail ; 무른, 약한 ; 휠

frame ; 뼈대, 구조, 틀 ; fra뼈 me몸

freckle ; 주근깨, 기미 ; 불(태양)에 깨 껴

free ; 자유, 속박 없는 ; ① 풀리어, ② 풀려, ③ 풀어

freedom ; 자유(自由) ; 풀어-둠, 줌

freeze ; 얼다, 동결하다 ; ① fre풀이 e얼어 ze죽어 (서리 상(霜)), ② 불이 영하 제로, ③ 빙(氷)-
       얼을, 영하-점

fresh ; 싱싱할 선(鮮), 싱싱한, 생기 있는 ; 풀이-싱싱해, 선

fret ; ① 속 타게 하다, 초조하게 하다, ② 뇌문(雷紋) ; ① 불 타, ② 불에 타

friction ; 마찰 ; 불이 켜지는

friend ; 짝 주(儔), 붕우(朋友), 친구(親舊), 벗, 지지자 ; ① 후원자(後援者), ② 편들어 주는-사
       람, 나라, ③ 붕(朋)주(儔)

frig ; 성교하다 ; 빠꾸리

fright ; 두려움, 공포 ; 피 있다

frightened ; 깜짝 놀란, 무서워하는 ; 피가 튀는데

frill ; 주름 장식 ; 풀릴

frivolous ; 뜰 부(浮), 까부는, 시시한, 경솔한 ; 풀이 부(浮)

frog ; 개구리 ; fro풀에 g개구리

front ; 앞 전(前), 정면 ; 봉당

frost ; 서리 상(霜), 성에 ; ① 풀이 얼어 죽다, ② 풀에, 바로-상(霜)돼

froth ; 거품 ; 불었어

frown ; 찡그림 ; 불을 본 (w=ㅂ, ㅈ 발음)

frowzy ; 곰팡이가 슨 ; ① (곰팡이) 퍼져 지저분, ② fro팡이 wzy지저분

frozen ; 얼 호(冱), 곱은 ; 풀이, 호(冱)-z죽어 en언, zen죽은

fruit ; 과실 과(果), 과일, 열매, 성과 ; ① 불에 익어 달린, ② 풀에, 벌로, 불로-달려, 열렸다

fry ; 굽다, 부치다, 튀기다, 지지다 ; 기름 풀어

fuddle ; 취하게 하다 ; 뻗을

fugitive ; 도망자, 탈주자 ; (도망 갈) 포(逋) (달릴) 주(逐) 뛰어브러

full ; 가득한, 꽉 찬, 배부를 포(飽), 넘칠 일(溢) ; ① 포일, ② (배) 부를

fume ; 증기, 가스, 연무 ; 뿜어

fun ; 즐거운, 재미, 장난 ; ① 흥, ② 푼수

fund ; 펀드, 자금을 제공하다 ; ① 푼돈, ② 푸는 돈, ③ 푼다, ④ 번다

fungi ; 곰팡이, 균류(菌類)(곰팡이, 효모, 버섯류) ; 번져

furious ; 성할 치(熾), 맹렬한, 격렬한 분노 ; ① 불이-왔어, 아우 쎄, ② 화 이었어

furnace ; 노(爐), 아궁이, 화덕 ; 불나게

furnish ; 공급하다, 제공하다, 비치하다 ; 퍼내 줘

furrow ; 밭고랑 ; 파-열줄로 (w=ㅈ 발음)

furuncle ; 종기, 등창 ; ① 부어 옹저(癰疽), ② 부어오른께

fuse ; 녹이다, 융합되다 ; ① 퍼져, ② 불 쇠, ③ 불 쬐

fusion ; 용해(溶解), 융합(融合), 연합 ; ① 병(倂)지는, ② 퍼지는

fuss ; 공연한 소란, 야단법석(法席) ; ① 법석(法席), ② 퍼져

futher ; 더욱이, 더 멀리, 발전, 성공 ; 뻗어 (나가)

futile ; 성과 없는, 헛된 ; ① 부어댈, ② 헛질, ③ futil부질 e없는

future ; 미래(未來) ; 부(不), 비(非)-도래(到來)

fylfot ; 길상 만(卍), 갈고리 십자형(swastika, shrivatsa, 설(해)이-비춰 가, 비춰) ; 별, 빛-퍼져

G

G=ㄱ, ㄲ, ㅈ, ㅎ, ㅅ 발음

gabble ; 지껄일 조(嘈), 빠르게 지껄이다 ; ① 재빨리, ② 가볍게, ③ 까불어

Gaea ; 그리스, 대지의 여신 ; 지(地)

gag ; ① 재갈 물릴 겸(拑), 발언금지, 재갈, ② 개그, 농담 ; ① 재갈, (재갈) 겸, ② 개 구(狗), 개 구쟁이, 객쩍게

galacto ; milk의 뜻 ; 길러, 기름-젖 짜

galaxy ; 은하계, 은하(銀河)수 ; 갈라-쳐, 져(견우성과 직녀성을, 밤하늘을)

Gallardo ; Ⓢ 스페인 성씨, 가야르도 ; 잘났다

gallop ; 말을 전속력으로 달리다 ; (바람을) 갈라 걸음 빨라

gamble ; 걸 도(賭), 도박을 하다 ; 감으로 불어

game ; 게임, 유희, 사냥감 ; ① 재미, ② 가무(歌舞), ③ 가면(假面), ④ (사냥)감에

gang ; 갱, 악한 일당 ; 강도(强盜)

gap ; 갭, 간격 ; ① 간벽(間壁), ② 간격 벌어져

garbage ; 쓰레기 ; 가 밖에

Garcia ; Ⓢ 스페인 가장 흔한 성씨, 가르시아 ; ① 강한 씨, ② 갈채(喝采)

garden ; 뜰 정(庭), 정원, 채소밭 ; ① 가(家)에 정(庭) ② 가를 댄

garlic ; 마늘 ; 갈러 째

garment ; 의복, 옷 ; 가려-맨드는, 망토

Garrido ; Ⓢ 이름, 늠름한, 씩씩한, 잘생긴 ; 잘났다

garrulous ; 수다스러운 ; 갈갈 울어서 (물새들이)

gas pedal ; 가속 페달 ; 가스 올린gasolin (가속(加速)) 페달

gasp ; 숨 가쁠 천(喘), 헐떡거리다 ; 가슴 벅차

gate ; 문, 정문 ; 가게끔 터놓은 곳

gather ; 거둘 수(收), 모으다 ; ① 가둬, ② 거둬

Gaza ; 중동 가자지구 ; 강자(强者)

gaze ; 응시, 뚫어지게 보다 ; 깔어 째려보다

gear ; 톱니바퀴, 기어, 전동장치 ; ① 기구 계(械), ② 계(系)이을, ③ 걸어

gen(e) ; 기원(起源), 유전자 ; ① 기원(紀元), ② 전(傳)해, ③ 전(傳)유(遺), ④ 진(眞), ⑤ 기 (氣)네

gen-, geno- ; 삶, 생명 ; ① 전(遺傳), ② 종 인자(種 因子), ③ 진(眞)

general ; 육군 원수, 장군 ; ① 거느릴, ② 모두 전(全)으로 알

generalize ; 개괄적으로 말하다, 일반화 하다 ; 전(全)으로 알려져

generous ; 너그러울, 후한, 헙헙한 ; 줘 널리

genesis ; 기원, 발생, 창세기 ; ① 기원(起源)이었어, ② 종(種) 이어져, ③ 전(傳)해졌어

Genghis khan ; 몽골1206~, 징기스칸1162~1227, 테무친 ; 진국(振國)왕(발해698~926 대조영), *테무친-대무(大武)신(神)

genius ; 창조적, 독창적 재능, 천재 ; 재능(才能)있어

genocide ; 집단 종족학살 ; 종(種)-꺼져, 처단

gentle ; 점잖은, 온화한, 고상한 ; gen군 tle자(君子)

geo- ; 땅, 토지(土地), 지구의 뜻 ; 지(地)

geology ; 지질학 ; 지(地) 알기

geometric ; 기하학(幾何學), 기하(幾何) ; ① 지(地) 맞출 기(幾), ② 지(地) 몇 계(計算)

Georgia ; 캅카스 산맥지역의 영어식 국가 이름, gruziya ; 기어 올라가(늑대)

geothermal ; 지열(地熱)의 ; 지(地)-삶을, 데워 물

German ; 독일의, 게르만 민족의 ; (유목민) 게르 만들어 (산 종족(種族))

gesture ; 몸짓, 손짓, 태도 ; ① 거동, ② (몸)짓-태(態), 떨어

get ; 얻을 득(得), 가져오다, 얻다, 받다 ; ① 집다, ② 걷다, ③ 갖다

ghost ; 귀신, 유령, 망령, 영혼 ; ① gho귀 s신 t들, ② gho영가(靈駕) st체(體)

ghostwrite ; 대필을 해 주다 ; 가짜 적다

giant ; 거인, 거대한, 위대한 ; 거인, 광(廣)-대(大)

gift ; 선물, 재능, 주다 ; ① 기부 줘, ② 기분, 기쁨-통해

giggle ; 피식 웃음, 킥킥거림 ; 끽끽

giga- ; 10억 단위 ; 거(巨)거(巨)

gild ; 올릴 도(鍍), 도금하다, 금박을 입히다 ; 금을 도금

gill ; 아가미, 주름 ; (숨) 길

gimmick ; 술책, 속임수, 주의를 끌기위한 장치 ; 기묘한 미끼

ginger ; 생강(生薑) ; ① 진저리 쳐, ② 정력 자극

ginseng ; 인삼(人蔘) ; ① 인삼, ② 진삼

giraffe ; 기린 린(麟) ; (목이)-길어, 자라-뼈, 빼

girandole ; Ⓕ 가지 달린 회전 촛대 ; 기른 돌려

girdle ; 띠, 허리띠, 거들 ; 졸러 둘러

girl ; 새살 돋을 질(膣), 계집아이, 소녀 ; ① 질(膣), ② 머리카락 길을

gist ; 요지, 골자 ; ① 진짜, ② (줄을) 긋다

give ; 줄 부(付), 기부(寄附), 주다 ; ① 기부(寄附), ② 줘 버려

glad ; 기쁜, 반가운 ; ① 그라제, ② 같에, ③ 좋다

glamour ; 황홀한 매력, 마법, 마력 ; 좋아, 끌려-마력

glance ; 힐끗 봄, 반사광, 빛나다 ; 광채(光彩)

gland ; 샘 선(腺) ; 질은데

glare ; 번지르르 빛나는, 눈부시다, 현란함 ; 광(光) 이글거려

glass ; 유리(琉璃), 류(琉), 질그릇, 안경 ; ① 깨져, ② 금 갔어, ③ 광(光) 지나

glaze ; ① 광택(光澤), ② 유리를 끼우다 ; ① 광채, ② 유리를 채워

gleam ; 희미한 불빛 ; ① 굴 안임, ② 광 멀어

glean ; 이삭을 줍다 ; 집는

glee ; 기쁨, 신이남, 무반주 곡, 미국 드라마 ; ① 굴러, ② 굴려, ③ 깨 (쏟아져)

glide ; 미끄러질 활(滑), 활주, 미끄러지기 ; ① 강주(降走), ② 굴려져

glimmer ; 희미한 빛, 가물거리는 ; ① 광명(光明)이 멀어, ② 구름이 머물러

glitter ; 빛날, 반짝임, 화려함 ; 광(光)이-텨, 뜨여

global ; 지구의 ; ① 구(球)로-벌어진, 발(發), ② 굽은 al알, ③ 굽이굽이 알

globe ; 공, 구체(球體), 지구(地球) ; 굴러, 굽어-브러

globule ; 액체의 작은 방울, 작은 구체 ; ① 굽어 이을, ② 굴러브러

gloomy ; 깊을 묘(杳), 어둑어둑한, 음울한 ; ① 광의 어둠이 묘, ② 구름이

Gloria Pa tri ; ⓛ 성부 성자 성신께 영광이 ; 광영(光榮)이 pa분 try세(3)

glorious ; 영광(榮光)스러운, 장엄(莊嚴)한, 영예로운 ; 광영(光榮)이어서

glory ; 영광, 명예, 번영 ; ① 광영(光榮), ② 광(光)려(麗), ③ 고구려, 고려(高麗)

glossy ; 윤택할 윤(潤), 광택 ; ① 광으로 씌여, ② 광(光)으로 잘잘

glove ; 장갑, 손바닥 ; ① 갑 보호, ② 잡어 바닥

glow ; 빨강 위(煒), 백열, 타다, 홍조 ; ① 광(光)으로, ② 광(光)위(煒), ③ 광(光)-빛, 불, 발그레
　　(w=ㅂ 발음)

glow-worm ; 개똥벌레, 반딧불이 형(螢) ; 굴려, 광(光)-벌레

glue ; 아교 교(膠), 접착제 ; 교

glut ; 차고 넘침, 과다, 과식 ; 과다(過多)

glyco- ; 당(糖), 달다의 뜻 ; (달) 감(甘) 꿀

glyph ; 그림문자, 상형문자 ; 그려 ph표현(表現)

gnaw ; ~을 쏠다, 갉다, 물다 ; 갉아 놔 버려

gnosis ; 영지, 영적(靈的)인식(認識), 신비적 직관 ; gn직(直) o영 si지 s적

go ; 갈 거(去), 가다 ; ① 가, ② (갈) 거(去)

goal ; 목표, 골, 득점 ; ① 공 알, ② 갈

goat ; 염소 ; ① 강똥, ② 젖

goblet ; 술잔 고(觚), 잔 ; ① 고 부어지는, ② 가비테

god ; 귀신 신(神), 하느님, 조물주 ; 갓(을 쓴 무당) (신(神) 접속 영매(靈媒로))

gold ; 쇠 금(金) ; ① 금돌, ② 가루 돌, ③ 금 알돌, ④ 김알제

golf ; 골프 ; 공을 패

Gomez ; Ⓢ 스페인 성씨 ; 곰의 자(子)

González ; Ⓢ 스페인 성씨, 군대, 전투의 뜻 ; 군(軍), 전(戰)-제일로, 잘해-자(子)

good ; 착할 선(善), 좋은, 선량한 ; ① 굿(제천행사), ② 고았다, ③ 고웁다

goods ; 재화 화(貨), 상품, 제품 ; 구하여 얻는 상품

goose ; 거위 ; 거위 새

gorge ; 협곡 ; ① 골 지(地), ② 골 곡(谷), ③ 골이 깊은, ④ 골짜기

Gotama siddhartha ; 부처님의 아명(兒名) ; 지(地), 그어-담-siddh죄다-알다, 했다

Gothic ; 중세시대의 고딕양식 건축 ; 고적(高積)

gouge ; 정, 둥근 끌, 찌르다, 바가지를 씌우다, 사기 치다 ; (끌) 구(銶) 정(丁)

gourd ; 조롱박, 호리병박 ; 가르다

gourmandise ; Ⓕ 미식가, 식도락가 ; 골라만 드셔

gourmet ; 미식가, 식도락가 ; 골라 먹다

government ; 정부, 내각, 통치권 ; 정무를 보는 맨들어

gown ; 가운, 긴 웃옷 ; 긴

grab ; 단단히 움켜잡다 ; 잡다

grace ; 은혜 은(恩), 우아한, 고상한 ; ① 광채(光彩), ② 가(佳)채(彩), ③ 갓을 써, ④ 고상(高尙),
　　　⑤ 규수(閨秀)

gradation ; 단계적 변화, 계층 매기기 ; 계단 지은

grade ; 층계 단(段), 등급, 학년 ; ① 계단(階段), ② 급등(級等), ③ 갈라져, ④ 급(級)으로 돼

graduate ; 졸업하다 ; 글 아주 떼

graft ; 접붙일 접(椄), 접목 ; 접붙다

grain ; 곡식 곡(穀), 곡물, 낟알 ; 곡(穀) 낟알

gram ; 단위, 적다, 쓰다, 그리다 ; 감, 그림

grammar ; 문법, 교본, 입문서, 어법 ; ① 글월 문(文) 말, ② 기록, 그려-문(文) 말

grammatical ; 문법의 ; 글월 문(文) 맞추어 갈

granary ; 곳집 창(倉), 곡창, 곡물창고, 지대 ; 곡을 넣으리

grand ; 큰, 웅대한, 거대(巨大)한 ; 광대(廣大)

grant ; 승인할 준(准), 주다, 수여하다 ; 준 동의

grape ; 포도 ; ① 걸어 뻗어, ② 기어 펴, ③ 그려 폐(肺)

graph ; 그래프 ; 그려 표현

graphite ; 흑연(黑鉛) ; 검게 비춰

grasp ; 잡을 파(把), 꽉 잡다, 파악(把握) ; 잡아서 파

grass ; 풀 초(草), 기(綦), 풀밭 ; ① 자랐어, ② 자른, 잔디-쑥, ③ 길 가에 쑥쑥

grate ; ① 쇠창살, ② 비비다, 강판에 갈다 ; ① 가에 대, ② 격자(格子), ③ 갈아 대

grateful ; 감사하고 있는 ; 기리다 품을

gratitude ; 감사, 사의 ; 갖다가, 기려줘, 갈채-더 줘, 띄워 줘

grave ; 묘 구덩이 광(壙), 무덤, 분묘, 죽음 ; 광(壙)-분(墳), 비(碑)

gravitate ; 중력(重力), 인력(引力)에 끌리다 ; 끌려, 가-바닥 닿아

gray ; 회색(灰色)의, 잿빛의 ; 재

graze ; ① 뜯어먹다, ② 스쳐 벗겨지다, 상처 ; ① 잘랐제, ② 까져

grease ; 구리스, 기름, 동물성 기름 ; ① 지(脂)성(性), ② 기름, 굴러-져

great ; 큰, 엄청난, 위대한 ; ① 거대(巨大), ② 거(巨) 위대(偉大), ③ 광대

Grecian ; 그리스의, 그리스식의 ; 글 쓰는

Greco- ; 그리스의 뜻 ; ① 글이 까다로운, ② 글 익혀

Greece ; 그리스 ; 글을 써 (서아시아, 중동에서 그리스, 라틴으로 글, 말 전파됨)

greed ; 욕심 욕(慾), 탐욕, 욕심 ; 갈애(渴愛)적(的)

Greek ; 그리스 사람의, 그리스어의 ; ① 글 까다로운, ② 글-고리, 구리, 가리, 골, 굴, 가락, 고구려, 길림, 계림, 겨레, 고려, 코리아

green ; 초록빛 기(綦), 녹색, 초록의, 활기 있는 ; ① gree기(綦) n녹(綠), ② 기(綦)인, ③ 광

(光) 이은

greet ; 인사, 환영 ; 기리다

gregarious ; 떼 지어 사는, 사교적인, 군생하는 ; 군거(群居)로 살아

grey ; 잿빛, 회색 ; 재

greyhound ; 영국의 개 품종 ; 개 혼종

grid ; 격자(格子)무늬, 출발점, 모눈, 송전(送電)망 ; 격자(格子)

grief ; 큰 슬픔, 비통, 고통, 불행 ; 깊어 비(悲)

grieve ; 슬퍼할 개(慨), 슬플 비(悲) ; 개(慨)비(悲)

grill ; 석쇠, 굽다 ; 구울

grim ; 엄숙한, 엄격한, 모진, 냉혹한 ; 질림

grimace ; 얼굴을 찡그릴 ; 기막혀

grind ; 갈다, 돌리다, 연삭 ; ① 가는 돌, ② 굴린 돌

grip ; 꽉 쥐다, 파악 ; ① 쥐어 버려, ② 잡어

groan ; 끙끙거릴 신(呻), 신음하다 ; 끙끙

grit ; 잔모래, 왕모래 ; 잔돌

gross ; ① 총(總), 큰, 뚱뚱한, 모두, ② 막돼먹은 ; ① 계(計) 싹, 근수(斤數), ② 글렀어, 구역질

grotto ; 동굴, 석굴 ; 굴 땅

grouchy ; 불평이 많은, 투덜대는 ; 글렀지

ground ; 마당 장(場), 땅, 운동장 ; ① 장(場)-지(地), 땅, ② 가운데

group ; 무리 군(群), 그룹, 집단, 단체 ; 군(群), 집(集)-파, 패, 부(部)

grow ; 커지다, 자라다 ; ① 길러, ② 자라, ③ 가(加)-육(育), 위로

grubby ; 구더기, 굼벵이, 더러운 ; ① 굼벵이, ② 갈러 버려

gruel ; ① 귀리로 묽은 죽, ② 죽음 ; ① 귀리로, ② 죽을

guard ; 경계, 감시, 조심, 보호 ; ① 구해 도움, ② 감, 경-지킬

Guerrero ; Ⓢ 스페인 매우 흔한 이름, 게레로 ; 군(軍)에로

guest ; 손님 ; 객(客)손 떠돌아

Gucci ; 구찌 상품명 ; ① 좋지, ② 구씨(氏)

guide ; 이끌 도(導), 안내자 ; ① 지도(指導), ② 기대여, ③ 끌다, ④ 주의 줘

guilty ; 유죄, 죄책감 ; 죄져

guitar ; 기타 ; 줄을-퉁겨, 타

gulf ; 만(灣), bay보다 큼 ; 굽어 패여

gull ; 갈매기 구(鷗) ; 구구 울

gully ; 도랑 구(溝), 도랑 거(渠), 개골창 ; 구거(溝渠)로

gum ; ① 고무, 수지, 풀칠, ② 신(神) ; ① 고무, ② 검(신(神)) ← 곰, 검은

gummy ; 끈끈한 그물, 고무의, 잇몸을 보이는 ; ① 거미, ② 점막(粘膜), ③ 고무막

gun ; 총 총(銃), 권총(拳銃), 화기 ; ① (쇠뇌) 권(卷)총, ② (주먹) 권(拳)총

gush ; 물 솟아날 분(潰) ; gush거서

gust ; 돌풍 ; 거친

guttle ; 탐식하다 ; 거덜

guy ; ① 도주, ② 사내, 놈 ; ① 가, ② 군(君)

gymnasium/gym ; 체육관, 경기장, 체육학교 ; 근육 몸 나져-움, 만드는

gymno- ; 벌거벗은, 나체의 뜻 ; ① gy겉 m몸 no나(裸), ② 겉 맨(살)

gyneco- ; 여성의 뜻 ; gy계집 ne녀, 구녁-co갈라져, 가시나

Gypsy ; 집시, 인도유럽 방랑 민족 ; ① 점 봐 줘, ② 길에 퍼져

gyro- ; 바퀴, 회전의 뜻 ; ① 직(直)륜(輪), ② 전륜(轉輪), ③ 굴러

H

H=ㅎ, ㅅ, ㅆ 발음

H ; 에이치 ; 해 일(日), 일(日)에서 위아래 획 없앤 것이 H

habit ; 습관, 버릇, 습성, 기질 ; ① 해 비춰, ② 해 봤대

habitat ; 서식지, 거주지, 장소, 환경 ; 햇빛 닿은 데

habitual ; 습관적인, 일상적인, 평소의 ; 해 비출

hack ; 마구 자르다 ; 확 꺾어

Hadji ; 메카 순례를 마친 교도 ; 했지

haemo- ; 피의 뜻 ; ① 혈(血)물, ② 해-모양, 몸

Haemosu ; 고구려 시조, 해모수(解慕漱) ; 해 모습

haggard ; 야윈, 수척한 ; 해골 돼

hail ; 우박이 쏟아진다, 환영하다 ; ① 쌀 알 (h=ss 발음), ② 영(歡迎), ③ 호(歡呼)

hagi(o)- ; 신성한, 성인의 뜻 ; ① 학자(學子), ② 학자(學者)

Hague ; 네덜란드 도시 ; ① 학(學)자(者), ② 학예(學藝)

haik ; 아라비아 사람들 몸 가리는 천 ; 해 가려

hair ; 가는 털 호(毫), 털 모(毛), 머리카락 ; ① 호(毫), ② 한 올, ③ 해 이을

Haken kreuz ; Ⓖ 독일 나찌 십자 문장 ; 해큰 교차(십자)

halcyon days ; 동지 전후의 고요한 14일간 ; 해 가고 오는 날들

half ; 반(半), 2분의 1 ; 하나의 반(半)

hall ; 집 호(戶), 집 당(堂), 홀, 공회당 ; 호 호

Hallelujah ; Ⓗ Ⓔ 할렐루야 ; ① 호흡을 열어 야훼, ② 해를 열라 야훼

hallo(a) ; 헬로우, 여보세요 ; 해(일(日)) 라(해의 신)

halo ; 해와 달의 무리, 후광 ; 해 라

halt ; 멈추어 서다 ; 휴지(休止)

ham ; 햄, 돼지 뒷다리 훈제살 ; 후(後) 오금 미트meat

hamburger ; 햄버거 ; 후(後) 오금 미트meat, 하나로 돠-불로 구어, 벌개

hammer ; 쇠망치 ; 한방에 망치 맞어

Han ; 한족(韓族) ; ① 하늘 (숭상 민족), ② 해, 환한 → 환국(桓國)환인(桓因) → 배달국(倍達)
　　환웅(桓雄) → 조선(朝鮮)단군(檀君)

hand ; 손 수(手)/manu ; ① 하는 잡어, ② 손 집어 (h=ㅅ 발음), ③ han손(孫) d자(子) (팔의
　　끝에 있어서)

hand cuff ; 수갑 ; cuff갑(匣)

handle ; 손잡이, 다루다 ; 손 돌려

hang ; 매달 현, 걸 괘(掛), 매달다, 내려오다 ; 현(縣)-괘(掛), 걸어

Han sa ; ⑥ 중세시대 상인 동맹 ; 하나 상(商)

hap ; 우연히, 운 ; 하필

happy ; 행복(幸福), 다행 행(幸) ; ① 행복(幸福), ② 희(喜), 행복-바래, ③ 햇빛

harbor ; 항구(港口), 피난처, 숨겨주다 ; 항(港)보(洑)

hard ; 굳은, 고된, 어려운, 장애 ; ① 확(確) 단단할, ② 혹독(酷毒)

harm ; 해칠 해(害), 해로운 ; 해로움, 해(害)함

harmonize ; 화목할 즙(濈), 조화를 이루다 ; 화(和)로 만나-제, 즙

harmony ; 합할 협(協), 조화, 화합 ; ① 화(和)로 모으니, ② 화목(和睦)

Harpy ; 그리스 신화, 하피, 반인반조 ; 혼, 하늘-비(飛)

harquebus ; 화승총, 1400년경부터 사용 ; 화(火) 켜 발사

harum-scarum ; 덤벙대는, 경솔한 ; 허름 꺼림

Harvard ; 미국 기독교 대학교 이름 ; 하늘을 받드는

harvest ; 벨 확(穫), 수확, 거둬들이다 ; 수, 확-벳다

Hashem ; 유대교 신(神), 그 이름 ; 해 숨

haste ; 급함, 서두름 ; 해쳐

hasten ; 서두르다, 빠르게 하다, 재촉하다 ; 해쳐, 허둥-대는

hat ; 모자 ; 해틀

hate ; 미워하다, 몹시 싫어하다 ; ① ha혐오(嫌惡) te증오(憎惡), ② 학을 떠

haunt ; 유령, 귀신 나오는 ; 혼(魂) 따라

Hawaii ; 미국 화와이 제도 ; 해 와

hawk ; 매 응(鷹) ; 확, 한번에-wk움켜

hazard ; 위험한, 장애물 ; 해자 장(障)

he ; 그 사람, 그는 ; 해

head ; 두(頭), 머리, 두뇌 ; ① (머리) 혈(頁)두(頭), ② 수(首)두(頭), ③ 해가 드리운

headgear ; 헤드기어 ; 헤드에 걸어

heal ; 고치다, 치유, 병 낫게 하다 ; ① 해 알 (해를 쐬는 게 치료), ② 활(活)

health ; 건강(健康), 활력 ; ① 활체, ② 힘을 써, ③ 해를 닮어, ④ 해알 쐬여

healthy ; 굳셀 건(健), 건강한 ; ① 활을 띄어 ② 힘을 줘, ③ 해를 쐴

heap ; 퇴적, 더미, 무더기 ; 수북한 (h=ㅅ 발음)

hear ; 귀 이(耳), 들을 문(聞), 듣기 ; ① h청(聽) ear이(耳), ② hear청력(聽力)

heart ; 마음 심(心), 가슴, 심장 ; ① 심장(心臟), ② 혈장

heat ; 더울 열(熱), 열, 더위 ; 해-더워, 타, 뜨거워

heaven ; 하늘 천(天), 하느님, 천국 ; 해를 밴 (허공의 하늘 배에 해 새끼를 밴)

heavy ; 소나기, 무거운, 심한, 중대한 ; ① 호우(豪雨)비, ② (무거워) 힘이 빠져

Hebrew ; 고대의 히브리사람, 유태인, 알지 못할 말 ; 해 불에 배(拜) (w=ㅂ 발음)

hecatomb ; 옛 그리스의 황소 백 마리 제물 ; heca황소 tom잡음 b백마리

hedge ; 울타리, 대비책 ; 헛간

heel ; 뒤꿈치 ; 휘일

height ; 높이, 고지, 절정 ; 허옇다

heir ; 상속인, 계승자, 후계자 ; 후(後) 이을

helio ; 태양의 뜻 ; 해 일(日)

heliolatry ; 태양숭배 ; 해에 올려 드려

hell ; 지옥 ; 해 잃을

hello ; 안녕하세요 ; 해의 열(熱)로(제천 행사)

helmet ; 투구 투, 헬멧 ; ① 철모(鐵帽), ② 해를 막는 투구 (h=ㅊ 발음)

help ; 도울 협(協), 도울 부(扶), 도움, 조력 ; ① 협(協), ② 협으로 부

hemi- ; 반(半)의 뜻 ; h하나의-e이등분 mi맞춰, e이 mi마디

hemo- ; 피의 뜻 ; 혈(血)물

hen ; 암탉 ; 해(알) 낳은

hennery ; 양계장 ; hen암탉-널려, 넣으리

Henry ; 사람 이름 ; 흰 이 컷어

hept- ; 7의 뜻 ; he성(星) pt북두 (북두칠성) (h=s 발음)

Herakles ; 그리스 신화 영웅 ; ① 활 커-쏴, 시(矢) (혁거세(赫居世)=대궁(大弓)), ② 해 알까 손(孫)

herb ; 훈초 혜(蕙), 약초 ; 향(香)분(噴)

herd ; ① 아궁이, 풍로, 집 ; 화덕

herd ; 동물의 무리, 군중 ; 살려 떼 (h=s 발음)

here ; 여기에, 이 세상에 ; 현(現)

heredity ; 유전적 특징, 세습되는 ; 후(後)로, 세(世)로-지 줘

heritage ; 상속(相續)재산, 문화유산, 전통, 선민 ; ① 후로, 상-떼어, 다-줘, ② 혈이 닿지

hermit ; 신선 선(仙), 은둔자, 도사(道士) ; ① 쉬어 묻혔다, ② 수(樹) 밑에

hermitage ; 오두막집, 암자, 외딴집 ; ① 허름, 해를 막는-띠집, ② 수 밑에 져

hero ; 호걸 호(豪), 영웅, 위인 ; 호웅(豪雄)

heroin ; 마약 ; ① 헤롱, ② 해로운

hetero- ; 딴, 다른의 뜻 ; 서로 달러 (h=s 발음)

hexa ; 여섯, 6, six ; 여섯(h=첨가 또는 탈락)

hibernate ; 겨울의, 동면하다, 칩거 ; 해, 겨울-버려, 벌레-낫지

hide ; 숨기다, 감추다 ; 해가 지다

hideous ; 흉측한, 끔직한, 소름 끼치는 ; 해가 져서

hierarchy ; 성직자계급, 계층, 위계질서 ; 해일 아는 계급

high ; 높을 고(高), 높은 ; ① (높을) hi항(伉) gh고(高), ② (높은 곳) 하얘, 희여

hilarious ; 유쾌한, 들떠서, 떠드는 ; 해 올랐어

hill ; 언덕 항, 언덕 한(垾) ; ① 항한을, ② 헐레, ③ 휘일

Himalayas ; 히말라야 산맥 ; 하얀(힌) 많이 얼어 설(雪)

hind ; 후방의, 후부의 ; 후(後)인 뒤

Hindu ; 인도 아리안계통의 사람의 ; 하얀빛 도(道) (하얀 피부에 하얀 옷 입음)

hint ; 암시, 알려 주다 ; 훈수 둬

hip ; 골반부위, 엉덩이 ; 허리 아래-부위, 볼록

hippo- ; 말 마(馬)의 뜻 ; 힘 빼어나 빨러

hire ; 고용하다, 세를 내고 빌리다 ; hir하여 e이자(利子)

hiss ; 쉿 하는 소리를 내다 ; 쉿 (h=s 발음)

history ; 역사(歷史), 연혁, 유래 ; ① 햇수-따라, 딸려 있는, 또렷, 달력, ② 했다 력

hit ; 치다, 부딪치다, 강타 ; 힘껏, 획-때리다

hitch ; 매다, 와락 잡아 챙기다 ; 획 잡아채

hive ; 벌통, 벌집 ; 호(戶)-벌, 봉(蜂)

hoard ; 저장물, 축적 ; 호(戶)장(藏)

hoary ; 회백색의, 백발의 ; 허여

hobby ; 취미, 도락 ; 호(好)에 빠져

hocus ; 속이다, 사기 ; 속여서 (h=s 발음)

hoe ; 호미 서(鉏), 괭이 질 ; ① 호미, ② 서(鉏) (h=s 발음)

hog ; 다자란 거세한 숫돼지 ; 숫 거세 (h=s 발음)

hold ; 가질 지(持), 잡다, 쥐다, 들다, 피난처 ; 호지(護持)

hole ; 구멍 공(孔) ; 혈(穴)

holiday ; 휴일, 축제일, 종교적 기념일 ; 해를 위한

hollow ; 속이 빈 ; ① (구멍) 혈(穴) 빈, ② 헐렁

hologram ; 빛에 의한 입체화상이 나타나는 현상 ; ① 해 라 (빛), 하나 (홀로)-그림, ② 홀려
　　　　　　그림

home ; 집, 가정 ; ① 호(戶) 움집에, ② 호에 머물러

Homo- ; 사람의 뜻 ; ① 해를 모시는, ② 손과 말을 사용 (h=s 발음)

homo- ; 같은, 동일의 뜻 ; ① 하나로 모아 섞어 ② 합(合)모(募), ③ 한 몸

homo sapiens ; 지혜로운 사람 종 ; 해를 모시며, 손 말과-사변(思辨) 사람

honest ; 정직한, 공정한, 순수한 ; honi혼(魂)이 st진짜

honey ; 벌꿀, 단맛 ; 화(花)에서 나와

honk ; 경적을 울리다 ; 혼 깨

honor ; 명예, 존경, 숭배, 영광, 명예 ; ① 하늘, ② 혼(魂)-오를, 알

hook ; 갈고리, 걸이 ; 갈고리 k뀔 (亅)

hoop ; 테, 굴렁쇠, 고리 ; ho호(弧) 원으로 파여

hope ; 바랄 희(希), 희망, 기대 ; ① 해를 봐, ② 희(希) 바랄

horizon ; 지평선, 수평선 ; ① 해 지는, ② 해 올라오고 지는

horn ; 뿔 ; ① h하늘로 orn오른, ② 해 나온 (양기(陽氣)), ③ 솟은 (h=s 발음)

horror ; 공포 ; ① 홀려, ② 소름

horse ; 말 마(馬) ; ① 힘세고 올라서, ② 힘세, ③ 하루-서 있어, 서서 잠

hospice ; 여행자 접대소, 호스피스, 말기 암 환자 병원 ; 호(戶) 숙박(宿泊)

hospital ; 병원, 자선시설, 구호소 ; 호(戶)-병(病), 비(悲)-털어내

hostile ; 적대(敵對)적인 ; ① 해칠래, ② 해쳐

hot ; 끓일 탕(湯), 뜨거운, 더운 ; ① 화탕(火湯), ② (뜨거울) 혹(熇) 뜨거울

hotel ; 호텔 ; 호(戶) 떨어진

hour ; 시간, 시각 ; ① hour해로, ② hour하루 (시간을 잼)

house ; 집, 가옥(家屋) ; ① (집) 호(戶) (집) 저(邸), ② 호 세워, ③ 호(戶) 사(舍)

how ; 어떻게 ; (어찌) how하(何)

hub ; 바퀴의 중심, 축, 중추 ; 허리 바퀴

hue ; 색조, 빛깔 ; 허애

Hum ; 불교 진언의 마지막에 많이 사용, 죄악소멸 공덕완성 ; ① 숨(h=ㅅ발음), ② 하나로, 호흡으로-맺음

human ; 인간성(人間性), 인류(人類) ; 해를, (이끌) 휴(携)-모시는, 맞는, 맨

humane ; 이끌어 도울 휴(携), 인간적인, 인정 있는 ; 휴 (밭을) 매는 인정

humble ; 비천한, 겸손한 ; 흠-봐, 보여

humid ; 습기 있는 ; hu습, hu후덥지근-물 젖은

humiliate ; 굴욕감을 주다, 창피를 주다 ; 허물을 줘

humorous ; 유머, 해학 ; ① 유(裕), 해(諧)-말, ② 허물었어

hungry ; 배고픔, 주릴 기(飢) ; hun허한 gry기(허기)

hunt ; 사냥하다, 추적하다 ; ① hun산 t죽여(h=s, t=j 발음), ② hun훈족이 t다님

hurb ; 향기가 나는 식물 ; 향풀 (b=ㅍ 발음, 2음절화)

hurricane ; 허리케인, 폭풍 ; ① 후려, 회오리-까네

hurry ; 다급할 황(慌), 조급하다, 서두르다 ; ① 황, ② 후려

hurt ; 다치게 하다, 아프다 ; 헐어 다쳐

hut ; 오두막 ; ① 휴(休)터, ② 허스름한 대(臺), ③ 헛간

hybrid ; 동식물의 잡종(雜種), 혼성체, 하이브리드; ① 합종, ② 합해 부렸다, ③ 잡종, ④ 협동
    (h=j, d=j 발음)

hydraulic ; 수력의, 유압의 ; 수(水),힘-들어 올려 가 (h=s 발음)

hydro- ; 물, 수소의 뜻 ; 수(水) 젖어

hyeto- ; 비의 뜻 ; hy수(水) e위에서 to떨어져

hygeian ; 건강의, 위생의 ; (목숨) hy수(壽) 길게 이으는

hygro- ; 습기, 액체의 뜻 ; ① (축축할) hy습(濕) gro기(氣), ② 수기(水氣) 액

Hymen ; 그리스 로마의 결혼 신 ; 혼인(婚姻) 맺는

hymn ; 찬송가 ; 힘 내

hyoid ; U자형의 설(舌)골 ; hyoi혀 d자(字)

hyper- ; 위쪽, 초과, 과도의 뜻 ; 수(數)배(培)로

hypo- ; 아래의, 이하의 뜻 ; ① 수(水) 빼, ② 하(下) 바닥

hypocrite ; 위선자(僞善者) ; 심보 그릇 돼

hypothesis ; 가설(假說), 추측 ; 해 봐, 시범-제시

I

I ; 나 아(我)

-ic ; ~i의 c성질, ~i에 c속하는

ice ; 얼음 빙(氷), 찬 것 ; ① 아이-셔, 차, ② 이-셔, 차

ichthy(o)- ; 물고기의 뜻 ; 있지 지느러미 어(魚)

icicle ; 고드름 ; 아이 차-클레, 커

icon ; 성상(聖像), 삽화, 그림 ; image안에 마음지어 con상

idea ; 이상(理想)세계, 생각, 관념, 아이디어 ; ① 이(理致)로-되어, 되는, ② 이(理)-도(道), 떠올라,

identify ; 동일간주, 이해, 확인, 알려 줌, 정체, 신분, 독자성 ; 2개 동(同) 돼 보여

ideology ; 이데올로기, 이념, 관념, 공론 ; 이(理)로 돼, 이(理)도(道)-알기

idle ; 게으른, 한가한, 태만한, 쓸모없는 ; 아이들

idol ; 우상(偶像) ; 이상한 돌(석불(石佛))

idolize ; 숭배하다 ; i이상한 dol돌에 ze제사 지내다

idyl ; 전원시, 목가 ; 야(野)-들, 지을

igloo ; 애스키모의 눈집 ; i아이스 gloo굴 o호

ignite ; 불을 붙이다 ; 아궁이(익는) 때

ignoramus ; ① 무지한 사람, 무식한 사람 ; ig완전 놀아 먹었어

ignorant ; 무식한, 모르는 ; ig완전 놀은 티

ignore ; 무시하다 ; (숨길) 익(匿) 놀려

ill ; ① 아픈, 병든, ② 나쁜 ; ① 앓을, ② 일러 (바쳐)

illness ; 병 ; 일 났어

illuminate ; 불을 비추다, 계몽하다, 밝게 비추다, ; ① 일월(日月)로 명(明) 있다, ② 일(日)음(陰)이 나둬

illumination ; 빛, 조명, 채색, 계몽 ; 일월(日月) 명해지는

illusion ; 착각, 오해, 환상, 환각 ; 안으로, 오류-지어진

im ; in, into, ~안에 ~안으로 ; 안임

im ; not, 반대, 부정 ; 아님

image ; 상, 모습, 꼭 닮음 ; ① 안 마음에 그려, ② 안에 맺어

imagene ; 상상하다, 추측하다 ; 안 마음에 그려 내

imitate ; 모방하다, 흉내 내다 ; e2(차로) 모조돼

immaculate ; 더러움이 없는, 순결한 ; im없을 무(無) ma막 cula굴럿 te데

Immanuel ; 구세주, 예수 ; 임(臨) 맞는, 임(臨) 사람의-얼(하느님)

immature ; 미숙한, 미완성의 ; 아님 마쳐

immemorial ; 태고적부터, 아득한 옛적 ; 아님 머리에 머물러

immense ; 광대한, 끝없는 ; 임(臨) 면 세상

immersion ; 몰입, 침수, 침례(浸禮) ; 임(臨) 물의 속안

immigrant ; 타국에서의 이민자 ; im안으로 민(移民) 간다 ↔ emigrant ; 이민자out ; e외로 민
          (移民) 간다

immitigable ; 완화되지 않는 ; 아님 밑으로 가브러

immiscible ; 혼합할 수 없는, 섞이지 않는 ; 아님 막 섞어브러

immortal ; 죽지 않는, 불멸의, 불후의 ; ① 아녀 명이 다할, ② 아님 목숨이 다할

immortelle ; 시들지 않는 꽃 ; 아님 말려져 지을

immovable ; 움직이지 않는, 동요되지 않는 ; 아님 밀어 버브려

immune ; 면역(免疫)의, 면제(免除)된 ; im안에 m몸, im임(臨)-mun면 e역(免疫)

immunity ; 면제, 면역력 ; im임(任務) munity면했지

impact ; 충돌, 충격 ; 임(臨) 꽉-때려, 처

impair ; 약화시키다, 손상시키다 ; 임(臨) 패여

impeach ; 탄환 탄(彈), 캐물을 핵(劾), 탄핵(彈劾)하다 ; 임(任務)를 뺏지

imperial ; 제국의, 황제의 ; 임금, 힘- 패(覇) 알

imperium ; ① 절대권, 패권, 통치권 ; im임금 per패 ium위엄

impetuous ; 격렬한, 성급한 ; 아님 뻗었어

implicate ; 관련시키다, 뒤엉키게 하다 ; 아님 풀려 갔대

implore ; 간청하다, 애원하다 ; 임을 불러

import ; 수입하다 ; im안(으로 들여)-port부두, 배를 대

impose ; 세금 등을 도입하다, 시행하다, 부과(賦課)하다, 강요 ; 임(臨)-버거운, 부(賦)-세금

impregnate ; 임신시키다, 스며들게 하다 ; 임(臨) 배가 나오다

impress ; 감동, 감명, 찍다, 새기다 ; 안 마음을 팠어

improve ; 개량, 향상, 좋아진다 ; ① 임 풀어 버려, ② 임(臨) 앞으로 발전(發展)

improvidence ; 준비 없는, 장래에 대한 생각 없음 ; 아님 앞으로 봐 준께

improvise ; 즉흥적인, 즉석의 ; 임시로 풀어 보여 줘

impulse ; 충동적인 행위, 추진, 충격 ; ① 임(臨) 피 살어, ② 임 파(波動) 진(振動), ③ 임 박동 (搏動) 살어

impure ; 더러운, 불결한 ; 아님 퍼래

in ; 안 내(內), 안에 ; 내(內), 안, 모인

in ; 무(無), 불(不), 반대 ; 없는, 아닌, 나 됐어

inanimate ; 무생물의, 활기 없는 ; 아녀-안 외 맞대, 외(外)내(內) 맞춰(호흡)

inanition ; 공허, 텅 빈, 영양실조 ; 없는 안에 지은

Inca ; 페루 원주민 종족 국왕의 칭호 ; 임금

Incan ; 잉카 사람의 ; 인간(人間)

incarnate ; 육신을 갖게 하다, 화신시키다 ; 안에서 깨어나다

inch ; 인치, 신장, 조금, 소량 ; 촌(寸)

include ; 포함하다 ; 안에 가둬

increase ; 더할 증(增), 증가하다 ; 안으로-커져, 세져, 끌어서

incubate ; 알을 품다, 배양하다 ; 안겨-받쳐, 배에다

indecision ; 망설임, 우유부단 ; 안-덥석 쥔, 당겨지는

indiscreet ; 지각없는, 조심성 없는 ; 안됐어 깨였다

indivisible ; 분리될 수 없는 ; 아닌 둘-부서 버려, 분(分)으로 집어

Indra ; 인도신화, 신들의 왕, 악룡 브리트나 (불이 뜨겁게 나오는)를 무찌름 ; in왕 deo신 (세
　　상을 지어)

industrial ; 공업, 산업 ; ① 안에 지어서 돌릴, ② 안에-제조를, 제철을

inequality ; 불평등 ; 아녀 e2이 같았지

inexplicable ; 설명할 수 없는 ; 아녀 어서 풀어 가 볼래

inextricable ; 빠져 나갈 수 없는 ; ① 아닌 외쪽 돌아가 버려, ② 아닌 애써 뚫어 깨 버려(가 버려)

infamous ; 악명 높은, 오명이 난 ; in아닌 (뿌릴) fa파(播) mous명(名)성

infectious ; 전염성의, 감염 ; 안팎에-튀어서, 전하여서

infer ; 추론하다, 추리하다 ; 이은 펴

inference ; 추론, 추리 ; in연역(演繹) fer펴-ence연결(連結), 연계(連繫)

infernal ; 지옥의, 지독한 ; 아래인 하(下)에 날

infiltrate ; 스며들다, 잠입하다 ; 안으로 빨려 들었다

infinity ; 무한대, 무한(無限)한 ; ① 아녀 한(限)이 있대, ② 안 변했지

inflate ; 부풀리다, 팽창시키다 ; 안으로 부풀었다 (l 삽입 중복)

inflation ; 팽창, 물가상승률 ; 안으로 부풀어지는

influence ; 세력 세(勢), 영향, 세력, 작용 ; ① 안으로 부풀은 세, ② 인(人) 편-쎄, 커

inform ; ~에게 알리다 ; 안내(案內) 보(報告)-말로, 문(文)으로

information ; 지식, 정보 ; 안내 보(報)-말로 지은, 마친

infra- ; 밑에, 하부에의 뜻 ; i아래 n인-fra하(下), 바닥

infusion ; 우려낸 차, 주입, 자금 투입 ; 안으로 퍼지는

ingenious ; 재간이 있는, 창의적인, 독창적인 ; ① 아는 지어내서, ② 안에 재능 이어서

ingrate ; 은혜를 모르는 배은 망덕자 ; 안 갖춰

inhale ; 숨 연기 등을 들이마시다 ; 안으로-쉴래, hal e호흡(呼吸) (h=s 발음)

inhibit ; 금지하다, 억제하다, 못 하게 하다 ; 아녀 해 보다

inhospitable ; 불친절한, 사람이 살기 어려운 ; 아녀 호(戶) 병(病)을 떼브러(병을 치료하는 집
　　이 아닌)

inject ; 주사하다, 주입하다 ; 안으로-주사 대, 주액 대

injure ; 상처를 입히다 ; 안으로-허러, 찔려

ink ; 벼루 연(硯), 잉크 ; in연 k검은 물

innocent ; 순진한, 순결한, 결백한 ; in아녀 넣어 끼다

inoculate ; 접붙이다, 접종하다 ; 안으로 오구렸다

input ; 투입 ; 안으로 부어대 ↔ out put ; 외진 부어대

inquiry ; 연구, 조사, 문의 ; 안(案)을 구하리

insatiable ; 만족 시킬 수 없는 ; 안 자족해브러

insert ; 끼우다, 삽입하다 ; 안으로-심었다, 조여대

inside ; 속 리(裏), 안 내(內) ; ① 안 지대(地帶), ② 안 선이 닿는

insipid ; 싱거울 담(澹), 맛이 없는 ; 안 씹히다

insist ; 고집, 우기다, 억지 쓰다 ; 안 졌다

insomnia ; 불면증 ; 안 수면

inspiration ; 예술 창조 영감, 감화를 주는 사람 ; 안에서 불어지는

instability ; 불안정성 ; ① 안-땅에 부렸자, 차분해지, ② 안 차(cold)브렀지

installment ; 할부금, 분할불 ; 안어서 달달로 맨들어

instinct ; 본능 ; 안은 천성(天性)들

institute ; 만들다, 설치하다, 설립, 기관 ; in안에 sti치(設置) tute제도(制度)

instrument ; 기계, 기구, 악기 ; 아는 s수 tru단으로 만든다

insular ; 섬의, 섬사람의 ; 안(安全) 수(水) 위에 (살을)

intangible ; 손으로 만질 수 없는, 막연한 ; 안 닿은 집어

integrate ; 통합시키다 ; 안으로 터 가다

integrity ; 성실, 정직, 고결 ; 완전 정직 돼

intellect ; 지력, 지능, 지성 ; 완전 지력 돼

intelligence ; 지능, 지성, 기밀정보, 정보요원, 지식 ; 안에서 지력 갖은 정신

intelligent ; 지적인 ; 완전 지력인들

intend ; 목적을 가지다, 의도하다 ; 안는 것 전도(傳道)

intense ; 강렬한, 극심한 ; ① 아녀-중심, 천성(天性), ② 안의-짙은, 떠는-심한

inter ; ① 가운데, 사이에, 중간, ② 매장 ; ① 안에 ter둘(2, two), ② 안에 터

intercept ; 도중에 차단하다 ; 안에 ter둘 (두 지점 사이의 안)에 잡다

interest ; 흥미, 관심 ; ① 안에 떨렸다, ② 안에 ter둘 이었다

interior ; 속 오(奧), 안쪽의 ; 안에 둘

intermediate ; 중간의, 중급의 ; 안에 ter둘에 맺었데

intern ; 인턴사원 ; 안으로-떼온, 데려온

interpret ; 통할 역(譯), 해석하다, 통역하다 ; ① 아는 터서, 안에 ter둘-풀었다

intimate ; 친밀한, 개인적인 ; 인정-맞춰, 맞대

into ; 타(他) 영역으로 이동, 안으로 들어가다 ; in안으로 to더

intone ; 억양 ; 아는 떠네

intro, intra ; 속에, 안에 ; 안으로-들어와, 더

introvert ; 내향적인, 내성적인 ; 안으로 돌려 버리다

intrude ; 가서는 안 될 곳을 침범하다, 방해 ; 안으로 들이대

intuition ; 직관, 육감 ; 안에서-터, 떠-지는

invariable ; 변함없는 ; 안 바래브러

inverse ; 반대의, 역의 ; in아녀 ver방(方向) se서(順序)

investigate ; 수사, 조사, 연구 ; 안을 비춰 가다

invite ; 초대하다 ; 안으로-부탁(付託), 빙(聘)초(招)

invoice ; 청구서, 송장, 명세서 ; 안에 것 보이게

irony ; 아이러니, 반어법, 얄궂게도 ; 왜 이러니

irrigate ; 관개하다, 물을 대다 ; 이리 가둬 (아전인수)

irritable ; 화를 잘 내는 ; 얼이, 일일이-타브러

is ; ~이다 ; 있어

island ; 섬 ; is있어, is위섬-land올라온 데

isle ; 섬 서(嶼) ; 있어 서(嶼)

iso- ; 같은, 유사의의 뜻 ; 유사(類似)

Israel ; 이스라엘 사람 ; 있으라, 이서라-얼

issue ; 밖으로 나가다, 유출, 쟁점, 주제, 사안, 발표 ; 있어 사안

Istanbul ; 터키의 수도 이름 ; 이서 땅 벌 (아시아, 유럽 연결)

itchy ; 가려운, 옴 ; i아이 t따갑고 chy성가셔

item ; 항목, 조목, 품목 ; 안(案)-조목(條目), 대목

ivory ; 코끼리 어금니, 상아(象牙) ; 이빨 (v=ㅃ 발음)

J

J=ㅈ, ㅅ, ㅇ, ㅎ 발음

ja ; Ⓖ 네, yes ; 야

jab ; 잽 ; ① 재빨리, ② 잽싸게

jack ; 사나이, 놈 ; ① 작은, ② 짝

jacket ; 반(半) 상의(上衣), 윗도리 작은 옷 ; 작게 입다

Jacob ; 이스라엘 사람 조상 ; 자지-곱이여, 꼬부러 졌어

jade ; 옥 옥(玉), 연옥, 비취 ; 진제(眞諦) (동이족의 왕들이 사용)

jag ; 삐죽삐죽한, 들쑥날쑥 ; ① 자(子)자(字), ② 지(之)자(字), ③ 짜개지다

jaguar ; 아프리카 표범 ; 잘-기어, 가

jail ; 감옥 뢰(牢), 교도소 ; 잡을 뢰

Jaina ; 인도 자이나교의 ; 진아(眞我)

jam ; 음식, 혼란 ; 조려 물렁

Jane ; 여자 이름, 여자 ; 야윈 애

jangle ; 귀에 거슬리는 소리 ; ① 쩡꼴라, ② 쨍그렁, ③ 짱개

janitor ; 문지기, 수위, 잡역부 ; ① 하인들 (j=h 발음), ② 양(兩), 안내-자

January ; 1월의, 1월 ; (새)해 났어 력(曆) (j=h 발음)

Janus ; 양면(兩面)의 신, 야누스 ; janu양(兩)의 s신 (구년에서 신년(新年)으로)

Japan ; 일본(日本) ; ja해, 왜(倭)-pan본(本) (예맥족)

jape ; 농담 ; 헤퍼

japheth ; 남자 이름, 야벳, 노아의 셋째 아들 ; 해 뱃어 (j=h 발음)

jar ; 항아리, 병 호(壺) ; ① 호, ② 자루, ③ j항ar아리 (j=h 발음)

jargon ; 뜻을 알 수 없는 말 ; 재잘거리는

jarovize ; 야로비 농법을, 춘화처리를 ; 해로 빛 쬐여

jataka ; 부처님 전생담, 태어난 사람 ; ja전생-taka닮아, 다 까

jaunty ; 쾌활한, 근심이 없는 ; 좋은 티

jaw ; 턱, 입 부분 ; ① jaw하악(下顎), ② jaw하위, ③ jaw하부(j=h), ④ 턱 jaw주가리, ⑤ jaw주
둥아리, ⑥ jaw접어

jaw-jaw ; 길게 지껄이다 ; 조조

jealous ; 시기할 질(嫉), 시새울 투(妬), 질투심이 많은 ; 질(嫉妬)로 시새울

jean ; 올이 가늘고 질긴 의복류 ; 질긴

jeer ; 조소(嘲笑), 조롱, 야유 ; (비웃을) jeer조(嘲)

Jehovah ; 여호아, 야훼, 구약성서의 전능하신 신, ① YHVH, ② YHWH, ③ JHVH, ④ JHWH
; ① 여울 해(海) 빛 해, ② 열(熱) 해 바다(물) 해(海), ③ 여(汝) 해(海) 빛 해, ④ 여
(與) 하늘 바다 해, ⑤ 사바하

jelly ; 젤리 ; 질을

jeopardy ; 위험 ; ① 위(危) 빠져, ② 자빠져

Jerusalem ; 예루살렘, 도시이름 ; 예(禮)로, 해로-살렘

Jesus christ ; 예수 그리스도, 구세주 ; ① 죄 져서 클르셨다 (대속), ② 해를 져서 클러서 닿
는다

jet ; 분출하다 ; ① je사 t출(射出), ② 제쳐, ③ 제쳐 떠

jetty ; 둑 제(堤), 제방(堤防) ; 제 뚝

Jew ; 유대인, 유태인, Judaeus, Yehudi ; ① 예로 대하여, ② 예로 해를 대해 ③ (깨달을) jew 유(喩)

jewel ; 보석, 보옥, 장식 ; 장보(裝寶)

jig ; 급격하게 상하로 움직이다 ; 지(之) 자(字)

jinx ; 불길한 징후(徵候), 재수 없는 일 ; jin징(徵) x액(厄)

job ; 직분 직(職), 직업, 일 ; j직 ob업(職業)

jog ; 살짝 밀다, 당기다, 느릿느릿 나아가다 ; ① 자극, ② 조금 걷다

John ; 세례 요한 ; ① jo좋을 h호(好) n인, ② joh좋 n은

johnny ; 놈, 녀석, 사나이 ; 좋은 이

join ; 합할 합(合), 결합, 함께하다, 가입 ; 조이는

joint ; 연결 부위, 관절 ; 조인 데

joke ; 희롱할 학(謔), 조크, 농담 ; ① 좋게, ② 유쾌(愉快)

Jordan ; 나라 이름, 요르단 ; ① 좋아해 단군을, ② 해 땅

journal ; 일기, 신문, 정기 간행물 ; 정하여-날마다, 낼

journey ; 여행, 여정 ; ① 호(戶)를 나와, ② 여(旅)로 나와

joy ; 기쁠 희(喜), 환희 ; ① 조여, ② 조아

joyous ; 즐거운, 기쁨의 ; 조여서

judge ; 가를 판(判), 재판하다, 심판하다 ; 잣대 재

judiciary ; 사법부, 재판의 ; 정직(正直)으로 처리

jug ; 주전자, 손 항아리 ; ① 질, 주-그릇, ② 휴대 그릇

jugular ; 인후의, 목의 ; 혀 굴려 (j=ㅎ 발음)

juice ; 진액 즙(汁), 쥬스, 액 ; ① 즙 짜, ② 쥐어 짜

jumble ; 뒤섞다, 혼잡, 뒤범벅 ; 주물러브러

jump ; 뛸 도(跳), 뛰다, 점프 ; 위로 움직여-폴짝, 발짝, 비약(飛躍) (j=위 발음)

juncture ; 접합, 연결점 ; 연결되어

jungle ; 정글, 밀림 습지 ; 징그러

junior ; 손아래의, 연소의, 하급의 ; ① 후(後)년, 유(幼)년-이여, ② 젊은이여

juniper ; 노간주나무의 향 ; 향이 퍼져 (j=h 발음)

junk ; 쓰레기, 폐물, 쓸모없는 ; 헌것

jury ; 배심원단, 심사위원단 ; ① jury자리에 앉아, ② jury정리

just ; 정확한, 공정한, 바로, 아주, 꼭 ; ① 정확히 딱, ② 정(正)직(直)

justice ; 공평성, 정당성, 정의 ; 정직 지켜

jut ; 돌출시키다, 불룩 내밀다 ; ① 좃, ② 젖

juvenile ; 젊은, 어린 ; 햇병아리

K

K=ㅋ, ㄲ, ㄱ 발음

Kabul ; 아프가니스탄의 수도 ; 거(巨) 불(佛)

kaiser ; 제국의 황제 ; kai칸(khan) ser제(帝)

kaolin ; 고령토, 도토, 자토 ; 고령

karma ; 지을 업(業), 업보, 숙명 ; 가서, 갈러-만드는

karst ; 석회암 침식 지형 ; 꺼져 t돌

kartel ; 남아프리카의 달구지 침대 ; 깔어 툴툴

katharsis ; 순수, 정화, 해소(解消) ; 겉에를, 까탈스러움을-씻어

kayak ; 카약 ; 가죽 약해

kayo ; k o, 녹아웃시키다 ; 갔어

keck ; 구역질나다 ; ① 구역, ② 켁

keek ; 엿보다 ; 기웃거리다(기욱은 방언)

keen ; ① 예리한, 열망하는, ② 울음소리, 곡(哭) ; ① 깨는, ② 곡을 잇는

keep ; 보호할 보(保), 지킬 수(守) ; 계속 이어-보호, 보존, 붙드는, 방어(防禦)

ken ; 이해, 인정하다 ; ① 깬, ② 깨어난

kennel ; 개집, 굴 ; 개 넣을

kenosis ; 비움, 자기포기, 신적의지 수용 ; ① keno깨어나 sis져서(신성을), ② 꺼 놔졌어, ③
　　　깨 내짓

kerosene ; 등유, 등불용 석유 ; 켜지네

kerygma ; Ⓖ 선교 행위 ; 거리에 가 모아

kettle ; 주전자, 솥 ; ① 구리-뚫어, 들어, ② 앞 기따래, ③ 기울여 따러

key ; 열쇠 건(鍵) ; ① (열쇠고리를)-꼬여, 껴, ② 건

khaiser ; 황제(皇帝) ; k칸han haiser황제(皇帝)

khan ; 유목민족들 왕의 칭호, 칸 ; ① k큰 han한=대한(大韓), ② 큰 왕=대왕 (간(汗), 한(韓),
　　　가한(可汗)

Khmer ; 크메르 왕국, 캄보디아의 전 이름 ; 큰물(메콩강 주변의 민족 국가)

Khomaini ; 이슬람 이란 공화국의 최고 지도자 ; 큰 마니 (보주(寶珠))

kiblah ; 메카의 카바의 방향으로 기도 ; 기도 방향

kibosh ; 단호하게 끝내다, 계획중지 ; 까, 기획-부서

kick ; 찰 축(蹴), 걷어차기 ; ① 가격(加擊), ② ki걷어 ck차기

kidnap ; 가둘 납(拉), 유괴(誘拐)하다, 납치(拉致) ; ① kid기다 (어린이), ② 꾀여 데려가-납(拉)

kidney ; 콩팥 신(腎) ; (정신이) 깃드네

kill ; 죽일 륙(戮), 살해하다 ; ① 목숨을 끊을, ② 기일(忌日)

kiln ; 가마 요(窯) ; 불에 끄을리는

kimchi ; 한국 음식의 김치 ; 김치

kin ; 친족, 혈연관계 ; 가(家)인

kind ; ① 종류, 종족, ② 친절한 ; ① 같은 종류, ② 쾌히 인정

kindle ; 불을 붙이다 ; 키는 등에

kine- ; 운동의 뜻 ; 근육(筋肉)

kineto- ; 움직이는의 뜻 ; ① 근육(筋肉) 동(動), ② 가네 다리

king ; 임금 군(君), 왕(王) ; ① 군, 금-임금, ② 금(金) 인간

kink ; 꼬임, 비틀림 ; 긴 꼬인

Kirk ; 스코틀랜드 방언, 교회 ; ① 가르켜, ② 기려 곳

kit ; 조립용품 셋트 ; 기구(機具) 도구(道具)

kitchen ; 부엌, 주방(廚房) ; ① 켰지 연(煙), ② (불)기 뜨거운 주(廚)연(煙)

knack ; 숙련된 기술 ; 큰 기교

knave ; ① 악한, 무리한, ② 신분이 낮은 ; ① 크게 나빠브러, ② 크게 낮아브러

knead ; 반죽을 치대다, 마사지 ; knea근육을 d주무르다

knee ; 무릎 슬(膝) ; 무릎 꿇으네

knife ; 칼 도(刀), 작은 칼 ; 칼날, 큰잎-베 (청동기 검)

knight ; 중세 기사(騎士) ; 큰 아이-작(爵)훈(勳)들, 종들

knit ; 뜨다, 편물(編物) ; 끈 잇다

knob ; 꼭지 뉴(鈕), 손잡이 ; ① 공 옹이배기, ② 끝에 나온 봉 ③ 꼭지 뉴 봉

knock ; 두드릴 고(叩), 곤(捆), 칠 격(挌) ; ① 큰 옥(玉) 깨기, ② 곤옥

knoll ; 뫼, 동산 ; 꼭대기 높을

knot ; 매듭 결(結), 마디 절(節) ; 끈 오톨하게

know ; 알 지(知), 지식 ; ① 깨 나와, ② 큰 알어

knowledge ; 지식 ; ① 깨 나와 얻지, ② 큰 알었지

Korea ; 고려(高麗), 동이(東夷) 배달(倍達) 계통 족속, 한국 ; 환인(桓因) 환웅(桓雄) 단군(檀君) → 골, 굴, 고리, 가리, 구리, 길림, 계림, 겨레, 구려 → 고려

Krishna ; 힌두교 비슈누의 8번째 화신 ; kri검은, 끌어, 귀(貴), 칼-sh신, 센, 살아-na나온(아바타)

Kshatriya ; 크샤트리야, 인도 4성중의 2계급 ; 군사(軍師), 군사(君師)-들이여

Kurile Islands ; 일본 쿠릴 열도 ; 갈, 줄-이어 (k=ㅈ 발음)

Kyrie eleison ; 기도문, 주여 자비를 베푸소서 ; 군(君)이여-얼러, 열어-손, 주는

~logy ; 학(學) ; 알기, 알지

lab ; laboratory 실험실 ; 일 벌려 돌려

label ; 꼬리표, 붙이다 ; (볼) 람(覽)-붙일, 방울

labio- ; 입술의 뜻 ; (줄), (벌릴)-렬(列) (나란히) 병竝 (렬병)

labium ; 입술 문(吻), 아 하순(下脣)판 ; 렬 병 (아래) 하 문

labor ; 일, 노동, 근로 ; ① 일로-벌어, 벌을, ② 일-봐, 볼

labrum ; 입술 문(㘇), 윗입술, 상순, 조개류의 외순 ; 렬 병 위 문

lace ; 끈, 레이스, 묶다 ; ① 나사(羅紗), ② 달려, 졸라-꿰

lacerate ; ~을 찢다 ; (벌릴) 라(羅) 찢었다

laches ; 해태(懈怠), 게으를 나(懶) ; 나(懶怠)-졌어, 처져

lachrym- ; 눈물의 뜻 ; 루(淚) 체(涕) 물

lack ; 결핍, 부족, 결여, 궁핍 ; 약(弱) 결(缺乏)

lacquer ; 래커, 도료의 일종, 칠 ; la료(塗料) c칠quer기(漆機)

lactary ; 젖의 ; (유즙) 락(酪)짜리

lacto- ; 젖, 우유의 뜻 ; (유즙) 락(酪) 짜

lad ; 아이 동(童), 젊은이, 청년 ; 나대

ladder ; 사닥다리 ; 올려 대 다리

lade ; ~을 싣다 ; 올려 줘

ladle ; 자루 표(杓), 국자 ; 물을, 올려-들어, 떠

lady ; 숙녀, 부인, 귀부인 ; ① 여(女)자, ② 녀 주(主婦)

lag ; ① 뒤에 처지다, ② 외피 ; ① 락(落), 따라 가다, 떨어 졌다, ② 둘러 가려

lager ; 저장 맥주 ; 와(臥) 저장

lagoon ; 퇴적모래 호수, 석호(潟湖) ; 류-고운, 갯벌-나눈

laic ; 세속의, 속인의 ; 라(羅), 굴러-ic잇속

lake ; 호수 ; 액(液)-고인, 괴여, 커

lame ; 절름발이의, 구린 ; (절름발이) 암

lament ; 슬퍼하다, 애도 ; 울을 명(鳴)도(悼)

lamp ; 불 등(燈), 램프 ; la불 명(明) 퍼서 (la=해, 빛, 불)

lance ; 말 탄 기사들의 긴 창 ; 양(兩)(쪽 끝으로 길은) 창

land ; 뭍 육(陸), 땅, 육지 ; 올라온 데

lane ; 좁은 길, 차선, 경주레인 ; ① lan양(兩) e둘, ② 로(路) 나눠

language ; 언어(言語), 말 ; ① (말씀) 언(言)어(語)-(입) 구(口) 규(規), ② (말씀) lan언(言)어
(語) gua글 ge자(字) (l 반복)

languish ; 기운이 없어지다 ; 양기(陽氣) 쇠

lapse ; 실수, 부주의 ; 엎어져

large ; 클 장(奬), 큰, 넓은 ; (벌릴) 라(羅), 량(量)-장(奬), 거(巨)

largo ; ① 느린 곡 ; 완(緩)으로 가

lark ; 종달새, 헤롱거림 ; 올라 까불어

laryngo- ; 후두(喉頭)의 뜻 ; 울려 인(咽喉), 울리는-구멍

laser ; 레이저 ; 라(빛) 선(線)

last ; 맨 마지막의 ; 료(了)졌다

late ; 늦을 만(晩), 늦게 ; 라태(懶怠)

Latin ; ① 라틴어의, 라틴계의, 로망스어군의 ; la라(해) tin타는

laughter ; 웃음, 웃음소리 ; (웃을) 롱(哢) 웃다

launch ; 물에 배를 띄우다, 진수 ; (배를) 얹어 진수(晉水)

lava ; 용암, 화산암 ; 유(流), 라(해)-바위

lavatory ; 변기, 화장실 ; 류(流)-빨어, 빼-털어

lave ; 씻다 ; 류(流)에-비벼, 빨어

lavish ; 풍성한, 아주 후한 ; 류(流) 배수(排水)

law ; 법률(法律), 헌(憲), 규(規) ; ① 려(呂), ② la율 w법(律法) (w=ㅂ 발음)

lax ; 느슨한, 해이된 ; (게으를) 라(懶) (느슨할) 서(絎)

lay ; 놓다, 눕히다, 깔다 ; (누울) 와(臥)

layer ; 층 ; 올려

lazaretto ; 나병(癩病), 한센병의 격리병원 ; 나환자를 이(離) 떠 따로

lazy ; 게으를 라(懶), 나태(懶怠)한 ; 라 져

leach ; 걸러내다, 침출시키다 ; 유(流) 출(出)

lead ; 거느릴 솔(率), 안내하다, 이끌다 ; (이끌) 야(惹) (이끌) 도(導)

leaf ; 잎 엽(葉) ; ① 잎, ② 엽(葉)

leafage ; 잎, 나뭇잎 ; 잎 펴져

leafcutter ant ; 브라질의 가위개미, 잎꾼개미, 브라질 명칭은 이꾸미 ; 잎 개미

leak ; 샐 루(漏), 샘, 새다, 누설 ; 루 깨져

lean ; 의지하다, 기대다, 야윈 ; (야윌) 릉(身小)

leap ; 도약, 뜀, 껑충 뛰다 ; (뛸) 약(躍) 펄쩍

learn ; 배울 학(學), 배우다, 교육 ; ① 알아내는, ② 아르는

lease ; 임대차(賃貸借) 계약, 임대(賃貸)하다 ; 열어 줘

leash ; 가죽 끈, 사슬, 속박하다 ; 이어 사슬

least ; 가장 작은 ; 열라 작다

leather ; 가죽 피(皮) ; (무두질할) 위(韋) 털

leave ; 떠날 리(離), 떠나다 ; 이별(離別)

lecture ; 강의, 강연, 잔소리, 훈계 ; lec읽어 ture독(讀), 두(讀)

ledge ; 절벽의 바위, 선반 ; 애(厓) 돌개

leech ; 거머리 질(蛭) ; 료(療), 의(醫)-ch질

left ; 왼 좌(左), 왼쪽의 ; le왼 f뺏 t도

leg ; 다리 각(脚), 위임하여 보내다 ; ① e2(二) (다리) 각(脚), ② 위(委任) 가

legacy ; 유산, 과거의 유산 ; 유(遺) 가져

legal ; 법률상의, 합법적인 ; ① 율(律)로 갈, ② 율적(的)으로

legend ; 전설, 전설 문학, 범례 ; 유(遺) gen전 d달

legere ; ⓛ 읽다, 뜻 ; 읽을거리

leggy ; 다리가 긴 ; 이어 각 긴

legible ; 읽을 수 있는, 또렷한 ; 읽어 봐

legislate ; 법률을 제정하다 ; 율을 작성했대

legitimate ; 합법적인 ; (법)률적 지 맞춰

leisure ; 여가(餘暇), 여유(餘裕) ; 여(餘) 쉬어 일

lame ; 절름발이 왕(尢), 암 ; 암

lend ; 빌릴 대(貸), 줄, 빌려주다, 임대(賃貸) ; ① 임대(賃貸), ② 열은 대(貸)

lengthen ; 길어지다, 늘어지다 ; 양(쪽으로), 늘리고-길게 친

lens ; 렌즈, 안구수정체(水晶體) ; 안(眼)-시(視), 수정체

leopard ; 사자 예(猊), 표범 표(豹) ; 예(猊),이어-빨리-달려, 덮쳐

lessee ; 임차인(賃借人) ; es약속-세(貰), 써-이어

lesson ; 수업, 교훈 ; 일러주는 (ss=j 발음)

let ; 허락하다, 놓아두다, 임대하다 ; ① 이해(理解), 이(離)-두다, 주다, ② et임대

lethal ; 죽음을 가져오는, 치사량 ; 위(危) 죽을

Lethe ; Ⓖ 망각의 여신, 강물 ; le류(流) ethe잊어

letter ; 글자, 문학의, 편지 ; 읽을 독(讀)

leuco- ; 흰, 백색의뜻 ; 유(牛乳) 색깔

level ; 수평, 같은 수준으로 ; 이어 뻗을

lever ; 지레, 영향을 주다, 지레의 작용 ; 올려 버려

levin ; 전광(電光), 번개 ; electron전자 vin번쩍

levitate ; 초자연적인 힘에 의해 공중에 떠돌다 ; 불빛이-타다, 떴다

Levite ; 레위, 유태신전 사제를 보조하는 ; 라(해) 보좌

levy ; 세금을 징수하다 ; (힘) 력(力) 삥

lexical ; 사전의, 어휘(語彙)의 ; (말) 언 씨 가를

liaison ; 연결, 연락, 불륜 ; 이어지는

libation ; 술을 신에게 바치는 헌주 ; 올려 바치는

liberal ; 자유민주주의의, 진보적인, 관대한 ; 아(我)를, 유(自由)-벌릴

liberation ; 해방, 석방 ; 아(我), 유(由)-풀어지는

libido ; 성적 충동 ; 애(愛) (이성(異性)에)-발작(發作), 빠져

libra ; 천칭(天秤)자리, 7번째 저울자리 ; 올려 봐

library ; 도서관 ; 알어 보리

license ; 면허증, 승낙(承諾) ; (허)락-인정, 증서(證書)

lichen ; 이끼 ; 이끼인

lid ; 뚜껑, 마개, 덮개, 눈꺼풀 ; 열고 닫다

lie ; ① 거짓말, ② 누워 있다 ; ① (거짓) 양(佯), 이어(異語), ② 와(臥)

life ; 목숨 명(命), 생명, 삶, 수(壽), 활(活) ; (나뭇)잎이

lift ; 들어 올리다, 리프트 ; 올려-바짝 들어, 부처

light ; 가벼울-엽(僷), 유(輶), 경(輕), 탈(脫) ; 열(熱) 가볍게-하이(높이), 해-쪽으로, 타

light ; 빛 광(光), 불 휘(暉), 불빛, 밝은 ; ① 일(日)이 타, ② 라(해) 있다, ③ 라 광(光)휘(輝) 타,
　　　④ (밝을) 량(亮) 있다, ⑤ 량 광 해타

lightning ; 번개 전(電) ; 라(불)광휘, 량이-튀는

ligneous ; 나무와 같은 ; ① ign아궁이 넣어, ② 불 질러어서

like ; 같을 여(如), ~와 같은, 좋은 ; ① 여 같을, ② 락(樂)

lily ; 백합, 라리 ; 라리

limb ; 팔다리, 나뭇가지 ; arm팔-발, 부분(部), 부러지기 쉬운

lime ; ① 석회, ② 라임 과일 ; ① 열 암석 얻어, ② 열쪽-맺어, 먹어

limit ; 한정 한(限), 한계, 경계 ; ① 림(林)밑에, ② arm팔 안에다, ③ 안을 막다

limp ; 절뚝거리다, 절름발이-암(尢耷), 파(跛) ; (절름발이) 암파

line ; 실 선(線), 줄, 금, 행 ; 이은 이어져

lingual ; 혀의, 말, 설음(舌音)의, 언어의 ; 언(言)어(語) (입) 구(口) 열을

linguistic ; 언어학의, 언어연구의 ; lin언어(言語) guistic규칙(規則) (l 반복)

link ; 사슬의, 고리 ; ① 연결(連結), ② 연(連) 고리

lion ; 사자 예(猊), 사자(獅子) ; ① 예(猊) 노(怒), ② 어슬렁(aslan-사자)

lips ; 입술 순(脣), 말 ; 립 술

liquate ; 금속을 녹이다, 용해(溶解)되다 ; iqua액화(液化) te철

liquer ; ⒡ 리큐르, 술, 독한 술 ; 류(蒸溜) 액화

liquid ; 액체의, 유동체의 ; 류(流) 액(液)이 된

liquor ; 독한 증류수, 액체 ; 류(蒸溜) 액화

list ; ① 명부, 일람표, ② 바라다 ; ① 올렸다, ② 레(次例) 적다

listen ; 듣다, 들리다, 경청하다 ; (귀) i이(耳) sten청(聽)

liter ; 리터, 1000cc ; 유(流) 따러

literary ; 문학의, 글을 읽는 능력 ; 이치(理致), 글 자(字), 이두(吏讀)-알어

lithos- ; 돌의 뜻 ; 돌 석(石)

litigant ; 소송하는, 소송의 ; 글을 써, 이치로-간다

litter ; 들것, 쓰레기 ; 올려, 어질러-쳐

little ; 작은, 그다지 별로, 조금 ; 있어 (작을) 차(佐)

live ; 살다, 생존하다 ; ① 알아 봐, ② 이어 브러

liver ; 간(肝) ; 일 벌려 (감정, 사랑, 용기의 원천)

lizard ; 도마뱀 석(蜥) ; i(꼬리 낳아) 잘라도 (다시 남)

loach ; 미꾸라지 추(鰍) ; ① (미꾸)라지, ② 어(魚) 추 ↔ 추어탕

load ; 실을 재(載), 짐, 적하(積荷), 부담, 걱정 ; 얹져

loan ; 대출금, 빌려주다 ; 융(融資)

lob ; 느리게 높이 던지다 ; 올려 보내

lobby ; 로비, 건물 안쪽 공간, 압력단체 ; 올려 비움

lobster ; 바닷가재 ; (굽을) lo우(扰)-발, 벌려-ster짜(바다, 해)

local ; 지방의, 공간의, 국지적, 현지의 ; (지경) 역(域)

location ; 장소, 위치, 소재 ; 역(域)처(處)인

lock ; 자물쇠 쇄(鎖), 잠그다 ; 엮어 껴

locutory ; 수도원의 담화실 ; 역(域) 따로

lodge ; 객사 관(館), 오두막 ; ① (나그네) 려(旅) 잠자, ② 낮게

loft ; 높다 ; 올려붙이다

logarithmic ; log, 통나무, 기록 ; ① 알어가, 알기-알다모아서 ② 아를-조각, 기록

logic ; 논법, 논리학(論理學) ; ① 어(語) 적을, ② 연(研究)적, ③ 알어가 ic이치

logical ; 타당한, 사리에 맞는, 논리적 ; 어를 지어갈

logion ; 예수의 말, 어록(語錄), 금언 ; 어 지은

logo- ; 말의 뜻 ; 언구(言句)

logogram ; 로고, 어표 ; 언구 그림

logomachy ; 글자 맞추기 놀이 ; 언구 맞추기

Logos ; 로고스, 이법, 하느님 말씀 ; ① 언구 신(神), ③ 어를 지어가는 신성(神性)

Loire ; ⑤ 프랑스 르와르강 ; ① (흐를) 류(流), ② 유유(悠流)히

London ; 영국 수도 ; 올린, 올라온, 논-지은, 땅, 돈(墩)

long ; 길 장(長), 긴, 키가 큰, 오랜 ; ① lon양(兩) g긴, ② 영구(永久), ③ 오랜 긴

look ; 우러러볼 앙(仰), 볼 록(睩), 보다, 눈여겨보다 ; ① 록(睩), ② 안(眼)록(睩), ③ 아래를,
　　　안을-간(看), 관(觀), 견(見)

loom ; 직기(織機), 흐릿하게, 어렴풋이-보이다 ; ① 옭아 만들, ② 아련히 옴

loose ; 느슨한, 자유분방한 ; (샐) 루(漏) 져

Lord ; 주인 주(主) ; lor위의, 우리의-d주(主) (위=하늘)

lore ; 전승, 지식 구비설화, 전통 ; ① 오래, ② 외워

lorry ; 화물자동차, 트럭, 화차 ; 올려

lose ; 잃을 실(失), 잃을 손(損), 샐 루(漏), 분실하다 ; ① 루(漏)실(失), ② 잃었어

loss ; 잃음, 분실, 손실 ; (없어질) lo일(逸) ss손실(損失)

lot ; 다수, 다량, 추첨, 몫, 운 ; 우연히 떼어

lotto ; 로또 ; 우연히 따

loud ; 큰 목소리의, 시끄럽다, 요란하다 ; ① 울려대, ② (소리) 라(囉)대

lounge ; 라운지, 대합실, 편히 기대다 ; 와 느긋하게 게으른

louse ; 이 슬(虱) ; (벌레) 이 슬

love ; 사랑 애(愛), 사랑할 폐(嬖), 연애(戀愛), 애정 ; ① 애를-봐, 배, ② 여보, ③ lo애-ve폐
    (嬖), 빠져, 보여 줘

low ; 낮을 저(低), 낮게 ; 아래-저(低), 바닥, 바다(water)

lower ; 아래 하(下), 아래쪽의, 낮추다 ; 아래 저(低)

loyal ; 충성스러운 ; 의(義理)열(烈)

lubricant ; 윤활유(潤滑油) ; ① 유(油)를 발러 간다, ② 유(油)로 불을 끈다

Lucifer ; 금성 ; (별자리) lu루(婁) cifer샛별

luck ; 운, 재수 ; ① 운 좋고, ② 락(樂)기(氣)

lucky ; 다행 행(幸), 행운(幸運)의, 운수 좋은 ; ① 운 좋게, ② 락(樂)기(氣)

lucre ; 이윤, 이득 ; 운 끌어

lucubrate ; 밤늦도록 공부하다 ; 불la을 켜 밝았대

lug ; 무거운 것을 나르다, 끌다, 당기다, 귀 ; ① 력(力)-끌어, 가, ② 이(耳) 귀

lugubrious ; 애처로운, 가엾은 ; lu애(哀) 가엽서

Luke ; 기독교, 성(聖)누가, 누가복음 ; 일(日)(밝음)로 깨

lull ; 진정, 잔잔함 ; 얼를

lumber ; 재목, 목재 ; (수풀) 림(林), 목-벨, 벌(伐)

luminant ; 발광성의, 빛을 내는 ; 일(日), 려(麗)-명(明)이 난다

lump ; 덩어리, 혹 ; 흘러 뭉쳐 부은

lunar ; 달의, 음력의 ; ① 력(曆) 날, ② 달러 날마다, ③ 음을 날로

lunch ; 점심 ; ① 한줌, ② 얇은-찬, 점, 조각

lung ; 폐, 허파 ; 낭(囊)

lunisolar ; 태양과 달과의 ; 음 설

lurch ; 급히 한쪽으로 기울다 ; 요(搖動) 쳐

lure ; 매력, 미끼 ; 유(誘惑)

lush ; 푸르게 우거진 ; 록신 ↔ 신록(新綠)

lust ; 관능적인 욕구, 색욕 ; lu욕 st정(欲情)

lute ; 기타와 비슷한 발현악기 ; 울려 뜯어

lux ; 광학, 조명도의 단위, 럭스 ; (빛날) 려(麗) (밝을) 소(昭)

luxury ; 사치할 치(侈), 사치(奢侈), 향락, 색욕 ; 려(麗), 유(裕)-사(奢)로

lyric ; 서정시의, 노래의 ; 려(麗)-시, 가락

-lisis ; 분해, 해체, 파괴의 뜻 ; 리(離) 졌어

-lite ; 분해물의 뜻 ; 리(離) 떠

M

M=ㅁ 발음

ma ; 엄마 ; 모(母)

mac ; 아일랜드계 언어, 아들의 뜻 ; ① 가문의 맥(脈)=손(孫)=자(子), ② 맞이 손(孫)/ *nic ; 딸의 뜻 ; ① (계집)년 손(孫), ② 년 계집

macaroni ; 마카로니, 이탈리아 국수 ; 면-칼로 나눠, 갈르네

machete ; 중남미 원주민의 가지치기 넓은 칼 ; 막 쳐대

machicolate ; 성벽에 쑥 나온 총안(銃眼)을 만들다 ; 막어 치 갈른 대

machine ; 기계 계(械), 기계장치 ; 맞추네,

macho ; 남자다움을 과시, 마초 ; 멋져

mackerel ; 고등어 ; 매끄러울

mackintosh ; 고무 입힌 방수포 ; 막힌 토시

macrome ; Ⓕ 매듭실 장식 ; 묶어 매여

macro- ; 긴, 큰의 뜻 ; 막(莫) 커 ↔ micro 미(微) 커

macrocosmo ; 대우주, 대세계 ; 막 커 커서 몰라

maculate ; 얼룩지게 하다, 황반 ; 막혀 때

mad ; 미칠 광(狂) ; 말이 안 되게

madam ; 아씨, 부인(婦人) ; ① 모(母) 담 안에 (여인, 정녀), ② 마마

madden ; 정말 화나게 하다, 성나게 하다 ; 말이 안 되게 된

made ; make의 과거, 과거분사 ; ① 만들어진, ② 만들어, ③ 만든

madi ; middle, 중간의 ; ① 매디, 매듭, ② 맞을 중, ③ 믿을래, ④ 맞다

Madonna ; 성모 마리아 ; ma모(母), 맞이-donna정녀(貞女)

Mafia ; 마피아 국제 범죄조직 ; 마패(馬牌)

magazine ; 무기고, 식량창고, 잡지 ; ① 무기창, ② 글을 마구 지어내

maggot ; 구더기, 변덕 ; ① 마굿간 구더기, ② 마구 꿈틀

magic ; 마법(魔法), 마력(魔力) ; ① 마(魔術) 짓거리, ② 마적(魔笛)

magnanimous ; 도타울 독(篤), 너그러운 ; (클) 막(莫) 나눔이었어

magnetic ; 자석(磁石), 자력(磁力), 자기(磁氣) ; 모(母)에 가네 tic당겨

magni ; 큰, 긴의 뜻 ; ① 몸-긴이, 큰이, ② 마구 넓은

magnificence ; 장대, 장엄(莊嚴), 장려 ; 마구 넓혀 지은께

magnificent ; 웅장한, 장엄한 ; 막-높이 세운다, 높이 빛 컨다

magnify ; 확대(擴大), 과장(誇張)하다 ; 막 넓혀

magnum ; ① 큰 술병 ; 마구 넣음

magpie ; 까치 작(鵲), pica ; 마구 파 까

maha ; 큰 대(大) ; ① 무한(無限)한 (시간, 공간, 인간), ② 마음의 한량없음

mahabharata ; 옛 인도의 서사시 ; 무한 불이타

mahdi ; 이슬람 구세주 ; 무한 di주님

maiden ; 하녀, 미혼여성, 소녀 ; ① 매여진, ② 매어 둔

mail ; 역참 우(郵), 우편(郵便), 우송하다 ; 말(마(馬))일

main ; 주된, 집중된, 본 ; ① 모인, ② 많이 있는

maintain ; 지속(持續), 부양(扶養)하다 ; 매여 있는 타인(他人)에게

Maitreya ; 범어, 미륵(彌勒)보살 ; ① 믿어, ② 맞아드려

majesty ; 권위(權威), 위엄(威嚴), 왕권(王權), 예수 후광(後光) ; 맞이해 예수 띠

major ; 큰 쪽의, 주요한 ; ① 많이 줘, ② 많이 중요

make ; 지을 작(作), 만들 제(制), 제(製), 만들다 ; 만들어, 맞춰-꿰어낸

mal- ; 악(惡), 비(非)의 뜻, mis ; ① 아닐 미(未), ② 마(魔)할, ③ 말(末), ④ 말러

Malacca ; 말레이시아의 주도 ; 물에 껴

malady ; 병, 심각한 문제, 병폐 ; 말랐지

male ; 사내 랑(郞), 양(陽) ; ① (수컷) 모(牡) ※female 암컷 fe빈(牝)

malediction ; 저주, 비방 ; 말로 지 까대는

malevolent ; 악의적인 ; 마(魔)로 볼런다

mall ; 쇼핑 몰 ; 마을

malleable ; 형태를 만들기 쉬운 ; 말랑해브러

mallet ; 뭉치 추(椎), 망치 ; 메를 쳐

man ; 남자, 사나이, 사람 인(人) ; 밭을 man매는 사람 (사내 남(男))

man/mani ; 손, hand ; ① 만지는, ② 맨드는, ③ 매는, ④ 맨손

manage ; 손으로 다루다, 처리하다 ; ① 많아지게, ② 많이 나게, ③ 만져

management ; 관리, 경영 ; ① 많이 나오게 맨들어, ② 많이 지어 맨들어, ③ 만져 맨들어

-mancy ; 점(占)의 뜻 ; 만신이 (무당)

mandala ; 만다라 ; 만(卍) 자(字) la라(해, 羅)

mania ; 마니아, 즐기고 좋아하는 사람 ; 많이 해

manifest ; 밝을 현(顯), 명백한, 분명한 ; ① 명(明) 폈다, ② 명(名) 폈다

manna ; 만나, 신이 내려준 음식 ; 맛나

mansion ; 맨션, 대저택 ; 사람-sion장(莊), 쉬는

Mansur ; 만수르, 아랍권 남자 이름 ; ① 만세(萬世)로, ② 만수(萬壽)로

manta ; 큰 가오리 ; 사람man 닮아

manteau ; Ⓕ 망토, 외투 ; 망사(網紗)로 외투(外套)

manu- ; 손의 뜻 ; ① 만들어, ② (밭을) 매는, ③ 만지고 놓는

manual ; 설명서, 손으로 하는 ; 매어 놓을

manufacture ; 생산, 제조 ; 손으로 바꿔 돌려

many ; 많을 다(多), 다수의, 많은 ; 많이

maqueream ; Ⓕ 고등어 ; 매끄러움

march ; 행진하다, 걸어가다 ; ① 말(마(馬)) 진(進), ② 발 맞춰

Marcos ; Ⓢ 마르코스 후예 ; 물가 살아

maria ; 성모 마리아 ; ① 모(母)여 (마마), ② 명랑

marine ; 바다의, 항해상의, 해양, 해병대원 ; ① mar물이네, ② 물이 있네

marital ; 혼인의 ; 머리 땋을

mark ; 표 표(標), 마크, 경계 ; ① 매겨, ② 말 기호, ③ 물-길, (표할) 간(栞)

market ; 시장(市場) ; 물건들

marriage ; 결혼 ; 머리 얹어

marry ; ~와 결혼하다 ; marry머리 올리는 날(결혼을 하면 머리를 올리는 풍습)

mars ; 로마신화 전쟁의 신 ; 말

marsh ; 못 택(澤), 습지 ; 물 습(濕)

mart ; 시장(市場), 마트 ; ① 장 mart마당, ② 물(物)들

martial ; 호전적(好戰的), 전쟁의, 군무(軍務)의 ; ① 말을 탈, ② 말로 칠

martial art ; 무술, 무도 ; 말을-탈, 뗄

Martinez ; Ⓢ 스페인 성씨 ; 말을 탄의 자(子)

Martin Luther ; 마틴 루터, 중세말 기독교 개혁가 ; 말을 띤(라틴어를 이해한) 유자(由者) (자유인)

martyr ; 증인, 순교자, 희생자 ; ① 말을 따를 (말씀의 종교), ② 마칠

mascara ; 속눈썹에 칠하는 물감 ; 막아서-가려, 커라, 길어

masculine ; 남자 같은, 사내다운 ; 멋져 끌리네

mask ; 마스크, 탈, 복면 ; m막 a아 s서 k껴

mason ; 석공, 벽돌공 ; ① (갈) 마(摩)-석(石), 손, ② 맞춰 석(石)

mass ; 덩어리, 모임, 집중(集中) ; ① 모였어, ② 뭤어

massive ; 클 방(厖), 거대한 ; 모아져 방

mastaba ; 고대 이집트의 석실 분묘(墳墓) ; mas매장 ta돌 ba분

master ; 장(長), 대가(大家), 정복(征服)하다 ; ① (배움을) 마쳐, ② 명수(名手) 장, ③ 명(名)-숙달, 장자

mastery ; 숙달, 통달, 지배력 ; ① 맞추어, ② 마쳐

mat ; 매트, 멍석, 자리 ; ① 뭉치, ② 마 돗자리

match ; 중매 매(媒), 시합, 짝짓기 ; ① 맞짱, ② 맞춰

mate ; 상대, 배우자 ; 맞대어

mathematics ; 수학(數學) ; ① math매디 e이어 mati맞춰 c가, ② math맞춰 mati매디 cs숫자

matrix ; 매트릭스 ; 맞춰 이서

matter ; 물질, 문제 ; ma물 tter체

matter ; 문제, 내용, 물질, 중요, 일 사(事) ; ① 알을 맡어, ② 맞닿아, ③ 일을-마터, 맞춰

mausoleum ; 사당 묘(廟), 능묘(陵墓) ; 묘소(墓所) 올림

max ; 최대, 최고 ; ① 만족(滿足), ② 많이 쏴

maxim ; 격언, 좌우명 ; 명심(銘心)

maximal ; 최대한의 ; 막심(莫甚)으로

may ; 5월 ; 풀 매 주는 달

may ; 아마도 ; 마(경상도 사투리)

Maya ; 중앙아메리카 마야의 사람, 말 ; 뫼 (山)

Maya ; 힌두교, 환영, 마력, 허망 ; 마(魔) (가상현실)

maze ; 미로, 당황 ; 미(迷)잡(雜)

mazurka ; 폴란드의 춤곡 ; 맞추어-가, 가(歌)

me ; 나 오(吾), 나를, 나 ; ① 몸, ② 몸에, ③ 모여(오온(五蘊))

meal ; 밥 찬(饌), 식사 ; ① 메(쌀)를, ② (쌀) 미(米)를, ③ 먹을

mean ; 의미(意味), 의도하다 ; 미는

mean ; 천할 천(賤), 인색한, 심술궂은 ; (백성) 민(民)

measly ; 홍역 ; 미워질래(곰보)

measure ; 측정하다, 크기, 평가하다 ; 뭐-재여, 세여

meat ; 고기 육(肉), 먹는다, 먹다 ; ① 먹다(고기를 먹는 종족(種族)-유목민 주식), ② 명(命) 잇다

medal ; 메달 ; 목에 매달을

media ; 미디어 ; ① 맺여 둘, ② 매체(媒體)

medial ; 중간의, 안쪽의 ; 맺여 둘

medical ; 의료, 치료 ; 무당(巫堂) (영매 져 갈)

medicine ; 의약(醫藥), 내복약(內服藥), 조제 ; 몸에 도움-캐네, 찧네, 지찌네

meditate ; 숙고하다, 명상하다 ; 멎어, 멎을 지(止)-다며

medium ; 무당 무(巫), 중간의, 매체, 도구 ; ① 무당-영매, 이음, ② 맺어 둘 이음

meet ; 모일 회(會), 만나다 ; ① 맞이 댄, ② 만나다, ③ 맺었다, ④ 맞이했다, ⑤ 모여 있다

Mekong ; 인도차이나반도의 메콩강 ; (쌀) 미(米) 강(江)

melancholy ; 우울(憂鬱)한 ; 맘 안 꼴려

mellow ; 과일이 익은, 감미로운, 원숙한 ; 물렁한

melody ; 멜로디, 선율, 곡조 ; 음율(音律)조(調)

melt ; 녹다, 녹이다 ; 물로 돼

member ; 회원, 가입자, 구성(構成)원 ; 모임에서 뵐

memo ; 메모 ; ① 머무르게-오래, 모아, ② 메워 머리에, ③ 맴돌게 오래

memorial ; 기념비적인, 추모의 ; ① 맴돌게 오래, ② 메워 머리에

memory ; 기억(記憶), 추억 ; ① 메워 머리, ② 머물러

mend ; 고치다 ; (밭을) 맨다

mental ; 정신의, 마음의, 미친 ; ① 몸 안에 딸려, ② 맨드는 알

mentality ; 정신력, 사고방식 ; 몸 안에 딸렸지

menu ; 메뉴 판 ; 매달아 놓은

merchant ; 상인(商人), 무역상, 해운(海運) ; 물(物), 무역(貿易)-환(換)대상(隊商)

mercurial ; 수성(水星)의, 민활한 ; 물 수(水)일

mercy ; 자비, 사랑 ; 모(母)자(慈)

merge ; 합병하다 ; ① 먹어, ② 모아 끌어(가)

mermaid ; 인어 ; 물 maid여인 (매여진)

merry ; 명랑한, 유쾌한 ; 명랑(明朗)

merry christmas ; 메리 크리스마스 ; 명랑 클르셨다 맞이

mesh ; 그물 눈, 망사(網絲) ; 망사

Mesopotamia ; 중동 메소포타미아 지역 ; ① 마주 봐다 모여, 담어 ② 물 수(水) 퍼 담아

mess ; 혼란, 똥, 쓰레기, 더미, 더러운, 엉망인 상태 ; ① 망쪼, ② 망쳐, ③ 메져, ④ 망쳐진, ⑤ 엉망진창, ⑥ 메스꺼워

message ; 전갈, 전언, 교서, 메시지 ; ① 말 전갈, ② 문자 전(傳), ③ 뭐 써 전해, ④ 문서(文書) 새겨, ⑤ 뭐 썼지

Messiah ; 구세주, 예수 ; 맞이 h해

metabolize ; 대사 작용을 하다 ; ① 머리두(頭) 발족(足), ② 먹은 태워 버려져

metal ; 쇠 철(鐵), 금속 ; ① 무철(무쇠), ② 막철

meteorite ; 운석 ; 밑으로 떨어져

meteorology ; 기상학 ; 물-더워 올라, 떠올라 알기

method ; 방법(方法), 규율 ; 뭐 찾다

meticulous ; 세심한, 꼼꼼한 ; 매디-맞추어, 클렀어

metro ; 파리 등의 지하철 ; 밑 뚫어

metropolis ; 도읍 도(都), 수도 ; ① 메워 도로 벌려서, ② 막 뚫어 벌려서

Mexico ; 멕시코 ; ① 맥(貊)씨(氏) core구리(북방 종족 이름 맥(貊), ② 맥 잇고 ※ 예맥족 (백 의민족, 제사장(祭祀長)

mhic ; 아일랜드계 언어, 며느리의 뜻 ; mhi며느리-c가족, 계집

micro ; 작을 미(微), 작은 ; ① 미세(微細), ② 미 잘어

middle ; 맞을 중(中), 적중(的中), 중간의 ; ① 맞을 중, ② 명중이여, ③ 맞이, 맞대-둘

midst ; 중앙, 한가운데 ; 맞대다

might ; 힘, 권력(權力) ; ① 무(武)있다, ② 힘 있다

migrate ; 이동하다, 이주 ; 멀리가다

migratory ; 이주하는, 이동하는 ; 멀리 가달리, 다른데

mild ; 온화한, 온화할 민(旼), 담백(淡白) ; ① 맑다, ② 미(未)독(毒)한, ③ 민담

mile ; 거리 리(里), 마일, 1.6km ; ① 멀어, ② 마을 리(里), ③ 몇 리

military ; 군대 ; ① 무력(武力)-쳐, 대, ② 밀어-대, 쳐

milk ; 젖 유(乳), 우유(牛乳) ; ① 모(母), 물, 마실-기름, ② 모액(母液)

mill ; 갈 마(磨), 제분소, 방앗간 ; ① 마할, ② 밀을 밀을 (ll 반복)

millimeter ; 밀리미터, 1/1000m ; 머리카락 (가느다란) 몇이여

mind ; 마음 심(心), 정신 ; 몸 안에-정신(情神), 든

mine ; 나의 것 ; 몸 안에 영혼(靈魂)

mingle ; 섞일 착(錯), 섞이다, 돌아다니다 ; 뭉개

mini ; 소형의, 작은 ; ① (작을) 미(微)인, ② 민, ③ 맨

minus ; ~을 뺀, 영하(零下)의, 빼기 부호(符號) - ; ① 미(微), ② 음(陰)넣어서

minute ; 분(分), 잠깐, 극미한, 미세(微細), 세밀(細密) ; 미(微)로 나누다

miracle ; 기적(奇蹟), 경이로운 ; 물 위 걸어

mirror ; 거울 경(鏡) ; 물(水)에 어려(비추어짐)

mis ; 나쁜, 잘못된, 불리하게, 그릇 ; ① 미(未)신(信), ② 못써, ③ 밑져, ④ 미(未)

mise ; 협정, 협약 ; 맺어

misery ; 고통, 빈곤, 비참 ; 못살어

miss ; 놓치다, 분실 ; ① 못 잡아, ② 면(免)실수(失手)

missile ; 미사일, 날아가는 무기 ; ① 매서 쏴-이어, 이(移), ② 목표 쏴 이어

mission ; 임무, 선교(宣敎) ; 무(務)-선전(宣傳), 지은, 신(神)을 진

mist ; 엷은 안개, 흐릿함 ; ① 무중(霧中), ② 물에 젓다

misterious ; 묘할 묘(妙), 신비한, 이유 불명의 ; 미심(迷心) 쩍어 s신비한

mit- ; 보내다, 가게 하다의 뜻 ; ① 밀쳐, ② 밀다, ③ 믿다

mite ; 작으나마 최선을 다하는, 진드기 ; 밑에 떼로

Mithra ; 미트라, 옛 페르시아의 진리와 빛의 신(神) ; ① 믿음 ra라(羅), ② 밑으로 라(羅)

mithology ; 신화, 대중들의 근거 없는 믿음 ; 미신(迷信), 믿어-알기

mitigate ; 경감시키다, 완화 ; 밑에-갔데, 가둬

mitten ; 벙어리장갑 ; 밑 뗀

mix ; 섞다, 혼합하다; mi와 x섞어

mnemonic ; 기억술, 암기법 ; ① 몸 뇌 마음 뇌 기억, ② 머물러 안 마음 뇌 c기(記憶), ③ 몸 안
    에 맘 안에 기억

moat ; 구덩이 참(塹), 해자 호(壕) ; ① 못, ② 물을 모았다

moccasin ; 가죽 납작한 신 ; 묶어 신

Mocha ; 모카, 예멘의 항구도시 ; 모(母)항

model ; 본뜰 모(模), 모형(模型), 방식(方式), 모범(模範) ; 모(模)-지을, 틀

moderate ; 보통의, 온건한, 모성(母性)으로 ; 모정으로 돼

modern ; 현대의 ; 맞은

modesty ; 겸손 ; 멋졌지

module ; 구성 단위, 기준 ; (본뜰) 모(模) 둘 이을

moisture ; 습기, 수분 ; ① 무중(霧中)으로, ② 무(霧)에, 물에-젖어

mold ; 몰드, 틀에 넣어 만든다 ; 모형을-대, 조(造)

mole ; 두더지, 간첩 ; 몰래 땅속으로 (지하조직)

molecular ; 분자의, 분자로 된 ; mol모양이 e2(이)로 cul갈려 ar알갱이

mom ; 엄마, 모 ; ① 모(母)임, ② 엄마

monday ; 월(月)요일(曜日) ; ① mon=moon 음(陰)이 온, ② 만(滿) (월(月))

money ; 돈 전(錢), 금전 ; ① 석가모니-모니(성스러운 것), ② 많이 갖고 싶은 것, ③ 모으네,
    ④ mo물건값 ney내여

Mongol ; 몽골 ; ① 말갈(靺鞨), ② (말) 마(馬)-고리(고구려)

monk ; 중 승(僧), 수도승(修道僧), 스님 ; ① 먹물, 무(無)를 안, 묵언-걸식(乞食)자, ② 몽(夢)을 깨는 자

mono ; 하나, 단조로운 ; ① 음(音)하나, ② 모아-원ㅇ, 놓은, 하나로

monogameus ; 일부일처의 ; 하나 가마(타고 시집, 장가)≠polygamy ; 일부다처제 ; 팔려감

monopoly ; 독점 판매권 ; 모아 한군데서 팔으리

monotone ; 단조로운 소리 ; 음 하나로 떠네

Montero ; Ⓢ 스페인 성씨, 사냥의 의미 ; ① 마운틴으로, ② (사냥감을) 모는 터로

Montes ; Ⓢ 스페인 성씨, 산속에 사는 사람 ; 마운틴-에서, 에 살아

Montreal ; 캐나다 도시 ; mont모은산 tre 세엣

mood ; 분위기, 감정, 정서(情緒) ; ① 멋져, ② 모임 어울리는, 마음-정서

moon ; 달 월(月) ; 음(陰) 오는

moral ; 도덕, 윤리, 교훈 ; ① 말을-할, 알, ② 무리를, 모(母)를, 물(水)-알을 (상선약수)

morality ; 도덕, 도덕성 ; 물을 알렸지 (겸손)

more ; 더 많은 ; 모아

morning ; 아침 조(朝) ; ① 먼 (동) 난 개여, ② 먼 (동) 하는, ③ 먼 (동) 개여, ④ 먼 (동)이 오르는, ⑤ 명(明) 오르는

moron ; 병신, 등신 ; 모르는

morose ; 까다로운, 뚱한 ; 모르쇠

morpheme ; 형태소 ; 말로 표현 미(微)

morse ; (고대영어) 해마(海馬) ; 모로 서

mortal ; 목숨이 다한, 치명적인 ; 몰(歿)-될, 다할

mortar ; 몰탈, 회반죽, 절구 ; ① 물을 탈, ② 문지를 tal틀

mortgage ; 저당, 융자 ; 물어주고 가져

mosquito ; 모기 문(蚊) ; ① 물어서 귀찮게 따, ② 물어 성가시고 귀찮게 따

moss ; 이끼 태(苔) ; ① 물 싹, ② (털) 모(毛) (이끼) 선(蘚)

most ; 가장 많은 ; 다 모았다

moth ; 나방 ; ① 모습 바꿔, ② 몹쓸

mother ; 어미 모(母) ; 모성(母性)

motive ; 동기, 이유 ; ① 목적 봐, ② 무(務), 몸, 마음-대 봐

motorious ; 움직임 ; ① 움직일 동력(動力)으로서, ② 무(務), 몸, 말-달려서

mound ; 무덤 총(塚), 무덤 분(墳), 돈대 돈(墩) ; 모은-더미, 단, 둑, 돌

mount ; 올라가다, 올라타다 ; ① 모은 터로, ② 말위에 앉다

mountain ; 뫼 산(山) ; ① 모인 땅, ② 모은, 뫼-산, ③ 모은 쌓인

mourn ; 조상할 조(弔), 슬퍼할 도(悼) ; 모여서 우는

mouse ; 쥐 서(鼠) ; ① 멧 se쥐, ② 입을 모아서

mouth ; 입, 구강 ; ① 먹었어, ② 말씀, ③ 물었어, ④ 모았어

move ; 움직일 동(動), 몸 등을 움직이다 ; mo무(務), 몸-o움직여 ve버려, ve반(搬), ve위(爲)

movie ; 영화(映畫) ; 무(務) 봐 e연속

mow ; 풀벨 예(刈), 잔디를 깎다, 건초 저장소 ; 모아-예, 벤 풀, 베

much ; 많은, 매우 ; 무지 무지

mucilage ; 끈적끈적한 물질 ; 미끄러울 점(粘液)

muck ; 거름, 퇴비 ; 묵혀

mucus ; 점액, 진 ; mucu미끌 s진(津液)

mud ; 진흙, 욕설 ; ① mu미끄러운 d점(粘土), ② 묻어

muffler ; 목도리 표(裱) ; 목에 펄럭이여

mug ; 주전자, 손잡이 잔 ; 물 g잔

muggee ; 강도의 피해자, 먹잇감 ; ① 먹이, ② 미끼

mugwort ; 쑥 호(蒿) ; 묵혀 불 뜸

Muhammad ; 무하마드, 마호메트 ; 무한(無限)만덕(萬德)

mulberry ; 뽕나무, 오디 ; 물렁한, 물가-베리(벌이 잘 오는)

mulch ; 뿌리 덮개, 짚을 깔다 ; 물렁한 짚

mulct ; 벌금, 과태료 ; 물렸지

mule ; 노새 라(騾), 고집쟁이, 노새(교배종) ; mule멀리 감

multi- ; 많은, 여러 가지의 뜻 ; ① 많을 다(多), ② 많다

multiply ; 곱 배(倍), 곱하기, 배가하다 ; 많을 다 배(倍)

mumble ; 중얼거림 ; 뭐뭐 염불(念佛)

munch ; 아삭아삭 먹다 ; 무는, 먹는-치아

mundane ; 평범한, 재미없는 ; 민짜네

municipal ; 지방자치제의, 도시의 ; 민(民)이 시(市) 펼쳐

murder ; 죽음, 살해하다 ; ① 명(命)을 딸, ② 몰(歿) 살(殺), ③ 몰 죽여

muscle ; 근육(筋肉), 완력 ; ① 묶였지 cle근육, ② mu묶여 s심(힘) 근육, ③ 묶인 살 커, ④ 멋
        져-근육(筋肉), 끌려, 커, ⑤ 무식해,

muse ; 뮤즈, 명상(冥想)하다, 사색하다 ; ① 명상, ② 머져 (지(止))

museum ; 박물관(博物館) ; ① 모아-세움, 지음, ② 만물(萬物) 시(視) 세움

mushroom ; 버섯 균(菌), 버섯 같은 ; 물 줘 오름

music ; 음악(音樂), 듣기 좋은 소리 ; ① 음을-지껄이는, 지어가, ② 무속(巫俗), ③ 무(巫)-지
        껄이는, 시끄러운

mussel ; 홍합 ; ① 물에 쓸려 살, ② 몸을 쌀, ③ 맛살

mustache ; 코밑 수염 ; 멋있당께

mustang ; 무스탕-작은 야생마 ; 무진장 땅딸해

mute ; 묵음(黙音), 침묵한, 소리 줄이다 ; ① 묵(黙) 돼, ② 음을 떼, ③ 멎다

mutual ; 서로 상(相), 상호간의, 공동의 ; ① 묶어-둘, 둘two, ② 맞출

my-, myo- ; 근육(筋肉)의 뜻 ; my묶인 o육

myco- ; 버섯, 균(菌)류의 뜻 ; (곰팡이) my미(黴)-co균

myriad ; 무수한 ; ① my무ria량d대, ② myr무 ia한 d대

mystery ; 신비(神祕), 비법, 불가사의(不可思議), 수수께끼 ; (혹할) 미(迷) 떨려

myth ; 신화, 전설 ; ① 믿었어, ② 말로 전(傳)

myx- ; 미끈미끈한 ; my미끄러울 x진(津)

N

N=ㄴ, ㅇ, ㅎ 발음

nadir ; 천저(天底), 천구(天球)의 척점(擲占) ; 낮어

nag ; 작은 말 ; 나귀

nail ; 손톱, 못, 잡다, 들추어내다 ; ① 나올, ② 나와 긁을, ③ 넣어-이을

naive ; 순진해 빠진, 천진 소박한 ; ① 내버려 둬, ② 낳아 버려둔

naked ; 벌거벗은, 나체의 ; (벗을) 나(裸) 까대

name ; 성명, 이름 ; 나의, 나온-명(名)

namo/namas ; 불교진언, 귀의(歸依)의 뜻 ; 낮게 맞이

nano ; 나노, 10억분의 1 ; 나눠

nap, -nap ; ① 낮잠, ② 유괴(誘拐)하다 ; ① 낮에-퍼져, 방심, ② (끌어갈) 납(拉)

Naraka ; 고대인도의 지옥(地獄) ; ① 나락, ② 내려가

Narcissus ; 나르키소스, 자기도취증, 수선화 ; ① narci냇가 ss수선 us이였어, ② 냇가 신선이
        였어, ③ 나에 취해 섰어

narrate ; 말하다, 이야기하다 ; 노래 외우다

nasal ; 코의 ; 날이 설

naso- ; 코의 뜻 ; ① 날 서다, ② 높이 서

nation ; 국민의, 국가의 ; 나 태어난, 전해오는

native ; 출생의, 원주민 ; 낫지비

nature ; 성품 성(性), 자연(自然) ; ① 나투어, ② 낳아 절로, ③ 낳고 죽을

nausea ; 메스꺼움, 욕지기 ; 나와 짜

navigation ; 길 찾다, 항해, 운항 ; 냇가의 배가 가지는

navy ; 해군(海軍) ; ① 냇가 배, ② 나부껴

near ; 가까운 ; 내(內)에

Nebo ; ㉿ ① 느보 ; 높음

necessary ; 필요한, 필수적인 ; 눠서-쌀(배변), 살리

neck ; 목 ; 넘길 k경(頸部)

nectar ; 과일즙 ; 넘겨 달은

need ; 소용, 필요, 용변, 필요하다 ; 누었지

needle ; 바늘, 뜨개바늘 ; 날 이어대

negative ; 부정의, 소극적, 음의 ; 낮이, 날-갔지비 ↔ positive((햇빛) 퍼졌지비)

neglect ; 게으를 태(怠), 방치 ; 놔 굴렀다

negotiate ; 협상하다, 교섭하다 ; 낮게 가 대하다

negro ; 검정, 밤 ; 낮짝이-그을러, 검어

neighbor ; 이웃 린(隣) ; 이웃 볼

neo-, new ; 혁신의, 새로운의 뜻 ; ① 나이, ② 날, ③ 낫, ④ 나와, ⑤ 나브러, ⑥ 년(年)

neoplasm, neoplasia ; 의학용어로의 신생물, 암(癌) ; 내에, 나와-퍼짐, 퍼져

nephew ; 조카 ; 내 핏줄

nerve ; 신경(神經), 용기, 배짱 ; 뇌(腦), 널리-뻗은

net ; 그물 망(網), 넷트, 순수한 ; 내여, 넣어-뜬

Netherlands ; 네덜란드 나라 ; 낮어, 내 저(低)-랜드

net work ; 컴퓨터를 연결하다, 얽혀있는 망 ; net나누었다 wor발로 k걸을

next ; 새로운, 신(新), 다음에 ; 넘어서 다음

Niagara ; 나이아가라 폭포 ; (우레, 천둥) nia뇌(雷) gara강(江)

nibble ; 조금씩 물어뜯다 ; 한입 벼

nice ; 좋은 ; ① 해가 nice낮어, ② 낮게

nicety ; 미묘, 정확, 섬세(纖細) ; 차이점이 nicety낮었지

night ; 밤 야(夜), 밤 ; ① ni날이, 낮이-ght검었다, ② 해가-night뉘였다, 넘었다

Nike ; 승리의 여신, 나이키NICE ; ① 나 쎄, ② 니겨 → 이겨

Nile (the~) ; 나일강 ; ① 녹색, ② 냇갈(냇강)

nimiety ; 과다, 과잉 ; 남었지

nirvana ; 불교의 열반(涅槃), 해탈 ; ① 열(涅)로, 냇가로-봐, 빠진-나, ② 냇가에-불(火)인, 버

린-나(화장 후 흘러감 ↔ 연기무상(無常) ↔ 무아상(無我相)) ↔ 진여(眞如)공(空))

no ; 부정, 아니다, anaya범어 ; ① 노(怒), ② 아냐, ③ 아닌, ④ 놔

Noah ; ⒣ ① 노아 ; 놓아

noble ; 귀족 경(卿), 귀족의 ; ① 신분이 높어, ② 높어 브러

nocturnal ; 야행성의 ; 낮 가고 터에 나올

noise ; 시끄러울 뇨(譊), 소리 날 성(聲), 소음, 잡음 ; 뇨성

nomad ; 유목민(遊牧民), 방랑하는 ; no녹초(綠草)지 ma목(牧)-d족속(族屬), d대(隊)

nominate ; 후보자로 지명하다, 추천하다 ; 명(名)이, 놈이-낫데

nonsense ; 허튼 말, 무의미, 시시한 일 ; 놓은 상식(常識)

nonverbal ; 말을 사용하지 않는 ; 놓은 벌려 발음을

noodle ; 면(麵), 국수 ; 너덜

noon ; 정오(正午), 낮 오(午), 한낮 ; 낮이 오시(午時)인

normal ; 평균, 정상적, 자연적 ; ① 놀어 말, ② 놔 말을, ③ 날이 맑은

northern ; 북쪽의 ; ① 날지는, ② 날이 떨어진

nose ; 코 비(鼻) ; ① 냄새, ② 높이, 날-서, ③ 높아-숨서, 내쉬어, ④ 나왔어

nostalgia ; 향수(鄕愁), 옛날을 그리는 ; 낮은 땅을-그리워, 기억

nostril ; 콧구멍 ; 높이 서 뚫을

not ; 아니-불(不), 비(非), 미(未), anaya범어 ; ① 낫둬, ② 나둬, ④ 놔 떼어, ⑤ 아니다

note ; 메모, 편지, 주해, 음표, 주목하다, 언급하다 ; 놓여, no높이를-te적어

noted ; 유명한 ; 눈에, 높게-띠다

notice ; 주의, 인지, 통지, 알아채다 ; ① 눈치 채, ② 널리, 눈에-띠게

notify ; 알리다, 통지하다 ; ① 눈떠 펴, ② 널리 지 펴

Notredame ; 프랑스 파리의 성모마리아 성당 ; 낳았다 정녀(貞)모(母)

nourish ; 북돋을 배(培), 영양분을 공급하다 ; 날러-살아, 싱싱

nous ; ⒡ 우리들 ; 나 아(我) 들

nova ; 신성(新星) ; 나와-별, 밝음

novel ; ① 신기한, ② 소설 ; ① 나와 별나, ② 풀어 나와-벌려, 별나

november ; 11월 ; no노 뱀 버러지

now ; 이제 금(昑) ; ① 나-보는, 바로, ② 나온, ③ 놓여 있는

noxious ; 해로운, 유독한 ; (살을) 녹였어 (뱀독)

nuclear ; 씨 핵(核), 원자력 ; ① 나뉘어, 넣어-깰, 끌어, ② 안에-씨 있어, 깨알

nude ; 라(裸), 발가벗은 ; ① 나체, ② 나대, ③ 나(裸) 덧씌운 것을

numb ; 저릴-마(痲), 비(痺) ; 누워 마비

number ; 셀 수(數), 차례 번(番), 숫자 ; 나옴 번

nun ; 수녀, 여승 니(尼), 비구니 ; ① 녀(女), ② 년

nuptial ; 결혼식의 ; ① 넓죽 절을, ② 높퍼 질

nurse ; 유모, 간호사 ; 널리, 누워-젖을 먹일

nut ; 견과류, 열매, 호두 ; ① 넣어-딱딱한, 터지는, 두꺼운, ② (껍질 안에) 넣다

nutrition ; 영양, 작용 ; 넣어-태워지는, 돌려지는

O

O=ㅗ, ㅛ, ㅏ, ㅓ, ㅜ, ㅠ 발음

oar ; 노 요(橈), 배를 저어 나가는 도구 ; (노) 요(橈)

oasis ; 오아시스, 사막의 식수 녹지 ; oa우물, 와, 위-sis식수(食水), 지수(地水), 적셔, 솟아

oath ; 맹세, 맹서(盟誓) ; ① 외쳐, ② oa약 th속(約束)

ob, op ; against, 맞서 대들다 ; ① 엎어, ② 아닐 비(非), ③ 압(壓)

obedient ; 순종하는, 유순한 ; ① 앞에 이(耳) 댄다, ② 업어 진다

obese ; 살찐, 뚱뚱한 ; ① 앞 비(肥)살, ② 앞배, 앞이-쪄

obesity ; 비만 ; 앞배-섰지, 쪘지

obey ; 따를 종(從), 순할 순(順), 복종, 순종 ; 업어

object ; 반대하다, 이의제기, 불복하다 ; 압(壓), 엎어-제끼다

oblige ; 강요하다, 의무를 지우다, 돕다 ; 압력 줘

oblivious ; 잊기 쉬운, 의식하지 못하는 ; 앞일 비웠어

obscene ; 음란할 음(淫), 외설(猥褻)적인 ; 업어서-개네, 끼네

obscure ; 어두운, 모호한 ; 앞 삭 가려

obsequious ; 아부(阿附)하는, 아첨(阿諂)하는 ; 아부성, 앞에서-꾀여서

observatory ; 천문대, 관상대 ; 위 별 세어 봐주리

observe ; 지키다, 준수하다, 관찰하다 ; 앞에 서 봐

obsess ; 사로잡다, 집착하게 ; ㅇ자(字)로 bse봉쇄(封鎖) ss씌어

obstacle ; 장애, 장애물, 방해물 ; 앞에 땅에-끼워, 걸려

obtain ; 얻다, 획득, 달성하다 ; 얻기를 바라서-된, 딴, 닿은

obvious ; 명백한 ; 앞에 뵈여서

occasion ; 경사, 기회, 의식, 행사 ; 옥(玉)-캐지는, 가지는(중요 행사)

occult ; 신비로운, 불가사의 ; 옥을-걸쳐, 끼다

occupation ; 직업, 업무, 종사, 점유, 점령 ; ① 옥-껴, 캐-봐지는, ② 엮어, 옥-잡아쥔, ③ 악(握)
              잡아 쥔

occupy ; 차지하다, 점령하다, 빼앗다 ; 악(握) 잡어

occur ; 발생하다, 나타나다, 떠오르다 ; ① 엮여 가, ② 옥 캐어

ocean ; 바다, 해양 ; ① o원(둥근 지중해)을 낀, ② o원(둥근) cean강(江), ③ 억센, 옥(玉)색-이은

october ; 10월 ; 옥토(沃土)를-베여, 봐(가을 추수)

octo- ; 여덟, 8의 뜻 ; 엮다(8, ∞)

ocular ; 눈의, 시각의 뜻 ; 안구(眼球)알

odd ; 기수의, 여분의, 특이한, 이상한 ; ① 얻어진, ② odd외짝

odonto- ; 그리스어, 이빨, 치아의 뜻 ; 위 돋은 치(齒)

odor ; 나쁜 냄새, 기미 ; 아-돌아, 더러워

off ; 분리, 중단, 간격, 떨어져, 걷을 철(撤) ; ① 옷 벗어, ② 엎어, ③ 엎어져

offend ; 기분 상하게 하다, 도덕 위배 ; 엎은다

offender ; 위반자, 범법자 ; 법을 엎은 자

offense ; 위반, 위법 ; 엎은 죄

offer ; 제안, 시도, 부르다 ; 앞에-빌, 펼

office ; 벼슬 관(官), 료(寮), 공무, 사무실 ; ① 업어 키워, ② 업혀서, ③ 앞에서

officer ; 장교, 경찰, 공무원, 고급선원 ; 앞에 서

official ; 공무의, 공식의 ; 앞에 세울

ogre ; 사람 잡아먹는 귀신 ; 아귀(餓鬼)

oil ; 기름 유(油), 석유(石油) ; 유(油)

okey, o.k ; 좋아 ; ① 오 그래, ② 옥(玉) 캐여

old ; 오래된, 늙은 ; o오 l래 d된

old man ; 늙을 로(老), 늙은이 옹(翁), 옛 고(古), 옛 석(昔) ; 오래된 남자

ole- ; 기름의 뜻 ; 유(油)

Olympia ; 올림픽 게임이 열렸던 평원 ; 올림(신) 평야

Olympus ; 올림퍼스 산 ; 올림 퍼져(올림(신들)이 퍼져 살던 곳, 올림 신전이 있던 언덕)

omen ; 조짐 참(讖), 징조 ; ① 예몽(豫夢), ② 흉몽(凶夢)

omit ; 생략하다, 게을리하다 ; 위 밑떼

omni- ; 전(全), 총(總), 범(凡), 모든, 무한의 ; 아무나

on ; 연결, 동작, 접촉 ; 안은, 오는, 옷 입은, 올린

Ondar ; 고구려 온달 장군, ; (사마르칸트의) ondar온다르 (온달=보름달)

one ; 한 일(一), 일(壹), 하나 ; ① 하나hone에서 h탈락, ② on한 e일

onion ; 파 총(蔥), 양파 ; on원(圓) io이어 n나는

only ; 다만 단(但), 오직 유(惟), 오로지 전(專) ; on원으로 (on=one)

onus ; ① 부담, 의무 ; 안었어

onym, nomin ; 이름 ; 알리는, 아는, 아네-명(名)

onymous ; 이름을 밝힌, 익명(匿名)이 아닌 ; 아네 명(名)

op ; against, 맞서 대들다 ; 엎어 (p앞에서 ob가 op로)

open ; 열 계(啓), 개(開), 열린, 개업, 오픈 ; 앞 연

operate ; 움직이다, 작용하다, 수술 ; ① 일 폈다, ② 앞으로, 앞-돼, 있다, 열었다

operation ; 조작, 작용, 수술 ; ① 아퍼 떠내는, ② 앞배를 찢는, ③ 일 펴대는

opinion ; 의견, 견해, 소신 ; 앞에 내논

opponent ; 반대하는, 대립하는 ; 엎어 논다

oppidan ; 읍의, 시의, 읍민 ; 읍(邑)의 단(團)

opportunity ; 기회 ; ① 앞이 부두인데, ② 앞을 봐 떠나지

oppose ; 거스릴 오(忤), 대항 항(抗), ~에 반대 ; ① 앞에 봐져, ② 엎어-서, 져

opposite ; 다른 쪽, 맞은 편, 반대 편, 마주보고 있는, 대항하다 ; 앞에 보여 서다

oppress ; 압박(壓迫)하다, 억압하다, 괴롭히다 ; ① 압박(壓迫)이 쎄, ② 압(壓) 팍 쎄 ③ 압
　　　　(壓)을 펴 싸

opprobrious ; 욕설하는, 무례한 ; 엎어 버렸어

optical ; 눈의, 시각적, 광학, 빛 ; ① 앞, 안(眼)-봐 때깔, ② 안(眼) 빛의 때깔

optimistic ; 낙관적인 ; ① 엎어져도 미소 띠게, ② 엎어짐이 적게

optimus ; 아주 좋은 ; ① 위(하늘), 아래로-빛이 멋져, ② 앞 대(對)무적(無敵)

option ; 선택권 ; 앞 쥐는

oracle ; 신탁(神託), 신의 계시(啓示), 예언(豫言) ; 알릴 계(啓)

oral ; 입, 구강, 구두 ; 입으로

orange ; 귤 귤(橘), 오렌지 ; ① 노란 거 (산스크리트어에서 n 탈락), ② 알인 귤

orb ; 구(球), 둥근, 천체(天體) ; ① 원반(圓盤), ② 알을 봐, ③ 알 보주(寶珠)

orbit ; 궤도(軌道), 궤도에 진입 ; 원반 잇다

orchid ; 난초 혜(蕙), 연자주색의 ; 올라 쳐대

order ; 명령, 주문, 질서 ; ① 열(列)-질(秩), 줄, ② 아래로 줘, ③ 령(令)질(秩)

ordinary ; 보통의, 통상의, 항상 상(常) ; ① 오래된 날의, ② 예정으로

organ ; 오르간 악기, 생물의 기관(器官) ; ① 음관(音管), ② 울려 가네, ③ 안에 장(腸)

organism ; 유기체(有機體), 조직, 계통 ; ① 유관(有關) 있음, ② 올라가는 있음

organize ; 조직, 구성, 체계화 ; 올라가는 체(體), 짜 (조직(組織)-피라미드 모양 △)

Orinoco ; 베네수엘라의 강(江) 이름 ; 아래로, 흘러-냇갈

orient ; 중동, 동양(東洋) ; ① 알(일(日))-이은, 여는-땅, 동(東), ② 오랜-땅, 동(東)

origin ; 근원 원(原), 기원, 원천, 원인 ; ① 원래 기인(基因), ② 오래-지난, 전(前), ③ 올라간,
    ④ 올려진

original ; 원조, 최초의, 독창적 ; 원래 전(傳)할

ornate ; 꾸민, 화려한 ; 얽어 놔 더

ornery ; 하등의, 비열한, 저속한 ; 얼러리

ornithology ; 조류(鳥類)학 ; 올라 날 tho조(鳥) 알기

orology ; 산악(山岳)학 ; 오름 알기

orphan ; 고아(孤兒) ; ① 윗분 안 있어, ② 잃어 부(父) 혼자

orphean ; 절묘한 곡조의, 황홀케 하는 ; 얼 빼는

ortho- ; 올바른, 똑바른의 뜻 ; 옳을 직(直)

orthogonal ; 직각의 ; 옳을 직교(直交)날

osmosis ; 삼투압(滲透壓) 현상 ; 위로 스며 솟아

osteo- ; 뼈, 골의 뜻 ; 위로 서져

osteoporosis ; 골다공증 ; 위로 서져 벌어졌어

ostrich ; 타조 타(鴕) ; 위에서 타죠

other ; 다른, 나머지, 그 밖의, 타(他), 딴것 ; one과 ther달러

otter ; 수달 달(獺) ; 옷 털어

ought ; 응당 응(應), 책임 ; 응당(應當)

out ; 넘을 유(踰), 밖으로, 죽음 ; ① 외(外)-터, 처(處), 타(他) ② 압도(壓倒), ③ 유도(踰倒), ④
    월(越)도(渡)

ovation ; 열렬한 박수 ; 엎어 치는

over ; 넘을 유(逾), 넘을 월(越), 넘칠 범(氾), ~을 넘어 ; ① 월범, ② 위로 벌려

owe ; 은혜를 입고 있다, 빚지고 있다 ; o외상 we빚이

owl ; 올빼미, 부엉이 ; 야(夜)울

own ; 자기 자신, 고유한, 소유한 ; 아(我)유(有)인

ox ; 소 우(牛), 축(丑) ; ① 억센, ② 우(牛) 소

oxos ; Ⓖ Ⓡ 와인식초 ; o와인 xos서서

oyster ; 굴 호(蠔), 입이 무거운 ; 염수(鹽水)-떼, 따, 짜

P

P=ㅍ, ㅂ, ㅃ 발음

pace ; 한 걸음, 걸음걸이, 페이스, 속도 ; ① 보(步)속(速度), ② 보조(步調)

pack ; 얽을 박(縛), 박 호(瓠), 짐, 꾸러미, 묶다 ; ① 박 꾸러미, ② 박(縛) 꾸러미

package ; 짐꾸리기, 포장, 일괄 ; 바가지

packet ; 소포, 한 묶음 ; 박 꾸러미 et잇다

pad ; 덧대는 것, 대(臺) ; 판을 대

paddy ; 밭, 벼 도(稻), 쌀, 벼 ; ① 밭뙈기, ② 벼 도(稻)

page ; 페이지 ; ① 퍼지, ② 퍼 지(紙), ③ 퍼, 봐-기록

pagoda ; 탑(塔), 대탑 ; ① 불(佛)골(骨)-대(臺), 뒤, ② 파서 고인-대, 돌

pail ; 들통, 양동이, 그릇, 통 통(桶), 말 두(斗) ; 패일

pain ; 고통, 괴로움, 아플 통(痛), 아픔 ; ① 패인, ② 벌이 내게

paint ; 페인트, 칠, 유화, 바를 도(塗) ; ① 바른 도(途), ② 퍼는-도(途), 덧대

pair ; 짝, 한 쌍, 부부 ; (짝) 배(配)

pal ; 동아리, 짝패, 친구 ; 패

palace ; 집 궁(宮), 궁전, 왕궁 ; 파랗게 (하늘 신, 천자의 집은 파랗게 칠함)

palanquin ; 탈것 승(乘) ; 판에 올라, 팔에-안긴

pale ; 창백(蒼白)한 얼굴 ; 백(白) 얼굴

paleolithic ; 고대 석기 시대, 구석기 시대 ; 빨러 오래 석(石)

palette ; 팔레트, 미술 조색판(調色板) ; 판 열(列) 뚫어

palisade ; 목책 책(柵), 토성(土城), 울타리 ; ① (성을) 발로 쌓아-져, 대, ② 빨리 쌓아 지어

pallet ; 지푸라기 침구, 화물 받침대 ; 판을 펑 이어대

palm ; 손바닥 ; ① 뺌, ② (손바닥을) 펌, ② 팔 말(末)

Palm Sunday ; 부활절 축제 전 주일 ; 야자수 sun수난(受難) day일

palpitate ; 심장이 뛰다, 두근거리다, 고동치다 ; 바삐 뛰다

palsy ; 중풍, 마비 ; ① 불(不) 알아 살어, ② 팔 절여

Pamirs ; 파미르 고원 ; ① 평탄, 파란-(수)메르, 물, ② 버려지고 멀어 사막

pan ; 널조각 판(板), 팬, 전체 ; ① 판, ② 판대기

pancress ; 췌장 ; 판 길어 써

pandemic ; 전국적, 세계적으로 유행하는 ; pan풍(風) demi전염이 c크게

pandemonium ; 대혼란(混亂), 복마전, 지옥 ; 판에 더놔 놓음

panel ; 판, 토론위원 ; ① 판(板)이을, ② 판(辦)이을

panic ; 갑작스러운 공포, 공황상태 ; ① 판이 깨져, ② 패니 겁이 남, ③ pan판이 겁나게 (pan-
　　　그리스신화, 목신(牧神)인 염소 사람, pan보호신)

pantheon ; 판테온, 만신전 ; 판전(版殿)

papirus ; 파피루스, paper, 종이 ; ① 박피(剝皮)로 서(書), ② (나무껍질) 박(朴) (껍질) 피(皮)
　　　로-서(書), 써

par ; 동등, 평가, 평균 ; 평(平)

para- ; ① 측면, 부(副), ② 이반(離反), 초월, ③ 피난, 방호의 뜻 ; ① 병(竝)으로, 병(竝)라(羅),
　　　② 반(反), ③ 방(防)

paradigm ; 패러다임, 현실 안목, 한시대의 견해나 사고의 틀 ; par봐 a알아 digm지금

paradise ; 천국, 낙원, 극락, 지복(至福) ; ① 바라는 (대로) 다 있어, ② 불(佛)로 지은 세계, ③
　　　퍼라 지성(至誠)

paradox ; 역설, 모순된 말, 믿을 수 없는 말 ; 빨어 독소(毒素)를(뱀독을)

parallel ; 나란할 병(竝), 두선이 평행한, 유사한 ; 병렬(竝列)

parameter ; 지침, 한도 ; 봐라 몇이여

paraphrase ; 이해를 돕기 위해 쉽게 다르게 표현 ; 봐라 풀어서

parasite ; 기생충(寄生蟲) ; 빨아 site식충

paratroops ; 낙하산 부대 ; 펴라 부대

parch ; 볶을 초(炒), 바싹 말리다, 태우다 ; 볶을, 불로-초(炒), 조(燥)

pardon ; 용서, 사면 ; 벌(罰)을 다 놔

pari passu ; Ⓛ 같은 보조로, 발을 맞춰 ; 발을, 평(平)-보조(步調)

paris ; Ⓕ 프랑스 수도 ; pa밝은, pa봐라-ris햇살 (r=ㅎ 발음)

parity ; 동등함, 둘이 같을 ; ① 평(平)으로 돼, ② 평등(平等)

park ; 공원, 동산, 유원지 ; ① 밖, ② 평(平)-키워, 공(公)

parody ; 풍자적으로 모방한 작품 ; ① 반전(反轉), ② 반(反)으로-대(對), 지어

parrot ; 앵무새 ; ① 바로 따라해, ② (색깔이) 파랗다

part ; 갈래 파(派), 부분, 몫, 직분 ; 파(派)로-뗘, 따로, 타(他), 달러

partial ; 부분적인 ; 파(派)로 띨

participial ; 분사(分詞)의 ; 파로 떠서 펄

particle ; 입자(粒子) ; ① 파(派) 티끌, ② 빠른 티끌 (양자이론, 입자와 파동)

partisan ; 도당, 당파심이 강한, 유격대의, 빨치산 ; 파로 뗘-사는, 잔(殘黨)

partner ; 협동자, 배우자, 상대 ; ① 반(伴), 분(分)으로-뗘어나, ② 패를 튼이

pass ; 지나다, 시험 통과하다, 통용되다 ; ① 보조(步調), ② 빠져, ② 뺐어

passion ; 열정, 격정 ; 배짱

passive ; 수동적, 무저항의 ; ① 퍼져 자브러, ② (힘) 빠졌지비, ③ (힘) 빠져 버려

past ; 과거의, 지나간, 이전의 ; ① 앞서, 빠져-뒤로, ② 앞서 time시간

paste ; 페이스트, 반죽, 풀 ; ① 반죽, ② 붙여

pastime ; 취미, 소일거리 ; ① 뺏어 취미, ② 뺏어 틈을, ③ 뺏지 마음을

pasture ; 초원, 목초지 ; 풀, 밭-따라, 둘레

pat ; 가볍게 두드리기, 작은 덩어리 ; 버터 덩어리

pateral ; 아버지의, 부(父)의 ; ① 받들을, ② 부성(父性)의

path ; 느끼다, 감정, 감각 ; (느껴, 알아, 읽어)봤어

path ; 길, 작은 길, 통로, 방향 ; ① 밭둑, ② 팠어, ③ 파져, ④ 퍼져

pathological ; 병적인, 질병의 ; 병적(病的)

pathetic ; 불쌍한, 비참한 ; 빠졌지 꽤

pathos ; 파토스, 감성적, 근원적 요소, (修辭學 ; 파토스, 에토스, 로고스) ; ① 뻗쳤어, ② 받았어, ③ 보았어 등의 감각적 작용이 모두 → ④ 병(病)통(痛)

patience ; 인내력, 참음, 견딤 ; 뼈틴겨

patient ; 인내심이 강한, 병자, 환자 ; 병통자(病痛者)

patri- ; 부(父)의 뜻 ; ① 받들어, ② 부(父)따라

patriot ; 애국자, 겨레, 동포 ; ① 받들었다, ② 퍼트렸다

patrol ; 순회, 순찰, 차례 임무 번(番) ; 번(番), 불, 봐, 밖에-돌을

pattern ; 모범, 본보기, 양식 ; ① 본때 따른, ② 본뜨는

patty ; 납작한 작은 파이, 패티 ; 폈지

Poul ; 바울, 사도, 순교자 ; 바위

pause ; 잠시 멈추기, 휴지(休止) ; ① 퍼져, ② 편히 쉬어

pavement ; 포장도로 ; 펴 발러, 바닥 반듯하게, 밟아 브르-맨들어

paw ; 허비적거릴 포(跑), 발톱이 달린 발 ; 파발

pax ; 평화(한 세력이 힘으로 이룩한 평정) ; 패(覇)-신(神), 세력(勢力), 쎄

pay ; 지불하다, 보수, 임금, 대가를 치르다 ; ① 패(貝) (결제수단), ② 비(費)

peace ; 편안할 안(安), 평화 ; ① 편하게, ② 평(平)케, ③ 편케, ③ 비세, ④ 편한 세상

peacock ; 공작(孔雀) 수컷 ; 펴 꼿꼿한 계(鷄)

peak ; 산봉우리 봉(峰), 높을 고(高) ; ① 봉(峰)-끝, 꼭대기, ② 보여 끝

peanut ; 땅콩, 견과류 ; 피(皮) 안에-터지는, 단단한, 동그란

pear ; 배나무 리(梨) ; pea배 r리

pear ; 배필(配匹) ; ① 배(配), ② 필(匹)

pearl ; 진주 주(珠), 귀중한 것 ; ① 뻘에서 나옴, ② 뻘을, ③ 퍼런

pebble ; 조약돌, 자갈 ; (물속에서) 비벼 버려 (동글동글 해짐)

peculate ; 공금을 횡령하다 ; 별(別途)로 꾸렸데

peculiar ; 버릇 벽(癖), 기이한, 독특한, 괴상한, 특권 ; 벽(癖) 꼴리어

ped/pedi ; 발의 뜻 ; ① 발 족(足), ② 보족(步足)

pedal ; 발판, 페달 ; ① 발 닿을, ② 판 달은

peddle ; 물건을 팔러 다니다 ; ① 보족 돌아, ② 발로 돌아 다녀

pee ; 오줌 싸다 ; ① (샘물 흐를) 비(分泌), ② 비어, ③ 빼여

peep ; 엿보다 ; 봐-엿봐, 옆

peer ; 또래, 동료 ; 패

peg ; 말뚝 ; 박어

-pel ; 밀다, 몰다 ; ① 뺄, ② 팰

pen ; 펜, 촉으로 파서 먹을 바름 ; 패인

pencil ; 연필 ; 펜-칠, 쓸

penalty ; 벌금, 형벌, 위약금 ; ① 배(培)로 나올 대금(代金), ② 비(費) 낼 대금

penchant ; 취미, 애호 ; 편(偏)들어 찬(贊成) 돼

pendulum ; 시계의 진자, 추 ; 핀 달어, 편 두-움직임

penetrate ; 꿰뚫다, 관통하다 ; 파내, 퍼내-닿다, 뚫었다

penguin ; 펭귄 ; 빙(氷) 위 인(人)

peninsula ; 반도(半島) ; 반(半)은, 삐져나온-수(水)로, 섬나라

penis ; 음경(陰莖), 남근 ; ① 삐져나왔어, ② 빼내 사정(射精)

pennant ; 기 패(旆), 패넌트, 좁은 삼각기, 우승기 ; 배 안, 패 놔-난다(날린다)

penny ; 영국화폐 ; (조개) 패(貝)

penpal ; 펜팔 ; 펜으로 패(거리)할

pension ; ① 연금, 장려금, ② 하숙집, 기숙사 ; ① 평생-쥐는, 주는, ② 방-지은, 주는

pentagon ; 5각형 ; pen변 이은 ta다섯 g각 on이은

penumbra ; 반(半)음영(陰影), 음영, 명암의 경계 ; 반(半)음부(陰部)

people ; 백성 민(民), 사람, 국민 ; ① 배불려, ② 베풀어, ③ 밥 퍼

per- ; 완전히, 통과의 뜻 ; (마칠) 필(畢)

perceive ; 깨달을 각(覺), 지각하다, 감지하다, 파악하다 ; 별 보고 깨어브러

percent ; 백분율(百分率), 퍼센트 ; 비율(比率), 분율-cent잰다

perennial ; 영원한, 계속 반복되는, 다년생 ; 풀이, 퍼-년년이을

perfect ; 완전한, 개선하다 ; 필(畢)-바꾸다, 벽(完璧)돼

perform ; 예정대로 실행하다, 공연 연주하다 ; ① 퍼 풀음, ② 퍼서 보임

perfume ; 향내날 분(芬) ; 퍼, 펴, 피워-분, 뿜어

peri- ; 주변, 둘러싸다의 뜻 ; (가) 변(邊)

perish ; 갑자기 죽다, 멸망하다 ; 버려-져, 죽어, 시(屍)

perishable ; 잘 상하는, 비명횡사, 부패하기 쉬운 ; 빨리-상해, 썩어-브러

perishing ; 죽는, 몹시 추운 ; ① 발이 시리는, ② 풀이 죽는, ③ 빨리 식은

perk ; 팁, 급료 이외 특전, 으스대다 ; ① 별(別) 급료(給料), ② 뻐겨, ③ 펴 기

permanence ; 항상 항(恒), 영구의, 불변의 ; 변함이 만년세월

permanent ; 영구적인 ; 별star 만년 돼

permission ; 허락 ; 법(法) 맞어 준

permit ; 허락하다, 허가증 ; 법, 필(畢)-맞춰

perpendicular ; 수직적인, 직각의 ; 평편 직(直)각(角)으로

perpetual ; 오랫동안 끊임없이 ; 별이 비출

perry ; 배로 빚은 과실주 ; 배로(달여)

perseverance ; 인내하며 계속하다 ; ① 벌(罰) 서 보랑께, ② 별을 세 보랑께

Persia ; 페르시아, 이란(이(理)를 안) ; 별 성(星) → 금성

persistent ; 끈질긴, 고집하다 ; 퍼 지속(持續)된다

person ; 개인, 사람 ; ① 펼 (소리) 성(聲), ③ 별(북두칠성에서 온), 별(別)-손(孫)

personable ; 매력적인, 잘생기고 성격 좋은 ; 빼어난, 별(스타)-손(孫)

personal ; 개인의, 개인에 관한 ; 퍼진, 퍼진-알

perspective ; 관점, 시각, 원근감 ; 벌려, 펴-시(視) 바깥 대봐

perspicacious ; 이해가 빠른, 총명한 ; 빨리 시(視)봐 깨쳐서

perspire ; 땀을 흘리다 ; ① 뻘뻘, ② 발수(拔水), 빼여 수(水)-빼여

persuade ; 설득(說得)하다, 권유(勸誘)하다 ; ① 펴, 푸러-설득, ② 풀어 주었다

peruse ; 정독하다, 재빨리 훑어보다 ; 빨리 시(視)

pervade ; 만연하다, 스며들다 ; 퍼져 방대(尨大)하다

perverse ; 어그러질 패(悖), 외고집의, 성미가 비꼬인 ; 패(悖) 버렸어

pervert ; 사람을 삐뚤어지게 하다, 왜곡하다 ; 패(悖) 버렸다

pessimistic ; 비관적인, 염세적인 ; ① 뱃심이 적다, ② 삐져 미소적음

pest ; 해충, 페스트 ; 퍼쳐

pesticide ; 살충제, 농약 ; 퍼쳐-시(屍)제(製), 쏴대

pestilence ; 염병 역(疫), 페스트, 괴질(怪疾) ; ① 퍼트린 괴질, ② 퍼져 돌린 괴질

pestle ; 공이 저(杵), 절구공이 ; 벼, 빻아-찧어

petal ; 꽃잎, 화관 ; ① 빛(볕) 알, ② 받칠

Peter ; 베드로, 12제자 ; ① 받쳐 석(石), ② 반돌 → 반석(磐石), ③ pe바위 ter돌

petition ; 기도, 청원, 탄원, 진정 ; 뻗쳐, 받쳐-지은

petro- ; 돌, 바위의 뜻 ; pe바위 tro돌

phantom ; 변할 환(幻), 유령, 환상 ; 환(幻)더미

pharma ; 약(藥) ; (약재를 탕기에서) 빻아 만들어

pharmacy ; 약국, 조제실 ; (약을) 빻아-만들어, 마(摩)-cy조제(調劑), cy실(室)

phéno ; Ⓕ 빛나 ; 빛나

phenom ; 천재, 굉장한 사람 ; 표, 빛-남

phenomenal ; 현상(現象), 감탄(感歎)스러운, 경이적(驚異的)인 ; 빛나, 표나-사람

phew ; 휴-내는 소리 ; 휴

philosophy ; 철학(哲學) ; ① 풀어서 펴, ② 풀어 사변(思辨)

phobia ; 공포(恐怖)병 ; 포병(怖病)

phoenix ; 봉황새 황(凰) ; p봉 hoeni황(鳳凰)-x새, 조(鳥)

phonics ; 음성학 ; p발(發) hon혼(魂) e넋 ics익혀서(cs사이언스)

photo- ; 사진(寫眞), 빛의 뜻 ; ① 퍼쳐, ② 본-따, 떠, ② 비춰, ③ 빛 해 닿아

photon ; 광자(光子) (빛을 입자로 보았을 때) ; ① 빛똥, ② 빛 띤

phrase ; 구(句) 동사 이외 낱말 2개 이상, 표현하다, 말씨 ; 풀어 소리

phyllo- ; 잎의 뜻 ; 펴 벌려

physic ; 의술, 약, 고치다 ; ① 병 씻겨, ② phy병si세 c치료

physical ; 육체의, 신체의, 물질의 ; phy뼈 si신(身) cal꼴

physics ; 자연과학, 물리학 ; physic법식(法式) s스터디

piano ; 피아노 ; 건반을 펴놔

pianoforte ; 피아노 ; 펴놔 발로 대

pick ; 고르다, 선택, 뽑다, 따다 ; ① 빼어 캐 고르다, ② 발(拔)추(抽)간(揀)

picnic ; 소풍, 피크닉 ; 밖에 나가

pictograph ; 그림문자, 상형문자 ; 베끼다, 박다-그림표

picture ; 그림 도(圖), 화(畵), 사진 ; ① 베껴 도, ② 베껴 칠해, ③ 봐 그려 도

piece ; 조각 편(片), 낱 개(个), 갈래 기(歧) ; 편 개

pierce ; 뚫다, 가르다 ; 박어-꿰, 관통(貫通)

piety ; 경건한, 독실한, 신앙심 ; (마음을) 비웠지

pig ; 돼지 해(亥), 돼지 시(豕) ; ① 비계, ② 비(肥)-지(脂), 고기

pigeon ; 비둘기 ; 비전(飛傳) (예전의 통신수단)

pile ; 쌓을 루(壘), 포개 놓은 것, 말뚝, 털 ; ① 보루(堡壘), ② (땅을) 팔, ③ (모)발(髮)

pilgrimage ; 순례, 성지 참배, 인생 행로 ; 빌러 걸어 맞이

pill ; 환약, 알약, 작은 공 ; (나눌) 피(披)일

pillar ; 기둥, 대들보 ; 보를 올려

pillow ; 베게 침(枕) ; (머리를) 벨 w저(底)

pilot ; 수로 안내인, 도선사, 조종사 ; pilo배를-t대, 도(導)

pin ; 핀 ; 비녀

pinion ; 깃 우(羽), 새 날개 ; 펴 나는

pine ; 소나무 송(松) ; ① (솔방울로 불) 피네, ② (잎이) 비녀 (같이)

pink ; 분홍빛, 연분홍 ; ① 분꽃, ② 분, pin홍-기

pioneer ; 개척자(開拓者), 선구자 ; (앞서) 파, 펴-오는 이여

pious ; 경건한, 신앙심이 깊은 ; 비웠어

pipe ; 파이프, 관 관(管) ; 파-패여, 빼, 비워, 불어

pique ; 화, 불쾌, 성나게 함 ; ① 불쾌(不快), ② 비(非)쾌(快)

pirate ; 해적, 저작권, 침해자 ; ① 뺏어 떼로, ② 패로 대들어

pisces ; 어류, 물고기 ; ① 삐죽해 수(水), ② 비려 수(水)에 커서(fish)

pistil ; 꽃의 암술 ; 받칠

pistol ; 권총 ; 빼서 쏠

piston ; 피스톤 ; 삐져, 빠져-도는, 통

pit ; 구덩이 갱(坑), 구멍 ; ① 파진, ② 팠다, ③ 패인데

pitch ; 던지다, 투구(投球) ; 폈지

pitched ; 지붕이 경사진 ; 삐쳐진

piteous ; 불쌍한, 애처로운 ; 비통(悲痛)이어서

placard ; 패 방(榜), 플래카드, 게시하다 ; 패, 방, 풀러-걸어 둬, 게재

place ; 장소, 곳, 광장, 지방 ; 방(方), 평(平)-시(都市)

plagiarize ; 표절하다 ; 표절(剽竊)이제

plain ; 분명한, 솔직한, 쉬운, 평원, 평지 ; ① 평(坪), ② 풀 나 있는

plan ; 발돋움할 기(企), 계획, 설계도 ; ① 풀이 나는, ② 풀을 안(案)

plane ; 평면, 수준, 비행기, 편평한, 대패 ; ① 평한, ② 판 2둘 (복엽기), ③ 파내

planet ; 행성(行星) ; 판 이어 돌아 ↔ star (항성(恒星)) ; 성(星) 딸려있는

plant ; 심을 식(植), 식물, 초목, 공장, 기계장치, 심다 ; ① 피워낸다, ② 뿌리 난다, ③ 풀 난다

plastic ; 형성이 잘 되는, 플라스틱 ; 풀어져, 불에-테 구었어

plate ; 그릇, 접시, 판을 대다 ; 평으로 돼

plateau ; 고원, 큰 접시 ; 평탄(平坦)

Platon ; 그리스 철학자, 플라톤 B.C. 428-346 ; (어깨가) pla평평하고 ton땅땅한

play ; 놀 유(遊), 놀이, 운동하다, 게임을 즐기다 ; (판) 벌려

plead ; 변호하다, 답변하다 ; 풀어 답

pleasant ; 쾌할 쾌(快), 유쾌한, 즐거운, 기쁜 ; ① 풀리어 산뜻, ② 풍류(風流) 산뜻, ③ 불이 산다

please ; 즐거울 유(愉), 기뻐할 환(懽) ; ① 풀어져, ② (노래) 불렀어 ③ 불 있어

pleasure ; 질펀할 만(漫), 기쁨, 만족 ; ① 풀어져, ② 불 이어져

pledge ; 굳게 약속하다, 맹세하다 ; ① 풀 엮었지(결초보은), ② 불로 지져

plenteous ; 많은, 윤택(潤澤)한, 풍부한 ; 풍족(豐足)이었어

plight ; 역경, 곤경 ; 풀이 있다

plinth ; 주춧돌 초(礎), 주초, 방형대좌 ; 방형 대(臺)

plough ; 쟁기 려(犁), 쟁기 뢰(耒) ; 파-엎어, 갈어 헤쳐

plow ; 밭갈 경(耕), 쟁기 ; 파-버려, 밭을

pluck ; 뽑을 적(摘), 뜯다 ; ① 풀을 잡아 캐어, ② 빼여 골라 콕, ③ 뽑고 꺾는

plug ; 마개, 틀어막는 것, 채우다 ; 봉(封) 구멍

plumage ; 깃털 ; 펴, 풍(風)-막어

plump ; 통통한, 볼록한 ; 부풀음이 풍만

plural ; 복수의, 두 개 이상의 ; 복(複)위일

pluri- ; 둘 이상의, 다수의 ; 복(複) 이(以上)

plus ; 더하기, 이익, 양성, 덧셈부호 ; ① 불었어, ② 불어 수(收益), ③ 불(화(火))

pluvial ; 다우(多雨)의, 비의, 비의 작용의 ; ① 부어 비로의, ② 퍼부을

ply ; 부지런히 일하다, 바삐 움직이다, 왕복(往復)하다, 밧줄 가닥 ; ① 바삐 (l 반복), ② 복(復)

pneuma ; 호흡, 정신(精神), 영(靈), 성령 ; ① pn풍(風)eu이어-ma마셔, 마음, ② p바람 neu넣
어 ma마셔

pneumato- ; 공기, 호흡, 정신의 뜻 ; pn풍(風)eu이어-ma마셔, 마음

pod- ; 발의 뜻 ; ① 발-바닥, 족(足), ② 보(步)족(足)

poem ; 시 시(詩) ; ① 펴, 보여-문장, ② 펴, 보여-마음

poetic ; 시(詩), 시적인, 낭만시인 ; 보여, 펴-적어

point ; 뾰족할 첨(尖), 첨단(尖端), 요점 ; ① 보인-단, 점, ② 방점(傍點)

poison ; 독 독(毒), 폐해, 독한 술 ; ① 보존(保存) → 파손(破損), ② 퍼지는 (죽는)

polar ; 북극의, 양극의, 극지(極地)의, 북극성처럼 길잡이가 되는 ; ① 봉(棒) (지축)이어, ②
봐 알아 (길잡이)

pole ; 막대기, 극지, 북극성 ; ① 바지랑대, ② 봉(棒)

police ; 경찰, 치안, 순찰대, 야경단 ; ① 불을 켜(지킴), ② 포리(捕吏)

policy ; ① 정책, 방침, ② 교활, ③ 보험 증권 ; ① 표를 짜, ② 벌려 기(欺), ③ 표(票)로 적어

polis ; 도시국가 ; 벌에 살어(서라 burg벌, 달구 벌, 함 브르크, 요하네스 버그)

polish ; 윤이 나도록 닦다, 다듬다, 광택, 닦기 ; 불에 쐬여(불 광(光))

polite ; 공손(恭遜)한, 예의 바른 ; ① 배려(配慮), 배례(拜禮), 포리(捕吏)-대해, ② (머리를) 발
에 대

politely ; 예의 바르게, 정중하게 ; 포리(捕吏)를 대해

political ; 정치의, 정치상의 ; 표(票)로 택할

poll ; 투표, 여론 조사, 득표 ; 표 (물어) 볼

pollen ; 화분, 꽃가루 ; ① 화분(花粉)이은, ② 화(花), 분(粉)-풀린, ③ 벌을 부르는

pollinate ; 수분(受粉)하다 ; 벌을 불러, 바람 불어-나르다

pollute ; 더럽히다, 타락시키다, 오염시키다, 공해 ; ① (어지러울) 발(哱)로, (해질) 폐(弊)로-
더럽혀, ② 빨래 터, ③ 발로 대

polygon ; 다각형 ; 복(複)으로 각(角)이은

pond ; 연못 당(塘), 못, 늪 ; ① 판-지(池), 당(塘), ② 방죽

pony ; 조랑말, 작은말 ; 반(半)이여

pool ; ① 물웅덩이, 작은 못, ② 합동자금 ; ① (물을) 퍼올, ② (돈을) 벌을

poor ; 가난할 빈(貧), 불쌍한, 빈곤한 ; 빌을

pop ; 대중적인, 대중음악 ; ① 보편(普遍), ② 밥, (먹는 사람들 → 밥보 →) 바보

pope ; 카톨릭 교황(教皇) ; ① 보(寶)패(貝), ② 보배, ③ 뽑혀

popular ; 민중의, 대중적인, 인기 있는, 유행의 ; 보편(普遍)으로

populate ; 살다, 거주하다 ; 퍼져, (땅을) 파-풀렸데

population ; 인구(人口), 주민 수 ; ① 밥 퍼로 되는(사람 입의 숫자), ② 바보로 되는

porch ; 현관, 차 대는 곳 ; 발치

pore ; ① 숙고하다, ② 피부 구멍 ; ① 볼래, ② 파여

port ; 포구, 항구 ; ① 부두(埠頭), ② 포(浦)대(垈), ③ 포구(浦口) 닿는 곳

portfolio ; 포트폴리오 ; 보따리, 부분으로 떠-벌리어, 분(分)으로

porridge ; 오트(귀리)죽, 죽 ; 풀어지는

porter ; 문지기, 수위, 짐꾼 ; ① 부두사람, ② 보초(步哨), ③ 받어

portion ; 몫, 나눔, 일부분 ; 부(部) 떠어 논

portrait ; 초상화(肖像畵), 묘사(描寫) ; 봐 따라 똑같이

portray ; 그리다, 나타내다 ; 봐 따라해

pose ; 자세, 포즈 ; ① 봐줘, ② 봐져, ③ 봐 서

position ; 직위, 위치, 장소 ; ① 보직(補職)된, ② 표시 된

positive ; 확신하는, 단정적인, 긍정적인, 명확한 ; 법적 대 봐

positivism ; 철학(실증주의) ; 봐서 대봐

possible ; 가능한, 있음직한 ; ① 불씨-봐, 불어, ② 봐줘브러

post ; 우편(郵便), 우체통(郵遞筒), 기둥, 주둔지, 지위 ; ① 편(便), 배(配), 포(包)-송달(送達), 송(送)통(桶), ② 빨리 서신을-달려, 부쳐, ③ 보(樑)-섰다, 서 단단한, ④ 박아 세워 대, ⑤ 보(堡) 숙(宿)주(駐屯), ⑥ 부서(部署)직(職)

post ; 다음에, 뒤, 후(後)에 ; ① 후시(後時) 뒤, ② 빠져 뒤

posture ; 자세, 마음가짐, 태도 ; 봐 자태(姿態)

pot ; 병 담(甁), 두레박 병(缾), 포트, 단지 ; ① 병 틀, ② 병 단지, ③ 병 담(甁)

potato ; 감자 ; 파 땅에-달려, 따

potent ; 세력 있는, 유력한, 힘쎈 ; ① 뻗친다, ② 펴친다

pothole ; 바닥의 음푹 패인 곳 ; 바닥 혈(穴)

pottery ; 도자기류 ; 병틀 (불)때리

pouch ; 주머니 ; 파였지

pound ; 돌 떨어지는 소리 방(磅), 찧을 도(搗), 빻을 도(擣), 마구치다, 부수다, 세게 치다 ; ① 방도, ② 빻는다, ③ 바닥에 눕히고 두드리다

pour ; 따르다, 쏟다, 푸다 ; ① 퍼, ② 부어

poverty ; 가난 ; 밥 빌어대

powder ; 가루 분(粉), 분말, 분쇄하다 ; po빻아 w분(粉)-der될, 절구

power ; 힘, 체력 ; ① 법(法)력(力), ② 뿜어, ③ 퍼 부어, ④ 파 봐

practice ; 실행, 실습, 연습, 습관 ; pr복(反復) ac애써 t동(動) ice익혀

pragmatic ; 사실적인, 실용적인 ; 법(法), 업(業)에-아구 맞춰 갔어

praire ; 대초원, 북미 대평원 ; 풀로, 평-이어

praise ; 기릴 포(襃), 기릴 상(賞), 칭송(稱頌), 칭찬, 찬미, 숭배 ; 포상(襃賞)

prajna ; 불교의 반야(般若), 지혜 ; 풀어지는 나 (=해탈(解脫)) → 나의 해체 → 무아상(無我相)=연기(緣起)=공(空)=진공묘유=중도(中道)=열반(涅槃)임을 아는 것이 지혜 → 양자역학(量子力學)으로 증명

pravarttaya ; 광명진언의 단어, 전변(轉變)하다 ; 불이 밝게 타

pravity ; 타락, 부패(腐敗), 부정 ; ① 불(不) 빛이, ② 부(腐) 부정(不淨)

pray ; 빌 기(祈), 기원, 빌다, 기도 ; ① 빌어, ② 불(佛)이여, ③ 불(火)이여, ③ (염불소리) 패(唄)

pre ; 앞, 미리, 전(前) ; ① 앞에, ② 빨러, 빨리, ③ 붙어

preach ; 풀이할 강(講), 전도(傳道), 설교하다 ; 풀어 전(傳)해

precede ; ~에 선행하다, 먼저가다 ; ① 앞에-가다, 서다, ② 앞 세대

precedent ; 선례, 전례 ; 앞에 게 된다

precious ; 보배 진(珍), 귀중한, 값비싼, 제련, 연금술 ; ① 불에 씌었어, ② 불을 켜서, ③ 패(貝) 컷어

precipice ; 낭떠러지 애(崖), 절벽 ; ① 앞에 깊어 꽤, ② 앞에 cipice절벽이

precipitate ; 거꾸로 떨어뜨리다, 무턱대고 재촉하다 ; 앞 급히 뛰다,

precipitation ; 투하, 추락, 조급, 강수량, 침전 ; 앞 깊이 닿아지는

precise ; 정밀한, 정확한, 꼼꼼한 ; ① 앞에-찌져, 째 잘라, ② 불로 지져

precocious ; 조숙한, 아이 같지 않은 ; ① 빨리 커 키웠어, ② 불이 커 구워져

precursor ; 선구자, 선임자, 전초 ; 앞에-걸었어, 걸어가는 사람

predecessor ; 선임자 ; 앞에 지켜서

predict ; 예언, 예보 ; ① 풀어, 앞에, 빌어-찍다, 찍어대, ② 앞을 지껄이다

predictable ; 예측할 수 있는 ; 앞을 지껄여 대브러

preface ; 차례 서(序), 무늬 문(文), 서문, 머리말 ; 앞에 보게

prefer ; 선호하다, 택하다 ; 앞에(먼저) 빼여

preference ; 선호, 애호 ; 앞에 빼여 ence인기(人氣)

prefix ; 접두사 ; 앞에 폈어

preggy ; 아이밸 신(娠), 임신(妊娠) ; 배, 불러-애기 끼

pregnant ; 임신, 잉태(孕胎) ; ① 배가 나온다, ② 불러 애기 난다, ③ (애) 배 잉(胚孕) 난다

prelude ; 전주곡 ; ① 앞에 연주(演奏), ② 앞에 유유(裕遊)주(奏)

premature ; 조숙한, 때 이른 ; 빨리 일러 맺혀

preoccupy ; 마음을 빼앗다, 생각을 사로잡다, 선취하다 ; 압(壓)으로 엮어 배(사람 배)

prepare ; 갖출 구(具), 준비(準備), 채비 ; ① 불이, 풀이-파래 (요리 준비), ② 앞-봐, 비(備)

prescribe ; 규정하다, 의사가 처방하다 ; ① 풀어서-글로, 그려-봐, ② 풀어 써 봐

prescriptive ; 규범적인, 규정하는 ; 풀어서 그려 보고 대 봐

presence ; 현재, 존재, 풍채, 출석 ; 앞에-존재(存在), 선 채

present ; 참석, 현재, 선물, 제출 ; ① 앞에-존재(存在), 선다, 손 닿는, ② 풀어 준다

preserve ; 보호하다, 보존하다 ; pre풀을 ser절여-ve발효, ve보존

president ; 대통령 ; 앞에-석(席)좌(坐)한 t대표, 주재(主宰)한 대표

press ; ① 신문, 언론, ② 인쇄(印刷), ③ 군중, ④ 다리미, 내리 누르다 ; ① 빨리, 풀어, 파-써,
　　　② 압력-써, 쎄, ③ 풀어져, ④ 불에 쐐

pretend ; ~인 체하다, 단정(斷定)된, 가장(假裝)하다 ; (일)부러 친다

pretense ; 허위, 구실, 핑계 ; ① (일)부러-딴짓, 딴소리, ② 비정상(非正常)

pretty ; 예쁜, 귀여운, 꽤, 상당한 ; ① 풀로 띠, ② (눈에) 꽉 떴지, ③ (예)뻤지, ④ (멋)부렸지,

prevalent ; 일반적인, 널리 퍼져 있는 ; 빨리, 앞에-벌려 이은다

prevent ; 예방하다 ; 앞서 방지(防止)

preview ; 예비 검사 ; 앞서 뵈어

prey ; 기를 사(飼), 먹이로 삼다 ; ① 풀이여, ② 풀로 여물, ③ 밥이여

price ; 값 가(價), 가격, 대가 ; ① (조개) 패(貝)로 치러, ② 패(貝)-값, 격(格), ③ 불러 값, ④ 보
　　　상(報償)

prick ; 찌르다 ; ① 뿔로 콕, ② 박차(拍車) 콕

pride ; 자랑, 자부심, 으스대는, 자존심 ; 뻗대

priest ; 성직(聖職)자 ; ① 빌었다, ② 불(火)이 있다, ③ 불을 (어깨에) 이었다

prime ; 첫째의, 원시적인, 근본적인, 일류의, 최고의, 마중물을 붓다 ; ① 불(해)- 맞이, 멋져,
　　　멕여, ② 뿔이 멋져, ③ 부어 물

prince ; 왕자, 군주 ; ① 불(火)이은, 불(火)안은-세자(世子), 씨, 자, ② 부리는 세력

princess ; 왕비 비(妃), 공주(公主) ; ① prin불이은 cess세(世)여자(女子), ② 핀(비녀) 꼈어

principle ; 원칙, 신념 ; ① 불은 시퍼래, ② 풀은-새파래, 꽤 파래

print ; 인쇄할 쇄(刷), 인쇄, 자국, 찍다 ; ① 판 떠, ② 박는다, ③ (눌러) 버린다

priority ; 우선사항, 우선순위를 매기다 ; 앞에 올랐지

prison ; 감옥, 교도소 ; 포승(捕繩)

privacy ; 사적인, 개인적 자유 ; 뿌리 박혀

privy ; 뒤간 측(廁), 내밀히 관여하는, 비밀의, 변소 ; ① 변 봐, ② 풀어 빼

prize ; 상(償), 상금, 상품, 소중한 것 ; ① 포상(褒賞), ② 포(褒) 줘

pro ; ① 직업적인, ② 찬성, ③ 호의적, ④ 미래 ; ① 업(業)으로, ② 벗으로, ③ 불(火)로, ④ 불러, ⑤ 발(足)로, ⑥ 앞으로

probable ; 사실일 것 같은 ; 불을, 풀어-봐브러

probe ; 탐색침, 조사, 탐사 ; 풀어 봐

problem ; 문제 ; ① 풀어 보렴, ② 봐 보렴, ③ 풀어 봐 문제(問題)

proceed ; 나아가다, 진행하다, 소송 ; ① 풀어 가다, ② 앞에-가다, 까대, ③ 앞으로 가져

process ; 과정, 진행 ; ① 앞으로 갔어, ② 법(法) 과정, ③ 불에 쐬었어(담금질)

proclaim ; 베풀 선(宣), 포고(布告)하다, 선언하다 ; 풀어, 포(布)-클러 말

proclamation ; 선언, 포고(布告), 발포 ; 포(布)로 클러 마치는

procrastinate ; 해야 할 일을 하기 싫어서 꾸물거림, 다른 날로 미루다, 지연 ; ① 앞에 가 떠 놨어, ② 앞에 것 지나쳐, ③ 앞 끌어서 지체 놔둬, ④ 앞 끌어서 지나다, ⑤ (일)부러 까 지나쳐

prodigy ; 천재, 경이로움, 불가사의한 조짐 ; 앞, 풀어-조짐(兆朕)

produce ; 생산물, 농산물 ; ① 풀을 지어-길러, 키워, ② 불로 지어-길러, 키워

product ; 생산, 상품, 제품 ; ① 불려 졌다, ② 불로 더 캐다, ③ 배(倍)로 득(得)됨

profess ; 공언하다, 주장하다 ; 풀어, 업(業), 앞, 법-폈어

profession ; 직업, 전문직 ; ① 불을 피워 쓰는 (전문직), ② 업으로 펴 쓰는

proficient ; 능숙한, 숙달된 ; ① 불을 피워 키운다, ② 풀어 바꿔 이은다

profile ; 옆얼굴, 개요 ; 옆으로-펴

profit ; 이로울 이(利), 이익, 이득 ; 복(福), 불어-받다, 패(貝)돈, 벌어 배 돼

profound ; 깊숙할 수(邃), 심원, 깊은 ; ① 뿌리-보인데, 파인데, 판데, ② 불(不) 판데

profuse ; 마음이 후한, 많은, 다량의 ; ① 풀어 퍼 줘, ② 불어나 퍼져

program ; 프로그램, 차례표, 상연종목 ; 풀어감

progress ; 진전, 진보, 발달 ; 앞으로-걸었어, 갔어

prohibit ; 법으로 금지하다, 반(反) ; 불(不) 해부리다

project ; 연구, 계획 ; 풀어-엮그다, 제끼다

proletariate ; 무산자, 자식이 전(全)재산자 ; ① 벌은(것이) 애들(만) 딸렸다, ② 풀로 이어 땋
았다, ③ 복력(福力)이 딸렸대

prolific ; 다산의, 풍부한 ; 불어, 배-올러 배커

prologue ; 프롤로그, 책의 도입부 ; 앞에-ogue어구(語句), 알게

Prometheus ; 그리스 신화, 프로메테우스 ; 불로-먹혔어, 마쳐 사(死)

prominent ; 돌출된, 눈에 잘 띄는, 중요한 ; 앞으로, 뿔-모인, 밀은, 밀어낸다

promiscuous ; 난잡한, 뒤죽박죽의 ; ① 불미(不美) 섞이어서, ② 풀어 막 섞여서

promise ; 약속, 계약 ; 풀로 맺어(결초(結草) 보은(報恩)), ② 불로-맹세(盟誓), 맺어

promote ; 증진, 촉진, 승진, 홍보 ; ① 불러, 앞으로, 배로-똬대, ② 앞으로 움직여

promotion ; 승진, 진급, 홍보 ; 앞으로, 불러-몸 지은, 모아지는, 면(勉)지으는

promulgate ; 펼 반(頒), 널리 알리다, 반포(頒布)하다 ; 풀어 멀리-같이, 가다

pronounce ; 발음 ; 풀려, 배-나오는-소리, 성(聲)

proof ; ~을 막는, 내(耐), 방(防), 증명(證明) ; ① 방어-방, 패(牌), ② 풀어 봐

propaganda ; 선전, 포교 ; ① 뿌리 파간다, ② 앞으로, 불려-퍼 간다

propast ; Ⓡ 절벽 ; 발, 앞으로-빠졌다

propel ; 나아가게 하다, 몰고 가다 ; 앞으로 뺄

proper ; 적당한, 올바른 ; ① 불을 피워 (예배 등), ② 풀어 펴, ③ 불어 피워

properly ; 적당하게, 올바르게, 예의 바르게 ; ① 불을 피워 (밝게), ② 풀어 펴

property ; 재물 재(財), 재산, 소유물 ; ① 부(富)를 벌었지, ② 복(福) 부(富)티

prophecy ; 비기(祕記), 록(錄), 예언, 신의(神意)의 전달 ; 앞을, 풀어-비기(祕記)

prophesy ; 예언하다, 예측하다 ; 앞을 봤어

propose ; 제안하다, 신청하다, 청혼 ; ① 앞으로-보세, 퍼날러, ② 풀어 보세, ③ 풀어 봐줘

propriety ; 적절, 타당, 예의, 소유 ; ① 불어 벌었지, ② 풀어 폈지

prose ; 산문(散文) ; ① 풀어진 ② 풀어-소리, 서(書), 시(詩)

prosody ; 운율학, 시형론 ; 풀어-시적(詩的), 서적(書籍), 성조(聲調)

prospect ; 기대, 가망, 예상 ; ① 앞에서 봐 기대, ② 앞 시(視) 봐 기대

prosperity ; 성할 욱(郁), 번영, 번창 ; 불, 풀-시퍼렇지

prosperous ; 왕성할 왕(旺), 번영 ; 불로 시퍼래

prostitute ; 기생 기(妓), 창(娼), 매춘부 ; 벗어서, 팔어서-대 줬대

prostrate ; 엎드릴 복(伏), 엎드린, 넘어뜨리다 ; ① 엎어져 닿았다, ② 앞으로 쓰러져, ③ 엎어졌다

protagonist ; 주역, 주동자, 주동인물 ; 앞으로 뛰어가는 이

protect ; 지키다, 막다 ; ① 불을 지키다, ② 방(防) 지었다, ③ 앞에 대죽 엮다

protest ; 저항(抵抗), 항의 ; ① 앞에 대(對)서 다투어, ② 풀어 떼서 대들어

protestant ; 신교도 ; (라틴어 성경 글을)풀어 떼서 딴 데로

proto ; 시(始), 창(創), 처음, 원래 ; ① 비롯된, ② 발단(發端)

protrude ; 밀어내다, 돌출되다 ; 앞으로-들이 대, 돌(突) 돼

prove ; 증명, 실험, 시험, 입증 ; ① 앞에 보여, ② 풀어 봐

proverb ; 속담, 격언(格言), 금언(金言) ; 복(福)과 벌(罰) 비유(譬喩)

proverbial ; 속담에 나오는, 유명한, 소문이 나있는 ; 복(福)과 벌(罰) 비유(譬喩)로

provide ; 준비할 비(備), 준비하다 ; 앞을 봐 대비

provoke ; 성나게 하다, 유발(誘發), 도발(挑發) ; 앞에서, 불에-볶어

prune ; 가지를 잘라내다 ; 부려 나눠

pry ; 엿볼 규(窺), 사생활을 캐다, 뚜껑을 따다 ; ① (엿)봐, ② (살)펴, ③ 빼여

pseudo- ; 위(僞), 의(擬), 가(假)의 뜻 ; ① (본뜰) 방(模倣), 부(不正)-속이다, ② 방(倣) 사도(邪道)

pseudonym ; 익명(匿名), 필명 ; 방(模倣) 속이다 nym내명(名)

psychic ; 마음의, 영혼의 ; ① 본성(本性)적(的), ② 본(本)심정(心情), ③ 봐서 깨어

psycho ; 정신의학; ① 본(本) 성정(性情), ② 본(本) 심정(心情), ③ 볼 시(視) 정신(=watching =의식)

psychology ; 정신 생리학, 생물학적 심리학 ; 본(本) 성정(性情) 알기

psychopath ; 정신병 ; 정신 path병자

public ; 공공의, 공중의, 일반 국민의 ; ① 배 불려서, ② 부부로-서, 가족

publish ; 책 펴낼 간(刊), 발표하다, 출판하다 ; 표(發表), 펴-볼 서(書)

publicize ; 광고하다, 선전하다 ; 퍼 벌려 선전(宣傳)

puddle ; 물웅덩이 ; ① 풍덩, ② 패여 뚫린, ③ 빠져

pueblo ; 미국 남서부의 벽돌로 집지은 원주민 부락 ; 벽 부락

puff ; 훅 불기, 부푼 것 ; 풍(風) 부푼

pull ; 뺄 발, 뽑을 발(拔), 당기다 ; ① 뽑을 발, ② 뽑을, ③ 풀 (우물 물을 당겨)

pulse ; 맥박(脈搏), 고동, 진동 ; ① 박자(拍子), ② 박(拍)-성(聲), 세기, ③ 펄떡-소리, 성(聲),
④ 퍼 울리는-소리, 성

pump ; 펌프, 양수기 ; ① 뿜어 판대기, ② 퍼 물 판, ③ 품어 퍼

punch ; 펀치, 주먹을 치다, 구멍을 뚫다 ; 뻥처

punctual ; 시간을 지키는, 시간 엄수, 꼼꼼한 ; 분초를 댈

punctuate ; 구두점을 찍다 ; ① 분(分) 그어 두었다, ② 분(分) 구두점(句讀點)

puncture ; 구멍, 펑크 내다 ; ① 뻥 쳐 뚫려, ② 분 갈려 터져

punish ; 징계할 징(懲), 형벌 형(刑), 처벌하다, 응징하다 ; ① 벌(罰)내려-징(懲), 죄(罪)

pure ; 맑을 숙(淑), 순수할 수(粹), 순수한 ; ① (물이) 퍼래, ② 불(火)

purify ; 정화하다, 정제하다 ; 불을 펴

purple ; 자주빛 자(紫), 진홍빛, 화려한 ; ① 퍼런불, ② 보랏빛

push ; 밀다, 밀치다, 누르다 ; (밀) 배(排), (밀) 부(踍)-(밀) 수(雛)

pussy ; 기집애, 여(女) 성기(性器) ; 보지(寶池)

put ; 놓다 ; ① 보내다, ② 붓다, ③ 푸다

pyrites lithos ; 그리스어, 불의 돌, 부싯돌 ; 불이 텨서 암(巖)돌석(石)

pyramid ; 파라오 무덤, 피라미드 ; ① 파 올려 묻은 돌, ② 파서 ra왕을 묻어, ③ 파 올려 무덤,
④ 피로, 벽돌로-올린 무덤, ⑤ 파라오 무덤

Q

Q=ㅋ, ㄱ, ㄲ, 발음

quack ; 오리 꽥꽥 ; 꽥꽥

quadr ; 4의 뜻 ; ① 구(球)안에 d직(直)(ㅁ), ② 각(角) 직(直), ③ 각(角)져

quadrangle ; 사각형, 대학교 안뜰 ; 각져 안에 각(ㅁ)

quaint ; 기묘한, 진기한, 예스러운 ; 고아(古雅)한 틀

quake ; 지진 ; 콰광 깨져

qualify ; 자격을 주다 ; ① 규율(規律) 배정, ② 걸러서 패를 줌

quality ; 질(質), 고급(高級), 품질 ; ① 고(高)할, 귀(貴)할-질(質), ② 끌렸지

quantity ; 량(量) ; 관(貫)재지 (3.75kg, 6.25근, 100량, 1000돈)

quantum ; Ⓛ 량(量), 액(額), 양자(量子)의 뜻 ; 꿰인, 깬-더미, 토막

quarantine ; 격리, 차단 ; 갈라 앉히네

quarrel ; 다툴 쟁(爭), 싸움 ; 꼬아, 끓어, 겨뤄-얼러

quarry ; 채석장 ; (돌)-깨어, 갈러

quarter ; 4분의1, 15분, 쿼터 ; 각(角)떼어

queen ; 여왕, 왕비 ; 귀여인(貴女人)

queer ; 기묘(奇妙)한 ; 기이해여

quern ; 맷돌 년(碾) ; 구를, 꿰어-년

quest ; 탐구(探求), 탐색 ; 캐서, 구(求)해서-탐

question ; 질문, 묻다 ; 캐 청(請)

queue ; 땋아 늘인 머리 ; 꿰여

quibble ; 구차한 변명, 익살, 모호한 말 ; 꾀부려

quick ; 급할 광(劻), 성급할 견(狷), 빠를 속(速) ; ① 급속(急速), ② 쾌속(快速)

quiet ; 조용할 정(靜), 조용한 ; 귀에 대

quit ; 그만두다 ; 긋다

quite ; 아주, 꽤, 상당히 ; 꽤 돼

quiz ; 간단한 질문, 퀴즈 ; 꿔 질문(質問)

quoit ; 고리, 고리 던지기하다 ; 꿰어 던져

quote ; 인용하다, 따서 쓰다 ; 꿔 따옴

R

R=ㄹ, ㅎ, ㅇ, ㄴ, ㅈ, ㅂ 발음

ra ; 이집트 태양신 ; ① 해(r=h), ② 벌릴 라(羅) (신라(新羅)), ③ (열) 라

race ; 경기, 인종 ; ① 유속(流速), ② 유(流), 로(路)-궤(軌), 계(系), ③ 해 씨

racial ; 인종의 ; 해(라(羅))-씨알

radio- ; 라디오, 방사능(放射能), 복사(輻射), 반지름의 뜻 ; ① 라(羅)-직선(直線), 달려, ② (바퀴) 륜(輪)-직(直), 직선

radical ; 세찰 렬(烈), 급진적인, 근본적인 ; ① 아래에, 열(烈)-대-칼을, 캘, ② 라(羅) (해) 뒤에 깔려서 (뿌리)

rag ; 걸레, 마대, 넝마, 남루할 루(褸) ; ① 해져, ② 루(褸) 걸레, ③ (쓰)레기

rage ; 분노, 격노 ; ① 열(裂)정(情), ② 열광(熱狂)

raid ; 급습, 습격(襲擊) ; ① 역도(逆徒), ② 역당(逆黨) ③ 역주(力走)

rail ; 가로대, 난간, 레일 ; (줄) 렬(列)

rain ; 비 ; ① (큰 비) 료(潦) 내려, ② 회(廻) 내려, ③ 젖는

raisin ; 건포도 ; 해 쐬인

rally ; 다시 모으다, 불러 모으다, 집회, 회복 ; ① 회(會)-할, 어울려, ② (들)러리

Ramos ; Ⓢ 스페인 성씨, 지명, (꽃다발, 가지의 뜻) ; ① 해모수(解慕漱)(ra=ha) ② 해모습

range ; 줄짓게, 열, 범위, 화덕, 레인지 ; ① 연계(連繫), ② 연기(煙氣)

Random ; 닥치는 대로, 무작위 ; 란(亂)-동(動), 더미

rank ; 자리 위(位), 순위, 계급(階級) ; 연(連)-급(級), 계(階)

rapid ; 빠른, 조급한 ; ① 내빼다, ② 햇빛 달려

rapture ; 환희(歡喜), 휴거(携擧) ; ① 해-퍼쳐, 받쳐, 붙잡아, ② 휴(携) 붙어 (r=h)

rate ; 율(率), 비율(比率), 속도, 요금 ; 율로 대(對)

rationally ; 이성이 있는, 합리적으로 ; 이치(理致), 율(率) 대(對)에-널

ravage ; 황폐, 피폐하게 하다, 유린하다 ; 루(褸)-빠개, 파괴

ravish ; 강탈하다 ; 력(力)으로 빼서

ray ; 광선, 빛 ; ① 라(羅), ② 해 (r=h), ③ 내려 (쬐다)

razor ; 면도기 ; (날카로울) 예(銳) 잘러

re ; 다시 재(再), 돌 회(廻) ; 돌어, 도로, (올) 래(來), 새로, 되레, 회(回), 회(廻), (미리) 예(豫), (예시) chistiano ronaldo, 축구선수 이름, 호날도 (r=ㅎ 발음)

reach ; 이를 급(及), ~에 도착하다 ; ① 이르렀지, ② 료(了)착(着)

react ; 반작용, 반대 ; 역(逆), 회(廻)-a앞으로 c가 t다

read ; 읽을 독(讀), 읽다 ; ① 읽어 대, ② 읽을 독

ready ; 준비가 된 ; 예(豫) 돼

realize ; 깨닫다 ; ① 해 알았제, ② 리(理), 회(廻)-알아채

really ; 진실로 ; 리(理) 알리

realm ; 범위, 왕국, 영역 ; 영(領)으로 매논

rear ; 뒤, 후방, 기르다 ; ① 후(後)에, ② 육(育)할, ③ 재(栽)할

reason ; 사고력, 이성 ; 이성(理性)

rebel ; 반역(叛逆)자 ; 이반(離叛)을

recede ; 물러가다, 퇴각하다 ; 회(廻) 가다

receive ; 받을 수(受), 수령하다, 받아들이다 ; 령(領) 집어

recess ; 휴회, 쉬는 시간 ; 휴(休) 셨어

recipe ; 약제처방, 조리법, 레시피 ; ① 료(治療) 처방(處方), ② 리(調理) 기법(技法)

recite ; 리사이트, 암송, 복창, 이야기 ; 연(連) 지 털어놔

recognize ; 알아보다, 알아내다, 인정하다 ; ① 회(廻光返照) 관(觀) 내(內)조(照), ② 회광내조 (廻光內照)

recover ; 되찾다, 회복(回復), 복구 ; 회(回) (덮을) 개(蓋) (덮을) 비(庇)

recruit ; 신병, 신입사원, 회복시키다 ; 회(回, 다시)-꾸렸다, 키우다

recur ; 반복되다, 재발하다 ; 회(回)-갈, 걸어

recycle ; 재생, 이용, 재순환 ; 회(回) 주기(週期)

red ; 붉을 홍(紅), 붉을 단(丹), 적(赤)색, 주(朱) ; ① 홍(紅)-단, 적, 주, ② (fi)re-d단(丹), 적, 주

redeem ; 속바칠 속(贖), 대속, 되찾다 ; 회(回, 돌려) 잡음 (d=j 발음)

reduce ; 줄이다, 축소하다, 떨어뜨리다 ; 회 더가

reef ; 암초, 산호초 ; re여 (국어대사전 이희승; 물속에 잠겨 있는 바위)-엎어, 이뻐

reed ; 갈대 로(蘆) ; 로(蘆) 대

reel ; 릴, 감개 ; 회 얼레

refer ; 참고하다, 언급하다, 부르다 ; ① 회-봐, 펴, ② 회부(回附)

refine ; 불릴 런(鍊), 쇠불릴 연(煉), 정제, 제련(製鍊), 순화하다 ; ① 런(鍊) 피네, ② 회(回) 비네

reflex ; 반사(反射)의, 반사광 ; 회 휘(輝)사(射)

refrigerator ; 냉장고, 냉장장치, 빙고(氷庫) ; re랭(冷), re류(蒸溜器)-frig빙(氷) erator얼리다

refuge ; 피난, 보호 ; (살)려, 이(離)-퍼져

refund ; 반환금 ; 회(回)-푼돈, 부는 돈, 버는 돈

refuse ; 거부(拒否), 사퇴(仕退) ; 이(離) 부정(否定)

refute ; 반박하다, 부인하다 ; ① 되레, 회(回)-퍼대, ② 되레 붓다

regain ; 되찾다, 회복 ; (돌릴) 회(回) 갱(更)

regard ; 주의해서 보다, 존중하다, 관심 ; (돌릴) 회(回)-가두어, 간주(看做)

region ; 지역 역(域), 지방, 구(區) ; ① 역(域)구(區)인, ② 역(域)인

regret ; 유감, 후회 ; 려(慮) 개탄(慨嘆)

regular ; 규칙적, 정규적 ; ① 률(律) 규(規)할, ② 률(律) 구할

rehearse ; 연습하다, 리허설하다 ; (미리) 예(豫) 헤집어 (끌어)

reign ; 통치, 지배, 군림 ; 령(領)-근엄(謹嚴), 군(君)

reimburse ; 배상(賠償)하다 ; 회(回) 임(賃)을-배상, 배로 줘

reine ; Ⓕ 계집 녀(女), 여자 ; 여인네

reiteration ; 반복하다 ; 회(回) 잇따라 되는

relate ; 관련, 이야기하다 ; ① 련(關聯)을 잇다, ② 렬(列) 잇다

relative ; 상관적인, 비교상의 ; 연이어 대 봐

relax ; 이완(弛緩), 쉬다, 긴장을 풀다, 늦추다 ; (늦출) rela이완(弛緩) x찢어

release ; 놓을 방(放), 풀 석(釋), 풀다, 석방하다 ; 열려-서, 석(釋)

relic ; 유적(遺跡), 유물 ; re하(下) li유 c적(遺蹟)

relieve ; 경감하다, 안도케 하다, 구원 ; ① 력을 빼, ② 아래로, 위로-빼, 버려

religion ; 종교, 신앙 ; ① (힘입을) 뢰(賴)로 경(敬), ② 예(禮)인(仁)-경(敬), 종(宗), ③ 뢰(賴)
        (가호)을 주는

rely ; 힘입을 뢰(賴), 의지하다, 신뢰하다 ; 뢰(賴)

remark ; 주목하다, 알아차리다, 발언, 언급 ; 회(回)-말 걸어, 매겨

remind ; 생각하게 하다, 깨닫게 하다 ; 회(回) 몸안의 정신

remorse ; 뉘우칠 한(恨), 회한(悔恨) ; 회(悔) 마음의 성찰

remote ; 먼, 관계가 적은 ; (떨어져) 리(離) 먼데

remove ; 거리, 이동(移動), 옮기다 ; 이(移) 몸-반(搬), 위(爲)

renaissance ; 재생, 부활, 문예 부흥 ; 회(回. 재(再)-나서 살응께

rend ; 째다, 찢다, 쪼개지다 ; 열(裂) 나눈다

rent ; 임차료(賃借料)-사용료를 내고 세내다, 임대료(賃貸料)-사용료를 받고 세놓다 ; 료(料)-
        내 대(貸), 내다

repeat ; 되풀이 하다 ; 회 뱉다

replicate ; 복제하다, 모사하다 ; re이(二)-풀어, 펴, 풀이(식물)-같어

reply ; 대답하다, 응답하다 ; 회-보(報), 붙어, 풀어, 펴

report ; 보고(報告), 보도(報道)하다 ; 회 보도

represent ; 묘사(描寫), 대표 ; ① repre옆에 선다, ② (다를) re이(異) 표상 되는

reptile ; 파충류 동물 ; 아래 배 대어

republic ; 공화국, 국가 ; 율(律), 령(令)-법(法)으로-국(國),강(綱)

requiem ; 천주교 망자의 미사곡 ; 령(靈)귀(鬼) 애(哀) music

request ; 요구, 청하다 ; 뢰(賴) 구했다

rescue ; 구할 구(救), 구조하다, 탈출 ; (힘쓸) 려(勵)속(速)구해

research ; 연구(硏究), 조사(調査) ; ① 연(硏) 조사(調査), ② 이어서 찾아

reservation ; 조건, 예약, 제한 ; 예(豫) 세(稅)를 받치는

reserve ; 떼어두다, 비축하다 ; 예(豫)-제(制)비(備), 잡어, 잡어 보관(保管)

reservoir ; 저수지, 비축, 저장 ; 예(豫)-저(貯) 비를, 수(水)를 보(洑)

resin ; 송진(松津) ; ① 유(油) 진(津), ② 류(流) 송(松)

resist ; 막을 저(沮), 저항하다 ; 항(抗)-섯다, 저지(沮止) 대(對)

resort ; 유흥지 ; 유(遊) 좋다

resource ; 자원, 수단, 기지(機智) ; 재(財), 재(才致)-숫어

respect ; 존경, 주의 ; (생각할) 려(慮) 살펴 기대

respire ; 숨쉬다 ; ① 호(呼) 숨 빼여, ② 이어-숨, 쉬어-불어

response ; 대답, 반응 ; 회신(回信) 반(反)성(聲)

rest ; 쉴 휴(休), 휴식, 안정, 나머지 ; ① 휴 쉬다, ② 여(餘) 쉬다

restaurant ; 요리점, 음식점, 식당 ; 요(料理) 술을 따른다

restraint ; 제지하다, 금지하다, 억제하다 ; 후(後)로 땡긴다

result ; 결과, 귀착하다 ; 회(廻) 절로 돼

resume ; 다시 차지하다, 이력서 ; 회(回) 젋매여

retina ; 눈의 망막 ; (거꾸로) 역(逆) 띠네

retro- ; 거슬러, 뒤로의 뜻, 복고(復古)풍의 ; 회(廻), 후(後)-도로, 돌아, 돌려, 뒤

retrogade ; 역행하는, 퇴보하는 ; 회(廻) 도로 가데

retual ; 종교상 의례 ; 례(禮)-도(道)를, 절(節)을

return ; 돌이킬 반(反), 반(返), 돌아올 귀(歸) ; 회 돌은

reunion ; 재결합 ; (되돌려) 재(再)-연(連), 하나이은

reunite ; 재통일 ; (되돌려) 재-연, 하나-잇다

reuse ; 재사용 ; (되돌려) 재-사용(使用) ↔ 용사, 써

reveal ; 드러내다, 알리다 ; (돌려) 회 뺄

reverse ; 거꾸로 하다, 뒤 바뀌다 ; 후(後), 역(逆)-반전(反轉)

revert ; 되돌아가다 ; 역(逆) 반대(反對)

review ; 검토, 논평 ; 재(再) 봐

revise ; 수정되다, 개정하다 ; 회(回), 재(再)-보세, 봐줘, 볼시(視), 보정(補正)

revive ; 되살리다 ; 회(回) 빛봐

revolution ; 혁명, 회전, 주기 ; (가죽) 혁(革), 회(廻)-빨어지는

revolve ; 돌 회(廻), 회전하다, 교대로 하다 ; 회(回)-방(方向) 변(變)

reward ; 보수, 포상, 보답 ; 회 보답(報答)

rgya mtsho ; 티베트어, 바다 ; 류(流)거(去) mts마쳐서 ho해(海)

rheo- ; 흐름의 뜻 ; ① rheo류(流), ② r류(流) heo흘러

rhematic ; 류머티즘의, catarrhos(까다로워서) ; 류(流) 막혀 통증(痛症)

Rhine ; 라인 강, 북해로 흐르는 강 ; 류(流)흘 냇(물)

rhino- ; 코, 비강의 뜻 ; ① 력 힘, 호, 혼-나와, ② 활 높어

rhinoceros ; 코뿔소, 물소 ; 류(流) 냇가에, 력 힘 나와-커 소

rhyme ; 울릴 운(韻), 각운, 동운어, 운문 ; 율(律)문(文)

rhythm ; 율동, 변화, 리듬 ; ① 려(呂) 지는 음(音), ② 율동 음

rib ; 갈비대 륵(肋), 늑골 ; 륵(肋) 보호(保護)

ribbon ; 띠 리(縭), 묶을 루(累), 봉긋할 분(弅), 리본 ; 리(縭), 루(累)-분(弅)

rice ; 쌀 미(米) ; 이(밥) 쌀

rich ; 넉넉할 부(富), 부자 ; ① ri유(富裕)-층(層), ch충(充), ② 유지(有志), ③ 유지(乳脂), ④ r 불어서, r알-ich있지

ride ; 탈, 수레 승(乘) ; ① (수)레 달려, ② 위 등(騰)

ridge ; 고개 현(峴), 산마루, 이랑 ; 이(離) 등져

right ; 옳을 가(可), 오른 우(右), 바를 정(正) ; ① 옳았다, ② 이(理)있다

right angle ; 직각 ; 이(理)있다 an안쪽 gle각(角)

ring ; 고리 ; (방울) 령(鈴)

rinse ; 물로 썻다, 헹구다 ; 류(流)인-세(洗), 수(水), 씻어

rio ; ⑤ 강(江) ; 류(流)

ripe ; 익은, 숙성한 ; ① 물러 버려, ② 리(離)뼈, ③ 입 베어

ripple ; 잔물결, 파문 ; 러플

rise ; 올릴 양(揚), 일어나다, 오르다 ; ① 일어서, ② (올)러서, ③ 이(離)수(睡)

river ; 강 강(江), 물 하(河) ; ① 류(流)-파여, 변으로, ② (흘)러, 류-버려, 바닥, 바다, 뻘로

rivulet ; 시내 계(谿) ; 류, (흘)러-벌렸다

road ; 길 도(道), 도로 ; ① 로(路)도(道), ② 로 다녀, ③ (열)어-얻은, 다녀

roam ; 거닐다, 방랑하다 ; 로(路)-움직여, 마냥

roar ; 울 후(吼), 고함치다, 소리치다 ; ① 후(吼), ② 울어

roast ; 굽다, 볶다 ; roa라(火), 로(爐)-때

rob ; ~에서 훔치다 ; (노략질할) ro약(掠奪) b뺏어

robe ; 옷 치렁할 배(褙), 예복 ; 예복(禮服)

rock ; 바위 암(巖), 흔들다, 동요하다 ; ① ro암c석 k큰, ② (너)력

rod ; 막대 ; ① 약(弱) 대, ② (바지)랑대

Rodriguez ; ⑤ 스페인, 흔히 볼수 있는 성 ; (해)라(羅) 들어 가(家)의 자(子)

role ; 배역, 역할 ; 역할(役割)

roll ; 두루마리, 통, 양탄자 로(氍), 도르래 로(轤) ; ① 로(轤)로(轤), ② 원을

romance ; 연애, 낭만(浪漫) ; ① (사랑) 애(愛) 사람 껴안아, ② (사랑) 애 만개(滿開), ③ (사랑) 애 만세, ④ 애(愛) 만드는 기분, ⑤ 낭만(浪漫)기(氣)

romantic ; 낭만적인 ; ① (사랑) 애(愛) 만족(滿足), ② 낭만적(浪漫的)

Romero ; ⑤ 로마에 간 순례자들 ; 로마로

Ronald ; 남자 이름 ; 해 나다

room ; 방 실(室) ; ① (둘)러, ro원(圓), 호(戶)-움집, ② (게)르 움집

root ; 뿌리 근(根), 근본 본(本) ; ① 아래-안 띠는, 어두운 땅, ② 하(下) 아래 땅

rope ; 바 유(維), 포승 루(縷), 밧줄 ; 유(維), 루(縷)-바

rose ; 장미(薔薇) ; ① ro홍 se색(紅色), ② (여러) 해살(이)

rot ; 썩을 후(朽) ; 원(原)이, 불어, 후(朽)-터져

rotary ; 원형교차로 ; 원(圓)-차로(車路), 돌어

rouge ; 연지 연(臙), 붉은 ; 연지(臙脂)

round ; 둥글 원(圓), 둥글 단(團) ; 원(圓), 호(弧)원-단(團), 둥근, 도는, 둘레

rouse ; 깨우다, 일으키다, 분발 ; rou호(呼) 세워

route ; 루트, 길, 보내다, 노선 ; ① 로(路) 도(道), ② 로(路) 돼

routine ; 지루한, 일상의 ; 로(路)도(道)네

rove ; 헤매다, 배회하다 ; 유(流),랑(浪)-배(徘徊)

row ; 나란할 병(並), 벌릴 렬(列), 줄 ; ① 렬 병, ② 노를 져 (w=j 발음)

royal ; 국왕의, 왕족, 왕의 당당한 ; ① 해 알 (ro=해), ② 려(麗) al알

rub ; 문지르다, 닦기 ; ① (주무를) 유(揉)-비벼, (두드릴) 박(拍), ② (스칠) 럽

rude ; 버릇없는, 무례 ; ① (좁을) 루(鄙陋)-져, 대, ② 후져

ruin ; 헐 훼(毀), 붕괴, 거꾸로 떨어지다 ; 훼 인

rule ; 법령 율(律), 법(法), 려(呂) ; ① 율령(律令), ② 율려(律呂), ③ 율(律)료(撩)

run ; 달릴 주(走), 달리다, 뛰다 ; ① 륜(輪), ② 련(連)

rupture ; 파멸시키다 ; 열파(裂破) 절(折)

rush ; 서두르다 ; ① 율(矞)신(迅), ② 어서

rust ; 부식, 발청 ; (록)녹슬다

rustic ; 시골 특유의, 투박한 ; ① 리(里) 뜨기, ② 향수적(鄕愁的) (r=h 발음)

Ruth ; 구약성서, 여자 이름 ; ① ru효 th성(孝誠), ② ru연(憐愍)의 th정

rye ; 호(胡)밀 ; 호(胡)

S=ㅅ, ㅈ, ㅎ 발음

sabaean ; 아라비아의 옛 왕국, 사바사람 ; ① 성(星)배(拜), ② 성배(聖杯)

sabaoth ; 천군(天軍), 만군, 신의 군대 ; ① 성(聖)배(拜) 천(天), ② 잡어 천(天)

sabbath ; 안식일, 휴식기간 ; 쉬어, 사업(事業)-벗어

saber ; 사브르, 기병도 ; 삭 베어

sabotage ; 고의적으로 방해하다 ; ① 싸바닥(나막신으로 방해) 짓, ② 작업 안되지

sack ; 쌕, 가방, 자루 탁(橐) ; 소쿠리

sacrifice ; 제사 사(祀), 희생, 희생물, 제물 ; 사그리-바쳐, 비세, 희생

sad ; 근심 수(愁), 슬픔 ; ① 수(愁), 슬픈-도(哀悼), ② 짜져

sadden ; 슬퍼지다 ; ① 사단(事端), ② 수도된, ③ (눈물) 짜지는

safe ; 편안한, 안전한, 무사히 ; ① 살려, 사고를, 해를-피해, ② 삶, 사람-편안한, 평화(平和)

sag ; 축 처지다 ; 삭었어

saga ; 전설, 모험, 대하소설 ; 사(辭)가(歌)

sagacious ; 밝을 철(哲), 현명한, 총명한 ; 사고(思考) 키웠어

sagittarius ; 사수자리, 궁수자리 ; 사(射) 깃털

sail ; 돛, 돛단 배, 항해하다 ; ① (바람이 돛 사이로) 샐, ② (바람을) 쐬일, ③ sea바다 il일

saint ; 성스러울 성(聖), 성인, 덕 높은 사람 ; ① 상투(상두를 튼 사람, B.C. 5000년), ② 성인
(聖人)대(大)

salad ; 샐러드, 생채요리 ; ① 썰어, 잘라-들어, 저며, ② 소금에 저며

salary ; 봉급 봉(俸), 봉급, 급료 ; ① 살려 료(料), ② 쌀로 료(料), ③ 소금으로 료(料)

sale ; 판매 ; ① 살려 ↔ 팔려(쌀 산다의 뜻은 쌀을 판다는 뜻-뜻이 바뀜), ② 쌀(먹는 쌀), ③ 쌀
(저렴)

salmo ; ① 연어(鰱魚) ; 산란(産卵) 모천(母川)의 약자

saloon ; 큰 홀, ~장, 술집, 바 ; ① 사랑(방), ② 사람 오는

salt ; 소금 염(鹽) ; ① 솥에 (바닷물을 담고 불을) 때 (끓여 소금 알이)-되었다, 짜다, 덩이, ②

짜다, ③ 살리는 짜

salutation ; 인사 ; ① 살루대서-살갗으로 대면서 인사, ② (예)절(節)로 대해지는, ③ 절(乭)로 대해지는

salute ; 경례, 인사, 예포 ; (예)절(節)로 대

salvation ; 구원, 구조 ; ① 잘 바치는, ② 살펴주는

same ; 같은 ; ① 삼어, ② 싸(서) 매

sample ; 견본, 표본(標本) ; ① 삼어 볼래, ② sa작은 m모양 ple표본

Sánchez ; Ⓢ 스페인 성씨, 산초의 아들 ; 산채(山寨)의 자(子)

sanctuary ; 보호구역, 성소 ; ① 성소(聖所), 성역(聖域)-(울)타리, 처(處), ② 소도(蘇塗)

sand ; 모래 사(沙), 모래, 잔돌 ; ① 사(沙)돌, ② 잔돌

sanitation ; 위생(衛生)적인, 깨끗한 ; 쌓아놔, 싸니, 상(한 거)-태워지는, 따로 치운, 다 치운

sanitize ; 위생처리하다 ; 싸니 다 쳐

Sanskrit ; 산스크리트, 범어 ; 성(聖)서(書), 삼수(三秀)-글 테, 글이다, 그렸다

Santa Claus ; 산타 크로스 ; ① (순록 눈썰매로)산을 타고 굴(뚝으)로 왔어, ② 산을 타 (순록 썰매를) 끌어서, ③ 산을 타 끌어 썰(매를)

sap ; 수액, 서서히 파고듦 ; 수액(水液) 빼

sapience ; 아는 체하는 태도, 지혜 ; 사변(思辨)

sarcastic ; 빈정대는, 풍자적인, 냉소적인 ; 살을 까지게

sarc- ; 살(flesh), 육(肉), 피부의 뜻 ; ① 살, ② 살갗, ③ 살코기

satan ; 사탄, 악마 ; 삿된

satirical ; 풍자적인, 빈정대는, 비꼬는 ; 세태(世態)를 깔

saturate ; 삼투시키다, 적시다 ; 삼투(滲透)돼

saturday ; 토요일(土曜日), 토성 ; ① (토성(土星)의 띠) 새털 (가벼운 마음), ② 지어 땅, ③ 살 터

Saturn ; 농업의 신, 토성 ; ① 살(쌀) 터는, ② 살을 땅

saucer ; 받침 ; 잔 세워

savage ; 야만의, 사나운, 흉포한 ; ① 살 벗겨, ② 살아 밖에, ③ 잡아가

saw ; 톱, 톱질하다 ; 삭 베

say ; 말씀 사(辭), 말하기, 이를 운(云) ; 사(辭)

scab ; 딱지, 옴 ; 상처-껍(대기), 갑(甲)

scale ; 벗기다(비닐, 치석), 규모, 범위, 측정 ; 석(齒石), 수(數)-갈래, 갈러, 캐어

scales ; 천칭(天秤)자리 (저울자리) ; 수(數) 갈러서 세어

scalp ; 두피(頭皮) ; 수(首) 가죽 피부(皮膚)

scallop ; 가리비 ; sea짜 가리-비, 패(貝) (비늘패)

scan ; 유심히 살피다, 스캔 ; 살펴-캐내는, 캐는

scar ; 흉 흔(痕), 흉터, 상처 ; ① 상처(傷處), ② 까져

scare ; 겁나게 하다 ; ① 식(食)겁(怯), ② (눈) 슥 깔어

scene ; 경치, 장면, 대소동 ; ① 시(視) 경(景致), ② 휘장(揮帳)이어, ③ 설정(設定)이어

schedule ; 예정, 일람표, 스케줄 ; s시간 che재여 dule적어

scheme ; 꾀할 모(謀), 계획, 제도, 책략 ; ① 세(細) 계모(計謀), ② 세밀, 삭-꾀임, 꾸며

Schiphol ; 암스테르담의 공항 ; ① 선(船) 배 홀, ② 수(水) 깊을

schizo- ; 정신분열, 조현증의 뜻 ; 정신-증, 조(調絃)

scholar ; 선비 유(儒), 학자 ; ① 사(思) 철(哲)을 알을, ② 수(數)와 철학(哲學)알을, ③ 사(四)
　　　　철을 알을(천문 지리)

school ; 학교(學校) ; ① 수(數)와 철학(哲學)아는 울타리, ② 수(修)철(哲), 사(師)숙(宿)-울타리

science ; 과학(科學) ; ① 쪛은 세계(분석 측정), ② sci지식 ence연계

scissors ; 가위 전(剪) ; 찌져-잘라서, 쇠

scold ; 꾸짖을 질(叱), 꾸짖을 돌(咄), 야단치다 ; 심하게 까대

scoop ; 움켜질 부(抔), 한 숟갈 ; 숟갈로 퍼

scorch ; 그슬릴 초(焦) ; ① 새까말 초, ② 골초

score ; 득점, 득표 ; 수 꼬여(점수가 나면은)

scorn ; 비웃을 조(嘲), 경멸, 멸시, 거절 ; 시익 꼬는

scorpio ; 전갈 ; 꽈, 전갈-펴

Scot ; 스코틀랜드 사람 ; 수컷

scrap ; 작은 조각, 오려내는 것, 토막 남은 것 ; 작게 까 부스러기

scrape ; 문지르다, 긁어모으다 ; 슥, (긁을) 소(搔)-칼로 베여

scratch ; 긁을 소(搔), 할퀴다, 긁을 파(爬) ; ① 상처, 소(搔)-깟지, ② s할켰지

scrawl ; 낙서를 하다, 휘갈겨 쓰다 ; s휘, 서-갈겨 적을

screen ; 발 렴(簾), 가리개, 영사막 ; ① 세워 가린, ② 휘 치는, ③ 삭, 쇠-걸러내

screw ; 나사못 ; S-꽈 비틀어, 자(字)로 박어

scribble ; 휘갈려 쓰다, 낙서하다 ; ① 휘갈려 버려, ② 서(書) 그려브러

scribe ; 필기자, 서기 ; 사그리, 써, 서기(書記)-베껴

script ; 쓰다, 짓다 ; 그려, 새겨-보다, 바닥

scrub ; 문질러 씻다, 비벼 빨다 ; 솔껴 비벼

sculpt ; 새기다, 조각하다 ; 새기어 긁어 파 떼

sculpture ; 조각품, 새기다 ; 끌로 파 뚫어

scurf ; 비듬 ; 수(首) 꺼플

scurry ; 종종걸음치다 ; 사(뿐히) 걸어

scythe ; 큰 낫-개(鐗), 질(銍), 답(剳) ; ① (마(馬) 전차에) 껴져, ② 개-답, 질

scythia ; 고대 유목 스키타이인, skuda, saka ; ① 사(射)-궁수(弓手), 궁(弓)대(隊), ② 석가(釋
迦)족, ③ 색(塞)족 (새옹지마(塞翁之馬))

sea ; 바다 해(海) ; ① 수(水), ② 짜, ③ 해(海)

seagull ; 갈매기 ; 해(海) 갈(매기)

seam ; 이음매, 솔기 ; ① 쩜매, ② 싸매

search ; 찾을 심(尋), 찾을 수(搜), 조사할 사(査), 수색하다, 유심히 살피다 ; 세심(細心)히, 사
(査)-찾아

season ; 계절, 양념 간하다 ; ① 짜여진, ② 지어 손(으로)

seat ; 자리 석(席), 앉다, 좌석이 있다 ; ① 석(席)대(臺), ② 좌대(座臺)

secluded ; 궁벽할 벽(僻), 한적한, 분리된 ; ① 제(除) 클러대, ② 시골로 되다

second ; 제2의, 버금가는, 초 초(秒) ; ① 서(順序), 서(庶子)-간주(看做), 간다, ② S를 이2로 깬-둘2, 다른 (S를 중간을 잘라 둘로 나눈 부분 중 하나2로), ③ 시간-다음, 둘

secret ; 숨길 비(秘), 비밀 ; ① 숨겼다, ② 삭, 숨어-가렸다

section ; 절단, 부분, 분할 ; ① 세(細)역(域)떠논, ② 절(絕) 끊을 단(斷)

secure ; 완전히 지켜져 있는, 안전한 ; 제(濟) 구해

see ; 볼 시(視) ; se시(視) e안(眼)eye

seed ; 씨 종(種), 씨, 근원, 뿌리다 ; ① 씨 종자, ② 씨앗

seek ; 찾을 색(索), 구하다 ; 색(索)

seesaw ; 시소 ; 슥삭

segregate ; 사람을 분리하다, 차별하다 ; 세(細) 갈러 가둬

seize ; 와락 붙잡다, 쥐다 ; ① 잡아-채, 쥐어 ② 싸, 세게-잡어, ③ 잡지

seizure ; 붙잡기, 점령, 간질 ; ① 쥐어 잡어, ② 쥐어, 신(神)-점령(占領), 잡혀

select ; 쌀 일 도(淘), 가릴 택(擇), 선택(選擇)하다 ; ① 선(選) 엮다, ② 선(先) 일이(一, 二) 가려 택

Selene ; 그리스 신화, 달의 여신 ; ① 설(빛)로 이어 나와, ② 설레네

self ; 스스로 자(自), 자기 ; 자율(自律), 자(自)-face, 펼쳐, 발(發), 봐, 펴, ② (어)설퍼

sell ; 팔 매(賣), 팔아넘길 수(售) ; ① 살래 ↔ 팔래(쌀 산다는 판다는 의미)(쌀 팔다는 산다는 뜻), ② 수(售) 할

semantic ; 언어 의미의, 의미론적 ; ① 생각 많은 척, ② 서(書)문(文)뜻

same ; 같은, 동일한 ; ① 사(似)모양(模樣), ② 삼어, ③ 싸매

semi ; 반(半), 부분적으로 ; ① se절(折) mi반(半)=middle, ② 절(折) 맞대여, ③ se세컨드 마디 (1, 2, 3 지점의 2번 마디), ④ sem점(點) i둘로 나누는, ⑤ 좀

send ; 보낼 송(送) ; ① 전달, ② 송(送)달(達)

senior ; 노인(老人), 연상의, 선배의 ; ① 쉰이여(50세), ② (머리가) 쉰이여, ③ 선(先)위

sense ; 감각, 느끼다 ; 신성(神性)

sensor ; 센서, 감지기 ; 신(神) 살어브러

sentiment ; 감정, 감성, 정서 ; ① 신(神) 닿아 멍돼, ② 정취(情趣), 흥취(興趣)-멍 때려

Seoul ; 서울 경(京), 경성 ; ① 서라벌 ← 사위성 ← 실라벌실저 ← 슈바라스티(코살라국의 수도), ② 쇠울 ← 쇠성 ← 금성(金城)(신라의 수도), ③ saewel (인도유럽어 기어-해 볼, 해 오를, 숨을, 솟을)

separate ; 분리, 구분, 헤어지다 ; ① 세분(細分)으로 돼, ② 세(細)파(派)로 돼

sequel ; 영화 등의 속편(續編) ; 서(序), 속(續)-꿰일

sequence ; 속발, 연속, 계속 ; 서로, 서(序), 속(續)-관계

serenade ; 소야곡, serenata ; 석(夕)연(戀) 애타

series ; 계열, 연속, 한 벌, 시리즈 ; 서, 서열, 세어-이어서

serious ; 엄숙(嚴肅)한, 심각한 ; 서리 왔어

servant ; 종 노(奴), 종 복(僕), 노예(奴隸), 하인 ; ① 사(使) 봉대(奉戴), ② 새(경)을 받는다

serve ; 모실 시(侍), 봉사, 공헌, 서브, 하인, 노비(奴婢) ; ① 시봉(侍奉), ② 줘버려, ③ 시(侍)를 바쳐 ④ 절 배(拜), ⑤ 새(경) 비(卑)

service ; 서비스 ; 시, 줘-봉사, 바쳐

sesame ; 참깨 거(苣) ; ① 씨 싸매, ② 씨 짜먹어

set ; 지다, 두다, 놓다, 앉히다, 차리다, 한조 ; ① 졌다, ② 섰다, ③ 석(席)닿은, ④ 석좌(坐), ⑤ 설정(設定), ⑥ 조대(組臺)

seven ; 일곱 칠(七) ; ① (열에서) 셋을 뺀, ② s여섯에 e일 붙인, ③ 성(星)별(북두칠성)

sever ; 절단하다, 끊어지다 ; ① 씹어, ② 찝어, ③ 제해 버려

severe ; 독할 가(苛), 엄격한 ; 심(하게) 별러

sew ; 바느질하다, 꿰매다 ; ① 재봉(裁縫), ② 실 이어, 짜, 삭-w바느질

sex ; 성(性) ; (살) 섞어

shade ; 그늘, 음영, 색조 ; shine(빛) de뒤

shadow ; 그림자 영(影) ; ① 해, shine(빛)-뒤에, ② 해 도(圖)

shake ; 흔들리다, 흔들다 ; 섞어

shallow ; 얕은 물, 천박한 ; ① 찰랑찰랑 w=water, ② 살랑살랑 w=water (ll 반복)

shalom ; ⒣ 평화, 온전, 완전 ; ① 사랑 마음, ② 사람

shaman ; 무당 무(巫) ; ① 사(祀)무(巫), ② 사문(沙門), ③ 사(祀)맨, ④ 사제(司祭)

shame ; 부끄러울 치(恥) ; (얼굴을) 싸매

shanty ; 판자집 ; 싼 티

shape ; 모습, 모양 짓다 ; 사물, 상(相)-보여

share ; 몫, 배당 ; (나눌) 할(割)

shark ; 상어 교(鮫) ; ① 살기(殺氣), ② 사악 깨물어, ③ 상어 교(鮫)

sharp ; 날카로운, 예리한 ; ① 새의 부리, ② 삭베

shave ; 깍을 삭(削), 털을 깎다, 면도하다 ; 삭베

she ; 그 여자 ; s소small 해he ↔ he ; 그 남자 ; 해

shed ; 헛간, 창고 ; 헛간 (피자 헛)

sheep ; 양 양(羊) ; 순해-빠져, 이뻐

sheer ; 직물들이 얇은, 순수한, 가파른 ; 쉬이 해일

shelf ; 시렁 반(盤), 시렁 붕(棚), 선반 ; 시렁 반

shell ; 소라 패(貝), 조개, 껍질 ; ① 속에, 소라-숨을, ② 속알

shelter ; 피난처, 은신처, 숨기다 ; 쉴 터

Shem hameforash ; 신, 거룩한 이름, 여호아, 야훼, 아도나이(내주님) ; ① 숨 하늘 메워 불어 쉬어, ② 신(神) 숨 불어 쉬어

shine ; 빛날 휘(輝), 빛나다 ; ① 눈부시네, ② 신(神)이여, 신이네, ③ 해님, ④휘(輝)나와

shining ; 비칠 요(燿), 희(熙) ; ① 신이 나서, ② 눈 부시는, ③ 해님이

ship ; 선박(船舶), 배 항(航) ; ① 선박(船舶), ② 선(船) 배

shiver ; 몸을 떨다 ; 싸해 벌벌

shock ; 충격, 충돌, 진동 ; (일어날) 속(謖) (부딪칠) 격(擊)

shock ; 보릿단 가리, 볏가리, 옥수수 ; (묶을) 속(束)

shoe ; 신발 ; ① (신) 화(靴), ② (신) 혜(鞋), ③ 신어

shoot ; 쏠 사(射), 발포, 사격, 쏘다 ; ① 쏘다, ② 사(射)팅겨, ③ 쏴아 대

shop ; 가게 점(店), 상점 ; ① 상포(商鋪), ② 살 포

shore ; 해안가, 물가 ; 사(沙) 이어

short ; 짧을 단(短), 작다, 모자랄 핍(乏) ; (작을) 소(小) (짧을) 단(短)

shot ; 쏘다, 발사 ; ① 쏘다, ② 사(射)대(臺), ③ 쏴 튕겨

shoulder ; 어깨 견(肩) ; ① 세워져, ② 허우대

shout ; 외칠 효(嚆), 소리 지르다 ; 효(嚆) 대(大)

show ; 보이다, 드러내다 ; 시(視) 볼

shower ; 소나기(쏟아내기), 샤워 ; 쏟아 부어

shred ; 작고 가늘게 자르다 ; 소(小), 쇄(碎), 세-잘라, 단(斷)

shriek ; 소리를 지르다, 부르짖음, 비명 ; ① 소리 억, ② 씨껏

shrine ; 사당(祠堂), 성지, 성당 ; ① 사(祠)역(域), ② 성역(聖域)

shrug ; 어깨를 움츠리다, 으쓱하다, 대수롭지 않게 ; 실룩 (거려)

shun ; 꺼리다, 피하다, 멀리하다, 면하다 ; 숨는

shuttle ; 북 사(梭), 직조(織造)기, 실패 북 ; 직조 틀

shy ; 부끄러울 수(羞) ; 수(羞)

Siberia ; 시베리아 지역 ; 수(睡)백(白)(잠자는 하얀)역(域)

sibling ; 형제자매 ; 시스터+브라더

sicken ; 병이 나다, 신물 나다 ; 지끈거려

side ; 옆 측(側), 측면 ; ① 사이, 서로-대, ② 시(侍)접(接)

sieve ; 체 사(篩) ; 사이에 빼

sigh ; 탄식(歎息)하다, 한숨 쉬다 ; (숨쉴) 식(息) 한숨

sight ; 광경, 시력 ; 시(視) 있다

sign ; 부호, 기호, 서명, 인장 새(璽) ; ① 직인(職印), ② 새기는, ③ 서(書), 새-직인

silent ; 잠잠할 묵(黙), 침묵을 지키는, 잠잠 ; ① 정(靜) 돼

silk ; 명주 견(絹), 비단(緋緞), 백(帛) ; 실-견(絹), 금(錦)

Silla ; 신라(新羅) ; ① si새 la해, ② 고대인도 도시 shravasti

silt ; 물에 쓸려 어귀에 쌓인 유사, 토사 ; 실려 온, 쌓일, 사토

silver ; 은, 은빛, 은색 ; 흰빛을 (s=ㅎ 발음)

simple ; 단순(單純)한, 간단한 ; ① 힘(심) 풀어 ② 힘(심) 빼

simulation ; 모의실험 ; 유사(類似) 모의(模擬) 짓는

sin ; 종교상의 죄(罪), 고대색슨어 sundia ; 신에 죄

sincere ; 성실(誠實)한, 순결(純潔)한, 진실한 ; ① 성실, ② 신실(信實), ③ 순결, ④ 신(神) 서려

sincerity ; 진실, 진심 ; ① 신성(神性), ② 진실(眞實), ③ 신실 돼, ③ 성실 돼, ④ 신(信)성(誠)
       으로 돼

sing ; 노래하다, 지저귀다, 졸졸 흐르다 ; ① (소리) 성(聲), ② 성곡(聲曲)

single ; 단 하나의, 혼자의 ; ① 한 개, ② 혼자 (s=ㅎ, l 첨가)

sinister ; 사악한, 해로운, 좌수(左手) ; 신(神)이 떠려져

sink ; 가라앉다 ; 속 안으로, 주저앉아-꺼져, 가라앉아, 구멍

sip ; 마실 삽(啑), 한 모금 ; 삽

sir ; 선생, 귀하, 존칭 ; 씨(氏)여

siren ; 그리스 신화, 인간 독수리들의 아름다운 노랫소리, 싸이렌 ; sir수리 en인간(人間)

sit ; 앉을 석(席), 앉다 ; ① 석(席)-좌(坐), 대(臺), ② 좌(坐)-대(臺), 닿아

site ; 터 대(垈) ; 집 터

Siva ; 인도의 신, 창조, 유지, 파괴를 관장하는 신 ; 셋을 봐

six ; 여섯 육(六), 6 ; si혀 x섰어 (6)

size ; 크기 ; 재-척(尺), 자로

skate ; 스케이트 ; ① 신(身)격(格)-타, 대(帶), ② 신, 설(雪)-켜-타, 테

skeleton ; 뼈대, 골격 ; 신(身)격(格)이 딴딴한

ski ; 스키이 ; 설(雪)-켜, 길어, 껴

skid ; 차량의 미끄러짐 ; 속도 꺼-져, 대

skill ; 재주 기(技), 솜씨, 기술(技術) ; ① (바퀴를) 손, 솜씨-껴 끼일, ② 슬기, ③ 손길, ④ 기술
       ↔ 술기

skim ; 기름등을 걷어내다 ; 수(收) 걷음

skin ; 살가죽 기(肌), 피부, 가죽 ; ① 살 깐, ② (겉을) (버)낀, ③ 살 기(肌)인, ④ 살갗인, ⑤ 살 결인

skinny ; 깡마른 ; 깡 나와

skirt ; 스커트, 치마 군(裙) ; 시원하게 가려 둘러

skull ; 머리뼈 로(顱), 두개골 ; ① 해골(骸骨) (s=h), ② 신(神) 굴

sky ; 하늘 천(天), 하늘 호(昊) ; ① (하늘) 소(霄)-(하늘) 건(乾), 기(氣), 궁(穹) ② sun해 기, ③ 센 기, ④ 상기(常氣), ⑤ 상(祥)기, ⑥ 시꺼매, ⑦ 살을 기

slang ; 비속어, 은어, 술어 ; 속(俗), 상스런-언어

slap ; 찰싹 때리다 ; 살짝 패

slaughter ; 잡을 도(屠), 도살, 살인 ; ① 살육(殺戮) 도, ② 살을 오려대

slave ; 노예, 종 복(僕), 노비(奴婢) ; ① 사(使)비(卑), ② 사버려, ③ 잡어

slay ; 죽일 살(殺), 죽이다, 살인하다 ; 살

sled ; 썰매 ; 설(雪)에-달려, 대

sledge ; 개 썰매 ; 설 달려 개

sleep ; 잠잘 면(眠), 수면(睡眠), 잠 ; 자려고, 수(睡眠), 졸려-엎어져

sleepy ; 졸리는 ; 졸려 엎어

sleigh ; 말 썰매 ; 설 위에가 호스horse

slender ; 날씬한, 홀쭉한 ; 살랑대

slice ; 얇은 조각(爪角) ; ① 세밀히, 잘러, 소(少)-깍다, 깨, 조각, 짤라, ② 실을 껴

slide ; 미끄러지다 ; ① 활주(滑走), ② 설(雪)주(走)

slight ; 약간의, 적은 ; 잘랐다, 소(少) 있다

slim ; 호리호리한 ; 살 말라

slip ; 미끄러지다 ; ① 설(雪), 살짝-엎어져, ② 짚어

slope ; 비탈-사(斜), 판(坂), 파(岥) ; ① 사파, ② 살짝 삐딱

sloppy ; 길등이 질퍽한, 물기 많은, 옷이 헐렁한 ; 설(雪)에, 수(水)에-빠져

slow ; 느린, 더딘, 천천히 서(徐), 느릴 완(緩) ; (느릴) 서(徐)-보(步), 주(走), 완(緩)

sludge ; 진흙 같은 것, 폐기물 ; ① 수(水) 되져, ② 흘렀지

slum ; 빈민굴 ; 살어 움집

sly ; 간사할 사(邪), 교활한 ; (간사할) 사(邪)

small ; 작을 소(小), 작을 묘(藐), 작을 마(麼) ; 소(小)-묘(藐), 마(麼), 미(微)

smart ; 스마트, 재빠를, 말쑥한, 맵시, 솜씨 좋은 ; ① 솜씨 맵씨로-똑똑한, 단정한, 아름다운,
　　　② 세련 말쑥한 동작, ③ 수 많이 돼

smell ; 냄새 맡을 후(嗅) ; ① 후(嗅) 맡을, ② 스멀스멀(개가 코로 냄새 맡음)

smile ; 웃음, 미소(微笑) ; ① 미소↔소미, ② 소(笑)로 말해

smoke ; 연기 연(煙) ; 숨 막혀

smooth ; 미끄러질 활(滑), 매끄러운 ; ① 수(水) 묻혀, ② 수(水) 매끄럽게 돌아가는, ③ 세련
　　　되고 멋진

smuggler ; 밀수출입하다 ; 숨어-끌어, 거래

snake ; 뱀 사(巳) ; 삭, 스윽, 사(巳)-낮게 기어

snap ; 스냅사진, 덥석 물다, 잡다, 딱 부러뜨리다 ; 순식간에 냅다 팍

snarl ; 으르렁 거리다, 호통치다 ; 사나울

snatch ; 와락 붙잡다, 잡아채다 ; 손 낚아 채

snore ; 숨소리 배(啡), 코고는 소리 ; 숨 노래

snow ; 눈 설(雪) ; ① 살포시, 설(雪)-나려-오는 화이트white (희다), ② 설 눈↔눈 설

soak ; 젖다, 잠기다, 잠겨, 담그다, 적시다 ; ① (담글) 석(液), ② 쏘옥

soap ; 비누 ; 수(水), 세(洗)-비누

soar ; 높이 날다, 급등하다 ; 솟아

soccer ; 축구(蹴球) ; 족(足) 차

social ; 사회(社會)적인, 사교적인 ; ① 섞일, ② 사귈, ③ 사교(社交), ④ 섞어 알

society ; 모일 사(社), 사회, 집단 ; ① 섞이었지, ② 사교였지

socks ; 양말 ; 족(足) 감싸

soeben ; ① 지금 ; 시방

sofa ; 소파 ; 속 파고드는

soft ; 부드러울 연(軟), 부드러울 유(柔) ; 상냥, 사뿐, 순하게-약, 유, 연하게-보들보들, 따스한, 부드러운

soften ; 부드러운, 유연(柔軟) ; 속 부드러운

soggy ; 축축한, 흠뻑 젖은 ; ① 수(水)기(氣), ② 젖기

sojourn ; 머무르다, 살다, 체류, 위안 ; 살기 좋은

sol ; 해, 태양 ; ① 설 (날), ② 센 알

solar ; 태양의, 태양광선 ; sol설(날) ar알 (la(해)라(羅) (신라(新羅))

soldier ; 군사 병(兵), 군인 ; ① 살려줘, ② 줄 지어, ③ (화)살 쥐어, ④ 쌀 주어

sole ; 오직 하나의, 혼자의 ; ① 홀로 (s=h 발음), ② (쓸쓸할) 소(蕭) (쓸쓸할) 료(廖)

solemn ; 엄숙할 숙(肅), 1년에 엄숙한 종교적 행위 ; 숙엄(肅嚴), 숭엄(崇嚴)-년

solicit ; 간청(懇請), 호객 ; 소리쳤다

solid ; 견고한, 고체의 ; ① 신뢰-되는, 단단한, ② 속이 단단한

solidarity ; 연대, 결속 ; ① 신뢰 되었지, ② 살로 대었지

solitary ; 혼자의, 외로운, 고독한 ; ① 살어 떨어져, ② 홀로 되리, ③ (쓸쓸할) 소(蕭) (쓸쓸할) 료(廖)

solo ; 독주, 단독의 ; ① 홀로, ② 소료

Solomon ; 이스라엘 왕, 솔로몬 ; ① sol설(해)를 모시는 (서면, 해모수(解慕漱), (사문(沙門), 사제(司祭), 사(祀)무(巫))

solt ; 소금, 염(鹽) ; ① 살리는, 수(水)-t짜, 다려, ② 해(海) 짜, ③ 짜다, ④ 솥에 불을 때(솥에서 나온 금)

solute ; 용액에 녹아있는 용질 물질 ; ① 흘려져, ② 수(水)로 돼, ③ 살(撒) 돼

solution ; 용해(溶解), 용액, 해법 ; ① 흘려지는, ② 수로 된

solve ; 해결, 해소, 풀다 ; ① 살(撒), 해(解)-분리(分離)

some ; 약간, 어떤 ; ① 쪼매, ② 좀

son ; 아들 자(子) ; ① 손(子孫), ② (사람의) 손(孫子), ③ 사내, ④ 선머슴

sonar ; 소나, 수중 음파장치 ; 소리 나오는

song ; 읊을, 외울 송(誦), 노래 가(哥) ; 송(誦)

sonic ; 소리의 ; 소리 나게

sonobuoy ; 자동 전파 발신 부표 ; 소리 나오는 부(浮標)

sonus ; (L) 소리 나는 ; ① 소리 나서, ② 소리날 성(聲)

soon ; 곧, 이내, 빨리, 재빠를 순(徇) ; ① 순(順), ② 순(徇) 오는

soot ; 그을음 매(煤), 검댕, 매연 ; 숯

soothe ; 쓰다물 무(憮), 위로, 달래다 ; ① 수다, ② 쓰다듬다

sore ; 아픈, 상처, 까진 ; ① 쓰려, ② 쏘여

sorrow ; 슬플 애(哀), 슬퍼할 추(愀) ; 서러워 비(悲)

sorry ; 미안, 슬픈, 가엾은 ; ① 사려(思慮), ② 사례(謝禮)

soul ; 넋 혼(魂), 정신, 영혼 ; ① 속의 얼, ② 생각 아는 얼

sound ; 소리 음(音), 울림 ; ① 성(聲) 들려, ② 소리 울린 들려

soup ; 수프, 고깃국물 ; ① 수(水) 빵, ② 숟가락으로 퍼

sour ; 신, 시어진, 불쾌한 ; ① 시어, ② 술로

source ; 근원 원(源), 원인 ; 속을, 생겨-캐

southern ; 남쪽의 ; (해가) 솟아오른

sow ; 씨를 뿌리다 ; 씨 뿌려 (w=ㅃ 발음)

space ; 공간, 우주(宇宙) ; 세상 밖에(대기권 밖 인간의 인지와 행성간 무한공간)

spade ; (농기구) 가래 ; 삭 파대

spare ; 여분의, 떼어두다 ; 빼여

spark ; 스파크, 불꽃 ; 순식간에-불, 빠르게-켜지는

sparkle ; 반짝, 생기 넘쳐, 싱그러워, 불꽃, 광채 ; ① 새빨개, ② 새 밝게

sparrow ; 참새 작(雀) ; 빨러 비(飛)

speak ; 말하기, 말씀 사(辭), 아뢸 백(白) ; 사(辭)백(白)

spear ; 창 과 (戈), 창 창 (槍), 찌르다 ; 삭-베어, 벨

spec ; 설명서, 사양 ; ① 써 베껴(놓은), ② 서(書) 보게

special ; 특별할 특(特), 다를 수(殊) ; 수(殊)별(別)-시럴, 시러울

specify ; 구체화하다 ; 수(殊)별(別)히 펴

spectacle ; 광경, 구경, 안경 ; 시(視) 바깥에 꺼

spectrum ; 스펙트럼, 범위 ; 시(視) 볕이 들어옴

speech ; 발화(發話), 언어, 말 ; 사(辭), 생각, 소리-뱉지

speed ; 빠르기, 속력, 속도(速度) ; 속(速)빨리, 재빨리-달려, 동(動)

spell ; 철자하다, 단어를 쓰다, 뜯어보다, 한차례, 마법, 주문(呪文) ; ① 설(說), 생각을-펼, ② 힘을 빨을 (s=ㅎ 발음)

spend ; 시간 보내다, 쓰다 ; 시간, 써, 소비-뺀다

sperm ; 정자(精子) ; 씨 퍼져 만들어

sphere ; 구(球)체(體), 하늘 ; 새파래

Sphinx ; 이집트, 스핑크스, 여자 머리에 사자 몸에 새 날개 모습 ; s수(獸), s사자-phin봉황(鳳凰) x새

spice ; 양념, 향신료 ; 식물, 식(食)-빻아-견져, 깨

spider ; 거미 주(蛛) ; 실 빼-줄, 달어, 주

spike ; 못, 스파이크 ; 속으로, 쇠-파, 바닥, 박아-껴

spin ; 회전하다, 방적하다, 실을 짓다 ; ① 실 방(紡), ② 실-뽑는, 빼는, 팽이

spinach ; 시금치 파(菠) ; ① 힘 뻗쳐나 채소, ② 시금치 파(菠) 낮은 채소

spine ; 척추(脊椎), 등골, 등마루 ; ① 뼈네, ② 뼈 나와 (sp=ㅃ 발음)

spir ; 삶, 생명, 생기, 호흡(呼吸) ; ① s호p흡 ir이을 (s=h 발음), ② 식(息), 숨, 신(神)-빼 이을, 빨아들여, 불어

spiral ; 나선(螺旋), 돌 선(旋), 소용돌이 ; ① 선(旋)펼, ② s소라 piral봐라 (나선형, 우주 은하)

spire ; 숨 ; 식(息), 숨-빼여, 불어

spirit ; 순일할 정(精), 신령 령(靈), 정신(精神), 마음, 영혼 ; ① 재빠르다, ② 신 빠릿, ③ 신비

롭다, ④ (기상(氣像)이) 새파랗다,

spit ; 침 타(唾), 뱉다 ; ① 빼다 (sp=ㅃ), ② 뱉을 타

spite ; 악의, 악심 ; 싫어-핏대, 삐딱, 삐져, 뱉어

splatter ; 후두둑 떨어지다, 액체 방울 튀기다 ; 수(水) 방울 떨어져

splint ; 부목을 대다 ; 손상(損傷) 편(片) 대

split ; 쪼갤 부(剖), 터질 탁(拆), 찢을 렬(裂) ; ① 분열(分裂)된, ② 석(析) 분 틈, ③수(水) 불려 틈

splurge ; 과시, 자랑 ; 뻐겨

spoke ; 바퀴살 복(輻) ; 살-복, 바퀴

spoon ; 수저 사(柶), 숟가락 시(匙), 숟가락 ; 사(柶), 수욱-푸는, 퍼오는

sport ; 스포츠, 운동 ; ① 뻗을, (뛰어) 빠를-동(動), ② 심, 사지(四肢)-뻗쳐, ③ 빨리-뛰어, 달려, ④ ≒ 스파르타

spot ; 발견하다, 알아채다 ; 소(小) (아롱질) 반(斑)-점(點), 티, 테

spouse ; 배우자(配偶者) ; 서로 배우자

sprain ; 손목, 발목을 삐다 ; (뼈) 삐인

sprawl ; 팔다리를 아무렇게 뻗을 ; s손 p발을 w뻗을

spray ; 스프레이, 비말, 살포(撒布) ; ① 살포, ② 수(水) 뿌려

spread ; 펴다, 퍼지다 ; 삭 펴다

spring ; 봄, 생기, 용수(龍鬚)철(鐵), 샘 ; ① 삭 풀린, 솟아 피는, 새로 피는, 수풀이 되는-계절(季節), ② 새파랑, 숲 푸르는, 솟아 푸르는-계절, ③ 쇠 펴는 구불한 거, 수염 빙 감겨, ④ 수(水) 풀리는, 수(水) 보이는, 수분(水噴)-기운(氣運), 계절

sprinkle ; 물 뿌리다, 보슬비 ; 수(水)-뿌려 끼얹어, 뿌린께

sprite ; 도깨비, 요정 ; ① 숲불이다, ② 뿔있다

sprout ; 싹 아(牙), 싹이 나다 ; ① 새파랗다, ② 싹 발아 됨, ③ 싹-봉우리, 벌어-져, 틔어

spume ; 거품 ; 수(水) 포말(泡沫)

spurious ; 가짜의, 거짓의, 그럴싸할 ; 색(色) 뿌렸어

spurt ; 뿜을 분(噴), 뿜어 나오다 ; 수-분출, 뿜어 대

spy ; 엿볼 사(伺), 스파이, 정탐할 정(偵) ; ① 사(伺), 삭, 슬쩍, 살짝-봐, ② 살펴

square ; 정방형(正方形), 정(正)사각(四角)형, 모 방(方) ; ① 사각(四角)으로, ② 사(四) 구역 (區域), ③ 4로 갈러

squat ; 쪼그리고 앉다 ; 석(席) 꽈 좌(坐)

squeak ; 끽 소리를 내다 ; 꽤액

squeeze ; 죄다, 껴안다, 짤 착(搾), 손으로 꽉 짜다 ; 손-꽉, 끼어-짜, 조여

squirrel ; 다람쥐 ; ① (nuts를) 숨길, ② 숲길에, ③ 숲 기어 올(라)

stab ; 찌르다, 해치다 ; 슥 따브러 (st=ㄸ, ㅉ, ㅌ, ㅊ 발음)

stability ; 안정성, 착실, 부동 ; ① 땅에 붙어, ② 땅 봐, ③ 차분

stable ; 안정된, 견고한 ; ① 땅에 붙어, ② 차분이

staff ; 막대기, 스탭, 직원 ; 땅 바지랑대 보조

stage ; 스테이지, 무대, 연단 ; 서 단계(段階) ↔ 계단

stain ; 더럽히다, 얼룩지다 ; 때 n녹

stair ; 섬돌 계(階), 계단의 한단 ; ① 섬 돌, ② 띄여, ③ 단을 이을

stake ; 말뚝, 화형대 ; 땅에 껴

stale ; 신선하지 않은 ; ① 속 탈라, ② 신선이-달라, 떨어져

stalk ; ① 줄기 경(莖), 줄기, 대, ② 성큼성큼 걷다 ; ① 따를 경, 한떨기, 줄기, ② 따라 걸어, 추 격(追擊)

stall ; 멎게 하다 ; 땅에 닿을

stamina ; 원기, 체력, 정열, 스테미나, 땅기운, 꽃술 예(蕊) ; ① 땀에 내(耐), ② 단단함 만들어 내여, ③ 땅 밀고 나오는

stamp ; 우표 ; 써, 서(書)-담은 표

stampede ; 우르르 몰려대, 재촉하다 ; 덤벼 대

stand ; 서다, 설 립(立) ; ① 땅에 대, ② 땅 디뎌

stand point ; 견지, 관점 ; 땅에 대고 보인데

standard ; 수준, 기준 ; 땅 닿은 데

star ; 별 성(星), 별 태(台) ; ① 성(星)태(台), ② 타, 떠-올라

stare ; 응시(凝視)하다 ; 뚫어(지게), 째려-(봐)

start ; 출발하다, 출발, 달리다 ; ① 섯다-달리는, 달리다, ② 달릴 동(動), ③ 땅으로 달려, ④ 서 달려 대

startle ; 놀랄 달(怛), 깜짝 놀라다 ; 떨어뜨려

state ; 나라 방(邦), 서있는 위치, 상태, 정부, 국가 ; ① 땅에 대, ② 땅덩이

station ; 역(驛), 정거장 ; 땅에 지은

statistics ; 통계학, 통계자료 ; 따져서-적어, 대꾸

statue ; 상(像), 조소 ; ① 따서 떠내, ② 따로 떼어

status ; 사회적 지위, 법적 신분자격 ; 따 뒀어

stay ; 머무를 정(停), 머무름, 남다, 체재(滯在) ; ① 체(滯), ② 체(滯)역(驛), ③ 숙(宿)체(滯), ④ 셨대여, ⑤ 서 땅에

steal ; 훔칠 투(偸), 절도(竊盜), 도둑질 ; (훔칠) 절(竊)

steam ; 찔 증(烝), 김 기(汽), 증기 ; ① 찜, ② 수 찜, ③ s수증기(水蒸氣) tea뜨거운 m물

steel ; 강철 강(鋼), 강재 ; (쇠) 철(鐵)

steep ; 물에 담글 지(漬), 가파른, 절벽(絶壁) ; ① 젖어 배어, ② 절벽

steer ; 조종(操縱)하다, 키를 잡다 ; ① 선(船) 띄워, ② 잡아, ③ 잡아 돌리어, ④ (마차 줄을) 선(線) 띄어서 (잡아)

stem ; ① 줄기, 종족, 혈통, 비롯, 유래하다, ② 저지(沮止)하다 ; ① 따라 옴, ② 제(制止) 멈추어

step ; 걸을 보(步), 걸음, 스텝 ; ① 땅, 떼어-보(步), 밟을, 발, ② 단보(段步)

sterilize ; 살균하다, 소독하다 ; 털어 열 쬐여

stern ; 고물 축(舳), 선미(船尾) ; ① 수(水) 돌리는, ② 선(船) 따르는

stern ; 근엄한, 엄숙한 ; 쩌는

stew ; 스튜, 고기 채소 국물요리 ; 쪄 물water

steward ; 비행기 승무원 ; ste집, 돈(豚)-ward봐줘

stick ; 지팡이, 막대기, 찌르다, 끈적거림 ; ① (가)지(支) 꺾은, ② 찍개, ③ 찌르는 가늘고 긴, ④ 접착(接着) 끈(적)

sticky ; 끈끈한, 불쾌한 ; 접착(接着)-끼, 기(氣)

stiff ; 뻣뻣한, 굳은 ; 상태 뻣뻣

stimulate ; 자극하다, 흥분시키다 ; ① 지다 물어대, ② 쭈물러, 떠밀어-대, ③ 침을 놨대

sting ; 침 가시 등을 찌르다, 쏘다 ; ① 찌르는 가시, ② 쏘이고 찔린-가시에, 곤충에

stinger ; 비꼼, 가시 돋친 말, 쏘는 말 ; 찌르는 가시여

stingy ; 인색할 린(悋), 인색할 색(嗇), 아낄 간(慳), 째째한 ; ① 팅겨, ② 짠지, ③ 쌩까

stink ; 고약한 냄새가 나다 ; 찡그려

stir ; 움직이다 ; 떨어

stitch ; 한 바늘, 꿰매다 ; (한)땀-찔러, 코

stole ; 영대(領帶), 긴 숄, 여성용 겉옷 ; 둘러

stomach ; 밥통, 위장(胃) ; 식(食)-다 먹지, 담았지

stone ; 돌 석(石) ; sto단단하고 ne넓적한

stoop ; 몸을 굽히다 ; ① 수두(首頭) 앞으로, ② 땅에 엎드려

stop ; 그칠 지(止), 머무를 주(住), 그칠 저(沮), 멈추다 ; ① 덮어, ② 섯다 바로, ③ 땅-박어, 바닥, 봐

store ; 쌓을 저(貯), 쌓을 축(蓄), 저장 ; ① 쌓아 두어, ② 쌀 두어, ③ 축(蓄)

stork ; 황새 ; 새 다리 길어

storm ; 폭풍우 ; ① 수(水)태(颱)-물, 마져, ② 수(水) 더미

story ; 이야기 ; ① 사(辭), 설(說), 사실-떨어, 달리, 따라, ② 수다

straddle ; 다리를 벌리고 올라앉다 ; 떨어 뜨려 다리

straight ; 곧을 직(直), 곧장, 똑바로 ; 따라-했다, 일어났다, 잇다

strain ; 부담, 압박, 무리하게 ; ① 담(擔)인, ② 떠안은

strand ; 물가, 바닷가, 좌초(坐礁)시키다 ; 땅에-댄다, 닿다

strange ; 기이할 기(奇), 기묘한, 이상한, 낯선, 생소하고 다른 ; 딴-거, 괴(怪)

strangle ; 목맬 교(絞), 교살(絞殺), 목 죄다 ; ① 새끼 많은 교(絞), ② 땡겨

strategy ; 전략 ; ① 따져-계획, 기술, ② 책략(策略) 따져

stray ; 옆길로 빗나가다, 잃다 ; 실(失) 도로(道路)

stream ; 흐를 유(流), 내 천(川), 시내, 개울 ; 따라, 떠-물(흐름), 옴

street ; 거리 가(街) ; ① 차로(車路) 도(道), ② 따라 잇다

strength ; 힘 력(力) ; 땡겨-서, 힘

stress ; 압박, 강세(强勢), 스트레스 ; ① 떨렸어, ② 떨었어, ③ (가슴이) 세게 뛰었어, ④ 스스로 틀어졌어 (닥친 상황에)

stretch ; 펼 서(舒), 펼 신(伸), 늘이다, 스트레칭 ; 슬쩍 틀어 찢어

stride ; 큰 걸음으로 걷다, 보폭, 말달릴 기(騎) ; ① 달리다, ② 뛰다

strife ; 불화, 갈등 ; ① 돌아 버려, ② 서로 대(對), 떨려-패, ③ 쟁투로 파(破)

strike ; 칠 타(打), 칠 박(搏), 당(撞), 때리다 ; ① 타격(打擊), ② 때려 까, ③ 쳐 깨, ④ 휘둘러 깨, ⑤ 도리끼

string ; 꿸 곶(串), 끈, 줄, 묶다, 현악기의, 시위, 꿰다 ; ① 줄, (활)시위-당기는, 땡기는, ② 줄 땋은 거, 이은 가닥

strip ; 껍질 등을 벗기다, 옷을 벗다 ; 삭 돌려, 따라, 속 다, 삭 다-벗어, 벗겨

strive ; 노력, 힘, 분투(奮鬪)하다 ; ① 전투 벌려, ② 심 써브러, ③ 삭 드러부어

stroll ; 산책(散策), 한가로이 거닐다 ; 서(徐) 돌을

strong ; 굳셀 경(勁), 강(强), 강한, 센, 튼튼한 ; ① 세고 단단하여-(오래)견디는, 경(勁), 강한, ② 쩌렁쩌렁, ③ 땅겨

structure ; 구성(構成), 구조 ; 짜서 얽어 뚫어

struggle ; 격투하다, 투쟁, 노력 ; ① 투쟁(鬪爭), ② 때려 까

student ; 학생, 학자, 연구자 ; ① 서(書)-따진, 떼진-자, ② 눈이-떠진 자, 터진 자, ③ 습득(習得)된 자

study ; 공부, 배우다 ; ① 서(書) 따져, ② 정지(定智), ③ 터득, ④ 생각 더 지음, ⑤ 눈이 떠져, ⑥ 수도(修道), ⑦ 도(道) 닦어

stun ; 기절시키다, 망연자실 하게하다 ; 쳐 뇌

stupa ; 불탑(佛塔) ; 사리 담은, 탑, 토-분(墳)

stupid ; 어리석을 우(愚), 둔한, 멍청한 ; 두(頭) 비다 (무식(無識))

stutter ; 말을 더듬다 ; ① 설(說) 더 떨어, ② 서-떼떼, 더듬다, 덤 떨어

styl ; 문체, 방법, 스타일, 머리 자르기, 종류 ; ① 숱-땋을, 뗄, 자를 ② (눈에) 띄일

sub- ; 부(副), 아(亞), 버금, 서열 부(副), ~아래에 ; ① 저부(低部), ② 하부(下部), 하부(下副),
③ 후보(候補), ④ 서(열) 부(副), ⑤ 잡아, ⑥ 숨어 버려, ⑦ 접어

subdue ; 정복(征服)하다, 제압(制壓), 토벌(討伐), 진압(鎭壓)하다 ; ① 정복 제압(制壓), ② 잡
어-둬, 죽여

subject ; 지배를 받는, 신하(臣下), 논의, 주제, 학과, 문제, 대상 ; 정복(征服), 잡아-예속(隷屬)된

submarine ; 바다 밑, 잠수(潛水)함 ; 하부, 저부, 잠겨 버려-물이네

submerge ; 담글 엄(淹), 함(涵), 잠수하다 ; ① 숨어 버려 모르게, ② 저부(低部) 물로 가

submit ; 굴복시키다, 굴복하다 ; 정복, 서열 부-맺어, 밑에

succeed ; 성공하다, 계승(繼承)하다, 잘 되어가다 ; ① 성공 계 잇다, ② 좋게 잇다

success ; 좋은 결과, 성공(成功) ; ① 성공, 쑥-컸어, ② 좋겠어 (s=j 발음)

successor ; 계승자, 상속자, 후임 ; ① 주욱 섰어, ② 속계(續係)자

succba ; ⓛ 매춘부 ; 섞어-부(婦), 벗어

succulence ; 즙이 많음, 다즙(多汁) ; 수액(水液)-즙 있은께, 적실란께

suck ; 빨 삭(嗽) ; 삭

suddenly ; 갑작스러운 ; (갑자기) 숙(倏) 돼진

sufficient ; 충분한 ; sub하부 파 채운다

sugar ; 사탕수수 저(藷), 설탕 ; ① 저, 설(탕)-가루, ② (이빨이) 삭아

suggest ; 암시하다, 시사하다, 제안하다 ; 숙제(宿題) 줬다

suicide ; 자살(自殺) 하게 하다 ; 자(自)시(屍), suici자살-de죽여

suitable ; 적당한 ; ① (옷을) 짓다 복(服), ② 적당해브러

Sukhavati ; 인도어, 극락정토(極樂淨土), 안양(安養)세계 ; sukha수광(壽光) vati불타(佛陀)

sulky ; 부루퉁한 ; 썰렁한 끼

sullage ; 침전물, 찌꺼기 ; ① 쓰레기, ② 설거지, ③ 수 흘러 찌 (s=ㅅ ㅎ, ll 반복)

sullen ; 뚱한, 시무룩한 ; 썰렁한

Sultan ; 이슬람 왕 칭호 ; 설(설날, 새해) 단(단군(檀君))

sultry ; 무더울 서(暑), 찌는 듯이 더운 ; 서(暑) 쪄

sum ; 총계, 합계 ; (모든 걸) 쌈

summary ; 요약, 개요, 대략 ; 쌈 말어

summer ; 여름 하(夏) ; ① (더울) 서(暑)옴, sun-물을, 문 열어, 머물러, ② 숨-막혀, 멎어

summit ; 최정상, 꼭대기, 절정 ; ① 점 맞대, ② 숨이 차

sun ; 볕 양(陽), 해 ; ① 솟는, 서는, ② 새벽 여는, ③ 설날solla, ④ 선(鮮)(조선(朝鮮)-아침 깨
        끗한), ⑤ (햇살) 현(晛) ⑥ 생(生) 내는(s=ㅅ, ㅎ 발음)

sun set ; 해질 간(旰), 일몰(日沒) ; ① 해 졌다, ② 솟는 지다 (s=ㅈ 발음)

sup ; 저녁을 먹이다 ; (저녁) 석(夕) 밥

super ; 대단한, 굉장한, 빼어난, 초(超) ; ① 수(秀), 썩-빼어난, ② 수배(數培)로

superb ; 최고의, 최상의 ; ① 수배로 벌어, ② 썩 빼어나 배(倍)

supper ; 가벼운 저녁식사 ; 수(水), 수프-빵, 퍼

supply ; 공급하다 ; 쥐 풀어

support ; 나르다, 받치다, 지탱하다 ; 쥐 풀어-받쳐, 보태

suppose ; 가정하다, 추측하다 ; 접해 봐 생각

supreme ; 빼어날 수(秀), 최고(最高)의, 최상의, 우수한 ; ① 수(秀) 빼어남, ② 수풀 림(林), ③
            숲에 머무는 (수행자), ④ 접어 위에 임해, ⑤ 숫, 솟은-뿔이 멋져

sur- ; 빼어나, 넘을 초(超), 넘어서, ~위에 ; s상(上) ur위일

sure ; 확실한, 물론 ; 실(實)

surf ; 밀려드는 파도 ; ① 수(水)(위를) 파도(波濤), ② 저어, 성난-파도

surface ; 가죽 표(表), 표면, 외관, 외면 ; 상(上) 밖에

surge ; 큰 파도, 급등하다 ; (높이) 서져

surgeon ; 외과의 ; 수(手)로-기우는, 째는

surplus ; 과잉 혹자 ; sur잔여(殘餘), 상(上)-불었어

surprise ; 놀라게하다, 놀라다 ; ① 잡혀-서, 져, ② 잡어 피습(被襲)

surrender ; 자수하다, 항복하다, 포기하다 ; ① 살랜다, ② 살어 인정, ③ 살은 져서, ④ 잡힌 되레

surround ; 둘러싸다, 에워싸다 ; 싸 원 둥근

survey ; 조사할 사(查), 조사하다, 전망하다 ; 사(查)로 봐

survive ; 살아남다 ; 살어, 생-빛 봐

Svaha ; 불교진언, 원만, 구경, 영광, 은혜, 축복, 성취 ; ① 성(成)복혜(福慧), ② 수(秀), 수(受)-빛 해 , ③ 신성함에 받쳐

swallow ; 제비 연(燕) ; 빨라-비(飛), 제비

swarm ; 곤충의 무리, 떼 ; 빠른-무리, 몰려

swear ; 맹서할 서(誓), 선서하다 ; 선서(宣誓)

sweat ; 땀 한(汗), 습기 ; ① 짜다, ② 식은 땀, ③ 빼다, ④ 젓다, ⑤ 습 땀

sweet ; 달 감(甘), 달콤한, 맛좋은 ; ① 설탕 부어 엿, ② 상냥하고 우아하고 달콤

swell ; 등창 저(疽), 붓다, 부풀다 ; 저(疽)-부을, 부어 올

swim ; 헤엄칠 영(泳), 헤엄칠 유(游), 수영(水泳) ; ① 수영 물, ② 헤엄 (s=ㅎ 발음)

swindle ; 속여 빼앗다 ; 속인 재(材) (d=ㅈ 발음)

swine ; 돼지 ; 찌네 (sw=ㅉ 발음)

swing ; 휘두르다, 흔들다, 그네, 스윙 ; ① 선(旋) 완곡(緩曲), ② 빙-갈려, 곡, ③ 휘잉 (s=ㅎ 발음), ④ 빙글 (w=ㅂ 발음)

swipe ; 강타, 훔치다 ; 세게 패

Swiss ; 스위스 ; 숲에 있어

switch ; 스위치, 개폐기, 바꿈, 전환 ; 전철(轉轍) (sw=ㅈ 발음)

swoop ; 엄습할 습(襲), 급강하 하다 ; 습(急襲)

sword ; 칼 검(劍), 자를 도(刀), 칼, 무력 ; ① 짜를, 벨, 삭(削)-도(刀), ② 삭도(削刀), ③ 삭 벨 도

syllable ; 음절 ; 소리 잘라브러 (ll 반복)

syllabus ; 교수(敎授), 요목(要目) ; 수(授) 실어-봐줘, 부수(副率)

symbiotic ; 공생(共生)하는 ; 상(相) 비어지게(b, m, p 앞에서 syn이 sym으로)

symbol ; 상징(象徵), 기호(記號) ; 상(相) 볼

symmetry ; 대칭, 균형 ; 상(相) 맞추리

sympathy ; 동정, 공감 ; 심(心)-봤지, 바쳐

symphony ; 교향곡, 심포니 ; 심(心) 퍼져 혼이

syn- ; 같은, 동시인, 유사한, 함께, 서로 상(相) ; ① 상(相), ② 전(全), ③ 동시(同時)인, ④ 신 (神)과 인(人)이 같아진 (합성(合成)), ⑤ 시(時) 하나, ⑥ 사이 인

synagog ; 유대교 회당 ; 신(神)에 가는 곳

syndicate ; 기업연합, 기사, 사진들을 여러 신문사에 팔다 ; 상(相) 지 같애

synergy ; 시너지효과, 동반 상승효과 ; (서로) 상(相) 열기(熱氣)

synthesis ; 합성한 ; 상(相), 신인(神人)-지었어

synthetic ; 인위적, 합성한, 인조 ; 신인(神人), 상(相)-제조(製造)

system ; 조직(組織), 체계방식, 시스템 ; ① 조직, 짜여져, 지어져-됨, ② 짜여짐, ③ 질서 통일 됨, ④ 서로 사이 되어 움직임

syzygy ; 삭망(朔望), 합(合)충(衝), 일식(日蝕), 월식(月蝕) ; 성(星) 직(直)-그늘, 가림

T

T=ㄷ, ㅌ, ㅈ, ㅉ, ㅊ 발음

tab ; 가죽 끈, 꼬리표, 조작 플랩, 스트립, 값을 지불하다 ; 잡아

table ; 책상, 탁상, 표, 목록 ; 테, 단단한, 탁(卓子), 도(圖)-바닥, 표

tableau ; Ⓕ 그림, 묘사, 극적장면 ; 도표(圖表)

tablet ; 평판, 명판, 정제(錠劑) ; ① 테 반 이어대, ② 둥글고 반듯한 대

taboo ; 금기(禁忌) ; 타(打) 북을

tack ; 납작한 못, 압정, 꼬리표 ; 탁껴

tag ; 표, 꼬리표 ; (나무)-대 가지

tail ; 꼬리 미(尾), 끄트머리 ; ① 달려, ② 뒤에, ③ 떼일

tailor ; 재단사, 양복 짓는 사람 ; ① 잘러, ② 잴

tailwind ; 순풍 ; 뒤에서 분다

tais toi ; Ⓕ 조용히 해 ; ① 닥쳐, ② 됐다

take ; 취할 취(取), 잡을 집(執), 잡다 ; ① 택(擇)해, ② 탁-껴, 쥔

tale ; 말씀할 담(譚), 이야기 ; ① 달래, ② (수다) 떨어, ③ (맘을) 털어 놔, ④ 담(譚)

talent ; 재주 기(伎), 재(才), 재능 ; ① 달은 대(저울), ② (보통 사람보다) 다른, 딸린-특기, ③ (매)달려 있는다

talk ; 말하다 ; ① (읽을) 독(讀), ② 대꾸, ③ 담(談話) 까

tall ; 키 큰 ; ① 잘, 대(對)해-대(大)할, ② (하늘에) 대(大) 닿을

Talmud torah ; 탈무드, 토라, 유대교 율법 전설집 ; 탈(脫) 무지(無智), 따를 문집-torah(율법) 따라해

tame ; 길들이다 ; ① 쥐 먹이, ② 때려 매

tamp ; 굳히다, 막다 ; 땜빵

tan ; 무두질하다, 태우다 ; 타는

tangible ; 유형의, 만질 수 있는 ; ① 땅-잡어, 짚어, ② 땅 지(地) 봐

tangle ; 엉기게 하다, 혼란 ; 덩굴

tank ; 수조, 전차 ; 담는-액(液), 그릇

Tantra ; 힌두교 탄트라 경전 ; ① 통틀어, ② 짠 tri3(인(因) 과(果) 방편(方便) (씨줄 날줄로) (경(經))

tap ; 두드리다, 꼭지 ; ① 타박(打撲), ② 대봐, ③ 대 빼여

tape ; 테잎 ; 테 펴진

tares ; 독 보리 ; 탈 났어

target ; 과녁 적(的), 목표 ; ① 타격(打擊) 대상(對象), ② (과녁에) 달아-지다, 졌다

tariff ; 관세 ; (무게) 달아 부표(附票)

tarnish ; 흐려지다, 변색 ; 닳은, 다른-색

taro ; 토란 ; 토란

task ; 일, 작업, 임무 ; 단순 과(課業)

taste ; 맛, 맛 미(味) ; ① (혀를) 댔대, ② 다셔 대, ③ (맛을) 다시다

tasty ; 맛있는 ; (입을) 다시지

tattoo ; 문신 ; 태워 따끔 떠

tax ; 세(稅), 세금, 의무 ; ① 대(代金) 세(稅金), ② 떼어 세(稅)

taxi ; 택시 ; 타(서)-세(稅), 손(孫)님

tea ; 차, 다(茶) ; ① 차, ② 다(茶)

teach ; 가르칠 교(敎), 가르치다 ; ① 전수(傳授), ② 도지(道指) ③ 대지(對知)

team ; 팀, 조 ; ① 조(組)임, ② 떠 모음, ③ 떔떔

tear ; 눈물, 눈물 흐를 타(沱), 눈물 루(淚), 찢다 ; ① (눈물) 체(涕), ② 체루(涕淚), ③ 째어

tease ; 지분거리다, 괴롭히다, 놀리다 ; tea대여 se성질나게

technique ; 기술, 수법, 솜씨 ; ① 테, 더-크게 늘리는 기예, ② 특(特), 터득-기능 기예

technology ; 공업, 기술, 과학 ; ① 더 크게 늘리는 알기, ② 특 기능 알기

teeming ; 바글거리는 ; 떼로 많은

tele ; 떨어져, 멀리 ; 떨어(져)

telepathy ; 테레파시 ; 떨어져 봤지

telephone ; 전화(電話) ; 떨어져 보내 혼

telescope ; 망원경 ; 떨어져 세밀히 커 봐

tell ; 말하다 ; ① 털어(놔), ② (수다) 떨어, ③ (이야기) 담(譚)을

temper ; 기질, 천성 ; 천평(天平)

temple ; 절 사(寺), 신전, 사원 ; ① 점-풀어, 봐, ② 천배(天拜), ③ 천배(千拜)

tempo ; 빠르기, 박자, 템포 ; 뜀 박자

temporary ; 시간의, 일시적인 ; 땜빵으로

ten ; 열 십(十), 10 ; ① (하늘) 천(天), ② (열 손가락) 다 연

tenant ; 세입자, 임차인 ; 터값 낸다

tend ; 향하다, 돌보다 ; (펼) 전(展) (뻗을) 당(搪)

tender ; 부드러운, 어린, 상냥 ; 친절(親切)

tendril ; 덩굴손 ; 전(轉), 칭-돌릴

Tengri ; 텡그리, 유라시아의 유목민들 신(神) ; ① 천지(天地) 신명, ② 당골

tennis ; 테니스 ; 쳐내 손으로

tenon ; Ⓕ 목공의 장부, 뾰족한 자루 ; 터 나온

tense ; 팽팽한, 시제, 시칭 ; ① 땡겨, 짱짱-쎄게, ② 동(動) 시(時)

tent ; 텐트 ; 친, 천-틀

tentacle ; 오징어 등의 촉수 ; 닿은 곳 다 끌어

tenure ; 보유, 임기, 재임기간, 종신 재직권 ; ① 쥐어 눌러, ② 떼어 놔

term ; 학기, 기간, 말단 ; ① 터 매논, ② 터 말(末)

terms ; 조건, 관계, 관점 ; 쩜매, 점(點), 터 매는-s스타일

termite ; 흰개미 ; 터 밑에

terra-/terrestri ; Ⓛ 땅, 토지, 대지 ; 터 이어 땅

terrace ; 대 대(臺), 단지(段地), 테라스 ; 털어 써

terrane ; 지층, 암층, 지형, 지역 ; ① 터 안에, ② 터에 있는

terrestrial ; 지구의, 육지의 ; 터 이어 땅 알

terrible ; 무서운, 심한 ; 때려, 떨려-버려

terrify ; 두려워할 췌(惴), 무섭게 하다 ; 때려 패

territory ; 지역, 영역, 영토 ; 터 이어-달라, 딸려

terror ; 공포, 두려움, 겁 ; ① 때려, ② 떨려, ③ 췌(惴)올

test ; 시험할 시(試), 시험(試驗) ; ① 대(서)-진단(診斷), ② 따져 대

textile ; 직조(織造) ; ① (씨줄, 날줄) 떼서, 두쪽-짜, ② te떠 xtile섬조(纖條)

Thames ; 영국, 템스 강 ; ① 다 마셔, ② 담았어(사행천(蛇行川))

thank ; 감사하다 ; ① 단군(檀君), thanks=단군의 s씨, ② 쌩끗

thatch ; 짚으로 지붕하다, 숱 많은 머리 ; (짚으로)-쌓았지, 댔지

the ; 그 ; 저

theme ; 주제, 화제, 논지, 테마 ; ① 제목(題目), ② 짜 매

theory ; 학설, 이론, 의견 ; ① 설(說), ② 설(說)이(理), ③ 도리(道理), ④ 지어 리(理)

therapy ; 치료(治療), 요법 ; 치료법(治療法)

thermal ; 열(熱)의, 온도의, 뜨거운 ; ① 삶을, ② 데워 물을

thermometer ; 온도계 ; 더움 몇이여

thick ; 두터울 후(厚), 두꺼운, 굵은, 짙은 ; ① 두껍게, ② 짙고, ③ 두께 굵은

thief ; 도둑 도(盜) ; ① 도(盜) 패, ② 적(賊) 패, ③ 집어

thigh ; 넓적다리 퇴(腿), 넓적다리 고(股) ; ① 퇴(腿)고(股), ② (샅)타구니

thin ; 얇은, 가느다란 ; ① 휘는, ② 자른, ③ 잔

think ; 생각 념(念), 생각할 급(伋), 생각 ; 생(生)각(覺)

third ; 제3의, 셋째, 셋의 ; ① 떨어져 (1, 2보다), ② 둘 다음

this ; 이 저(這) ; 저(這) (있어)

Thomas ; 사람 이름, 쌍둥이의 뜻 ; 둘 맞이

thorn ; 찌를 자(刺), 찌를 충(衝), 가시 ; ① 찌르는, ② 충(衝)

though ; ~에도 불구하고 ; (~에)도

thousand ; 일천 천(千) ; ① 쌓은 산더미, ② 쌓은 잔돌

thread ; 실, 실을 꿰다 ; 섬조(纖條)

thread bare ; 떨어진, 닳은 ; 섬조(纖條) 바래

threat ; 으름, 협박 ; ① 드려대, ② 때려 대

three ; 석 삼(三) ; ① 더 e2에 e1일, ② 세엣 (three → tri)

thrift ; 절약 ; 절(節約), 줄여-버텨

thrifty ; 검소할 검(儉) ; ① 줄여-버텨, ② 절(節)로 붓지

thrill ; 드릴, 부르르 떨림, 전율 ; ① 뚫을, ② 떨을

throat ; 목 항(亢), 목구멍 ; 들어와 둘로(위, 폐)

throne ; 왕위, 왕좌, 변소 ; ① 드러내, 떠내, ② 똥 눠

throttle ; 목, 목구멍 ; 통로 뚫어

through ; 통할 경(逕), 통과, 과정, 완료 ; ① 뚫어, ② 통(通)해, ③ 들어가

throw ; 던지다, 던질 투(投) ; (던질) 투(投)

thumb ; 엄지손가락 ; ① 처음 부분, ② 처음 (엄지손가락) 벽(擘)

thunder ; 우레, 천둥 뢰(雷) ; 천둥

Thursday ; 목요일(木曜日), 천둥의 신 ; ① 천둥소리, ② 잘라 써

tick ; 똑딱 소리 ; 째각

tide ; 조수 조(潮), 밀물, 썰물 ; ① 조(潮), 때-대, ② (물이) 차 (빠)져

tie ; 묶다 ; 띠

tiger ; 범 인(寅), 호랑이 ; ① 디져, ② (무늬) 테 줄, ③ (무늬) 띠-그어, 져

Tigris ; 매소포타미아의 강, 티그리스강 ; 태강(泰江)

tile ; 타일 ; 테 이을

till ; 밭을 갈 ; (밭을) 지을

time ; 때 시(時), 시간 ; ① 틈에, ② 틈이, ③ 즈음

tinker ; 땜쟁이 ; 때우는, 댄-겹

tinkle ; 방울소리, 딸랑딸랑 ; 쨍그렁

tip ; 끝, 조언, 팁, 기울이다 ; ① 대 뾰족, ② 줘 보조(補助), ③ 줘, 떼여-봉사료

tire ; 타이어 ; ① 테, ② 달려, ③ 돌어

tired ; 지친, 피곤한 ; ① 딸린다, ② 쩌렀다

Titan ; ⓖ 타이탄신, 하늘과 땅의 아들 ; tit천지(天地)의 an인(人)

to ; 도착, 대상, 방향 ; ① 도(到), ② 대(對)

toad ; 두꺼비 ; ① 도와줘, ② 다 죽어 (독), ③ 떡 두꺼비,

tobacco ; 담배, betum(브라질 원주민 말) ; (불) 타 베-꼬여, 꽈

toe ; 발가락 ; ① 타(跥), ② 튀어(나와), ③ 타(楕), ④ 지(指), ⑤ 단(端)

together ; 함께 부(附), 모일 주(湊), 같이 ; 더 가져오는

toil ; 수고, 노고 ; ① 토할, ② 땀을

toilet ; 화장, 화장실 ; ① (근심을) 덜어, 떨어-터, ② (안 보이게) 둘러 대

tolerance ; 관용, 아량, 인내 ; 도량(度量)

toll ; 요금, 통행료, 종을 치다 ; ① 통(通) 떼일, ② 타(打)일

tomb ; 무덤 ; ① 돌로 만든 분(墳), ② 돌 무더기 분(墳)

tomorrow ; 내일, 명일(明日) ; ① 더, 또, 다-몰러, ② 다음 모래

ton ; 무게 단위 ; 드는

tone ; 음색, 어조, 음질, 소리 ; 단(段)이

tongue ; 혀 설(舌) ; ① 당겨, ② 동그래 길어

too ; 또한 역(亦), 역시 ; ① too또, ② to~도 o역시

tool ; 도구, 공구 ; ① 돌을, ② 돌 틀

tooth ; 치아(齒牙), 이빨 ; ① 톱 이 치(齒), ② 돋았어

top ; 탑 탑(塔), 정상, 꼭대기 정(頂) ; ① 탑(塔), ② (불(佛) 사리를) 담은 분(墳)

topography ; 지형학, 지지(地誌) ; ① 토풍(土風)그림표, ② 덮어 그림표

torch ; 횃불, 발염, 토치 ; (불에) 탈 짚

tornado ; 토네이도, 회오리 폭풍 ; ① 돌어 뇌(雷雨) 대지(大地), ② 돌어 낮은 돌풍, ③ 돌어
        나뒹굴어

torrent ; 여울 단(湍), 급류, 마구 쏟아짐 ; 돌아, 떨어 이은, 또랑-단(湍)

tortoise ; 거북 구(龜) ; 땅에 대 서(徐)

total ; 전체 ; 통 털어

touch ; 닿을 촉(觸), 댈 접(接), 부딪칠 저(牴), 감촉 ; ① 닿을 촉, ② 닿았지

tough ; 강인한, 단단한, 끈질긴 ; 다구질 현(礥)

tour ; 관광(觀光) ; 돌어 (봐)

tow ; 잡아당기다, 끌다 ; 당겨 잡어 (w=ㅈ 발음)

towel ; 두건 건(巾), 타올 ; (물을) 털어 버릴

tower ; 높은 탑, 누각(樓閣), 망루(望樓) ; 다 봐

town ; 도시, 읍 ; 동(洞)(네)

toy ; 장난감 ; ① 조아(해), ② 도구(道具) (g → y)

trace ; 자취 적(迹), 추적하다 ; ① 따라 가, ② 추적

traceable ; 기원 자취를 측정할 수 있는 ; 따라(서) 캐브러

track ; 궤도(軌道), 선로, 자취(自取) ; 따라가 궤(軌)

traction ; 끌다, 당기다 ; 당겨지는

trade ; 무역 무(貿), 거래, 매매 ; ① 돌려 줘, ② 돌아다녀

tradition ; 전설, 전통(傳統) ; 따라 지어지는

traffic ; 교통, 왕래, 통행 ; 돌아 밖에 바퀴

tragedy ; 비극적인 ; ① 트러졌지, ② 떨어졌지, ③ 따라 죽지

trail ; 끌다, 끌려가다 ; 딸릴

train ; 열차, 기차, 가르치다, 연습하다 ; ① 틀, 타안에, ② 따라 잇는, ③ 단련(鍛鍊)

tranquil ; 편안할 담(憺), 고요한, 차분한 ; ① 돌려 안으로, 담-귀 기우릴, ② 당겨 귀를

trans ; 통과, 초월, 변화, 건너편 ; ① 뚫은, 통(通)-사이, ② 천(遷), 다른-식(式), 사이, 송(送), 승(昇), 수(輸)

transfuse ; 옮겨 붓다, 따르다, 수혈(輸血) ; 다른 사이, 돌아내서-퍼 줘

trance ; 망연자실, 혼수상태 ; 다른(딴) 세계

transgress ; 범할 범(犯), 넘어서다 ; 돌은 생각으로, 다른 식으로-갔어, 글렀어, 계(戒)

transport ; 돌 운(運), 수송하다, 운송하다 ; 돌 운(運), 통(通)-수(輸) 부두(埠頭)

trap ; 덫, 함정, 작은 문 ; 틀에, 덫에-빠져

trash ; 일반 쓰레기 ; 떼어 진(塵)

trauma ; 정신적 외상 ; ① 따라와 우울한 마음, ② 두려운 마음

travel ; 나그려 려(旅), 여행 ; 돌아, 둘러-볼

traverse ; 가로지르다, 횡단하다 ; 뚫어 버려서

tray ; 접시, 쟁반 ; ① 들어, ② 대여

tread ; 밟을 태(跆), 밟을 답(踏), 걷다, 춤추다 ; ① 태답, ② 태(跆) 디뎌, ③ 추다

treasure ; 보배 보(寶), 소중한 것, 비축해 두다 ; ① 대수(大秀), ② 저장(貯藏)

treat ; 다루다, 대하다, 대접하다 ; ① 대할 대(對), ② 드리대

tree ; 나무 목(木), 나무 수(樹) ; ① (아름)드리, ② 드리워진, ③ 다루끼 (일본, 서까레), ④ 잘러, ⑤ (불) 때여

trek ; 트레킹, 오지 여행, 걷다 ; 돌아, 들을, 따라-걸어

tréma ; Ⓕ 트레마, 모음 음소 위에 점 ; 점(點)

tremble ; 두려워할 율(慄), 떨다 ; ① 두려워 몸부림, ② 떨림 벌벌

tremor ; 떨릴 률(慄), 전율, 떨림 ; 떨어 몸을

trench ; 참호, 도랑 ; 진지(陣地)

tri ; 셋의, 3의, 세 겹의 ; ① tr둘에 I일 (three가 줄어서 tri)

triple ; 세 배, 3배 ; 세 배

tribute ; 죽은 이에게 바치는 헌사, 공물 ; 드려 바쳐

trick ; 속이다 ; 달리 속여 꾀여

trigger ; 방아쇠 ; ① 떵겨, ② 땡겨

trip ; 여행 ; 둘러 봐

triumphal ; 개선할 개(凱), 개선식의 ; 대 위엄, 돌아옴-봐 더 행(行), 패(霸)

trope ; 비유, 수사 ; 돌아-방(方式), 봐

trophy ; 트로피 ; 들어 패(牌)

tropic ; 남북 회귀선, 열대지방 (각각 23도 28분) ; 돌어 빛 귀(歸)

trouble ; 괴로워할 뇌(惱), 고민거리, 고충 ; 돌아, 틀어, 떨려-불어 (바람이)

trough ; 구유, 물통, 반죽그릇 ; 통(桶)

trousers ; 남자 바지 ; ① 둘로 지었어, ② (앞이) 터졌어

trout ; 송어 ; 돌어 떼 (회귀성)

trowel ; 흙손 오(圬), 흙손 ; 들어 발러

truck ; 트럭, 화물자동차 ; ① 돌려 끌어 가, ② 돌려가는 칸, ③ 철 끄는 굴러

true ; 참 진(眞), 진실한, 도리 ; ① 두루 이(利)로운, ② 통해 e2(둘 이), ③ 도리(道理), ④ 진리

(眞理), ⑤ 참어, ⑥ 돌어

truly ; 열매 실(實), 올바르게, 충실히 ; ① 도리로, ② 두루

trump ; 트럼프, 으뜸패, 비장의 수로 이기다 ; 대(大) 위엄 패(覇)

trunk ; 줄기 간(幹), 상자 협(篋), 트렁크 ; 통(桶) 칸

trust ; 신용, 신뢰 ; ① (마음을) 텄다, ② 따러 신뢰 지원(支援), ③ 도와지다, ④ tru통제(統制) st조직(組織)

truth ; 진리, 참, 사실 ; ① 도리(道理) 참, ② 진실, ③ 충실 됨, ④ 따를 도리 (t=ㄷ・ㅈ・ㅊ, th= ㅊ・ㅅ 발음)

try ; 해보다, 먹다 ; ① (꾀할) 도(圖), ② (힘이) 들어, ③ (먹으라고 권유하며) 들어

tub ; 통, 물통, 헌배 ; 통-빈, 배

tube ; 대통 통(筒), 피리 관(管), 튜브 ; 통, 텅-빈

Tuesday ; 화요일(火曜日) ; ① 전(戰)tyr s싸워, ② 태워서

tulip ; 튤립 ; ① 돌은 잎, ② 돌려 피는

tumor ; 종양(腫瘍) ; 통 몰러

tuna ; 참치 ; (수면으로) ① 뜨네, ② 떠 나와

tune ; 곡, 음을 맞추다, 선율 ; ① (맞)추네, ② 떠네

Tungus ; 퉁구스 족속, 그들의 언어 ; ① 돈가(豚家)족속, ② 동호(東胡) (고조선 지역)

tunnel ; 터널, 굴, 갱도 ; 뚫은, 털은-널, 열어, 이둘을

turban ; 터번, 머리에 둘러 감는 수건 ; 틀어, 돌려, 둘러-붕(繃帶), 방(防)

turbid ; 흐릴 탁(濁), 혼탁한 ; 퇴(堆積) 반죽

turbine ; 물결칠 돈(沌), 터빈 ; 돌아 빙 e빙(2번)

Turk ; 터키족의 사람 ; 돌궐(突厥)

turkey ; 칠면조 ; 대계(大鷄)

turmoil ; 혼란, 소란 ; 두루, 떠들어-모일

turn ; 돌구를 전(輾), 돌아올 회(回), 돌리다 ; ① 돌은, ② 전(轉)

turnip ; 순무의 뿌리 ; ① 떨어내 뿌리, ② 떨어 닢(잎)

turtle ; 자라 별(鼈), 바다거북이 ; ① (물에) 떠돌아, ② 뚜껑을, 두껍게-둘러, ③ (땅) 터에 들려, ④ 돌아 (땅) 터에

Tusita ; 범어 도솔천(兜率天), 지족천(知足天) ; tu천 si지 ta족

tusk ; 어금니 아(牙) ; 턱 솟아커, 길은

tutor ; 개인지도, 과외 ; 지도(指導)

twang ; 현(絃)소리, 팅하고 울리는 소리 ; ① 팅, ② 퉁, ③ 탕

tweet ; 짹짹 우는 소리 ; 찌잇 찌잇

twelve ; 12의, 열둘의 ; tw둘을 el열에 ve붙인

twice ; 두 번, 두 개 ; 두 개

twist ; 뒤틀다, 비틀다, 틀었다 ; 틀어 비스듬히

twitter ; 새가 지저기다 ; 찌잇찌잇 떠들어

two ; 2, 두 이(二), 이(貳), 두 량(兩), 둘 ; ① t두(二)w번 o원(one=(一)), ② 둘, 두

tyke ; 똥개 ; 똥개

type ; 형식, 양식, 타잎 ; 테 판(版)

typhoon ; 태풍 ; 태풍(颱風)

typical ; 전형적인, 대표적인 ; 대표(代表)로 갈

U

U=ㅠ, ㅜ, ㅏ, ㅓ, ㅕ, ㅡ 발음

ubiquitous ; 동시에 도처에 있는, 하느님의 편재(遍在)성 ; ① 안팎, 옆에-같이 다 았어, ② 외부안 같이 다 았어

ugly ; 험악(險惡)한, 못생긴, 추한, 보기 흉한 ; ① 역(逆), ② 우그러진 (합쭈 그리, 어쭈 그리)

ulcer ; 궤양(潰瘍), 헐은 종기 ; 얼커

ultimate ; 최후의, 마지막의, 궁극적인, 먼 곳의 ; ① (자기의) 얼을 대(對) 맞대 (견성(見性)), ② 어는데 맞대어 (극지방)

ultra ; 극한(極限), 초(超) ; ① 얼더라, ② 얼다

umbilical ; 배꼽의 ; 엄마 배로 갈

umbra ; 그림자, 유령, 본영(本影) ; 음(陰) 본(本)

umbrella ; 우산(雨傘), 양산(陽傘), 보호 ; ① 음(陰) 불 열(熱)라, ② (그늘) 음(陰) 벌려

umpire ; 심판자, 중재자 ; ① 엄하게 볼, ② 엄해 보여

un ; 아니, 부정, 반대 ; ① 안, ② 아니, ③ 아녀

un ; Ⓕ Ⓢ 하나의, 첫째의 ; one 하나 (h 탈락)

unanimous ; 만장일치의 ; 하나로 안(案)을 모았어

uncle ; 아저씨, 백부 ; 한 계(繼)

undecided ; 미결의 ; 안 됐시다

under ; 밑에, 아래에 ; ① 하(下)인, 아래인-저(低), ② 앉어, ③ 앉다, ④ 웅덩이, ⑤ 아래(下)인 데로

undo ; 원상태로 돌리다 ; 원(상태로) 돌(리다)

union ; 결합, 연합 ; 하나로, 연-이은

unique ; 유일무이한, 독특한 ; ① 하나, 한일(壹)-귀해, ② 아니 같어

unit ; 단위, 한 개 ; 한 t단위

unite ; 합할 합(合), 결합하다 ; ① 하나가 되다, ② 연이어 잇다

universal ; 넓을 보(普), 우주의, 전 인류의, 보편적인 ; ① 하나로, 연이어-벌어질, 벌려 살을, ② 운(雲)과 별이 살을(천문학)

universary ; 일반적으로, 보편적으로 ; 하나 벌어져 살어

universe ; 우주, 세계 ; ① 하나로-별 세계, 벌어져, ② 안(眼)으로 별을 세

university ; 대학교, 종합대학 ; 하나에서 벌려 졌지

up ; 상승, 더 높이, 위로, 꼭대기 ; 위로-방(方), 뻗어, 봐

upbraid ; 꾸짖을 책(責) ; 엎어 밟아대

upon ; ~위에 ; 위 보는

upset ; 전복시키다 ; 엎어지다

uranium ; 우라늄 ; 우러나옴

urban ; 도시의, 시내 ; ① 읍(邑) 안, ② 읍(邑)내(內)

urge ; 재촉할 최(催), 힘쓸 려(勵), 재촉하다 ; ① 우겨, ② 어거지

urgency ; 급할 급(急), 절박, 화급 ; 응(應) 긴급(緊急)

urine ; 오줌 뇨(尿), 오줌 수(溲) ; 아래, 앞, 우려-내, 뇨

use ; 쓸 용(用), 쓰다, 사용(使用)하다 ; ① 용사(用使), ② 용(用)쓸, ③ 써

usher ; 안내인, 안내하다 ; ① 입술 (문 앞), ② 웃어, ③ 입(入)에 서

usurp ; 어그러질 참(僭), 빼앗다, 찬탈(簒奪)하다 ; ① 억지로 사용, 윗선-빼앗다, 불법, ② 이
    (利), 위- 잡어, ③ 어설퍼

utility ; 쓸모가 있음, 실용적 ; 이득(利得) 있지

Utopia ; 어디에도 없는 이상향 ; uto없다 pia퍼

utter ; 소리내다, 말하다, 완전한 ; 외(外)-털어, 떨어

V

V=위, ㅂ, ㅃ, ㅍ, ㅎ 발음

vacance ; Ⓕ 방학, 휴가, 휴양, 바캉스 ; ① 바다 강-가, 셔, ② 바깥으로 간 쉼

vacancy ; 공허, 빔, 빈방, 결원, 공석 ; 박의 안을 깨

vacca ; Ⓛ 소 ; vac박 ca소 (암소의 유방이 박과 비슷하게 생겨서)

vaccin ; 백신, 우두(牛痘), 예방주사 ; ① 박소 안에, ② 베낀, ③ 바꿔 친

vacuum ; 진공, 공허 ; ① 배(排), 빠져-김, ② 배(排), 빼여-공기 무(無), ③ 밖으로, 비어-공기
    없는

vagabond ; 방랑자(放浪者) ; 밖에 (돌아)본다

vagina ; 새살 날 질(膣) ; =pussy (여성 생식기)

vague ; 희미한, 모호한 ; ① 밖에, ② 바꿔어

vaguen ; 모호(模糊)성 ; 바뀌는

vain ; 헛된, 무익한 ; ① 빈, ② 뺀, ③ 뼁

Vajra ; 인드라 신의 무기, 금강(金剛)저(杵) ; ① 벌(罰) 저(杵), ② 바셔라, ③ 벼락

val/vail ; 가치, 강한 ; 빠를

valid ; 타당한, 근거 있는, 유효한 ; ① 빠르다, ② 바르다

validity ; 유효함, 타당성 ; 빨라졌지

valley ; 골 곡(曲), 골짜기 ; ① 빨려 (들어감), ② 벌려(진 곳)

value ; 값, 가치, 유용성 ; ① 활력(活力), ② 발러, 패(貝)-e둘, 이(利), ③ 본질적 유용

vampire ; 그리스 로마 신, 여자이자 뱀으로 어린이 생피를 빨고 사는 요부 ; 뱀-피, 빨어

van ; 유개(有蓋)트럭, 화물차, 운반차, 밴 ; ① (옮길) 반(運搬), ② (작은) 반(半)

van ; 선봉, 전위, 키, 풍구 ; ① 봉(先鋒), ② 풍(風)

vapor ; 증기, 수증기, 증발 ; ① 발포(發泡), ② 빨리 퍼져, ③ 빠져 뿜어

variable ; 변하기 쉬운 ; 변해, 바래-브러

variegated ; 나눌 반(班), 얼룩덜룩, 다양한 ; (색이) 바래갔다

various ; 가지가지의 ; 벌려 이었어

varnish ; 니스, 광택 ; 발라서

vase ; 단지, 꽃병 ; 병(瓶) 세워

vast ; 어마어마한, 방대한 ; 방(尨大), 밖에-땅

Vatican ; 로마 교황청, 바티칸 궁전 ; ① (언덕) 밭을 갈은, ② (신에게) 받쳐-궁(宮), ③ 성좌(聖座) → Sancta성(聖) Se좌des대(座臺)

Veda ; 옛 인도의 성전, 베다, 지식 ; ① 위대(偉大), ② 보다(견성), ③ 혜(慧)적(書籍)

Vega ; ① Ⓢ 스페인 성씨, 평지에 사는 사람, ② 직녀성, ③ 거문고자리 별 ; ① 평지 (밖에, 초원), ② 베(짤) 직(織物), ③ 별 가만히 그 자리에 (항성, 극성(極星))

vegetable ; 나물 채(荣), 야채, 채소, 식물 ; ① 박 지(地)-따브러, ② 빛광, 빛기, 벽(碧), 퍼져-따브러

vehicle ; 차량, 수단 ; 바퀴-끌어, 굴러

veil ; 베일, 덮개, 포장 ; ① 포(包裝)일, ② 휘(揮帳)일

vein ; 정맥 ; 빼는

vairocana ; 비로자나불, 부처의 법신, 광명진언의 단어 ; ① 빛으로 찬, ② 빛으로 차 나가는

velocity ; 속도, 속력 ; 빨라 속도(速度)

vend ; 판매, 팔다 ; ① 편다, ② 판다

veneer ; 베니어 합판 ; 판 이어

Venezia ; 이태리 북부 도시 ; 배의 노를 저어

Venezuela ; 남미 북부 공화국 ; 배의 노를 저어

venom ; 독사 등의 뱀 독액 ; ① 뱀이 물어, ② 뱀의 물

venomous ; 독이 있는 ; 뱀이 물어서

ventilate ; 환기(換氣)하다, 통풍(通風)시키다 ; ① 환통, ② 환출, ③ 분통(噴筒), ④ 분출(噴出)

venture ; 모험, 위험을 무릅쓰고 하다 ; ① (얼음) 빙(氷) 뚫어, ② 빙(氷) 뛰어

Venus ; 로마신화, 사랑과 미의 신, 비너스 ; ① 빛나서, ② 반했어, ③ 반해 사랑

Vera ; ⑤ 스페인 성씨, 베라(평야)에서 온 사람 ; ① (쌀) 벼, ② 평(平)

verandah ; 처마, 베란다 ; 비 안 닿아

verb ; 동사(動詞) ; ① 혀(해)-봐, 봄, 벌려, ② 벌려 봄

verbal ; 말의, 구두의 ; 혀 벌려 (v=ㅎ 발음)

verdant ; 새싹의 푸른 잎 ; ① (푸를) 벽(碧), 봄-된다, ② 퍼래진다, ③ 푸르딩딩

verdict ; 배심원단의 평결(評決), 의견, 결정 ; 평(評), 배(陪審員)-독(讀)담(談)

verify ; 확인하다, 입증하다 ; 별러서 봐

Veritas ; ① 로마신화, 진실의 여신, 진리(眞理) ; 별이 타, 불이 타, 빛이 타-성(星)

veritical ; 수직(垂直)의, 세로의 ; 별을 재는 각(角)

verse ; 운문, 시(詩) ; 벌린-시, 소리, 성(聲)

versed ; 아는 것이 많은, 정통한 ; 별을 세다

vert ; 초록, 개종하다, 변화 ; ① 퍼렇다, ② 변해 돌리다, ③ 베틀

vertebrata ; 척추의, 척추골의, 등뼈의 ; ① 뼈대로 버텨, ② 버텨 부려 대

vertical ; 수직(垂直)의, 연직(鉛直)의 ; ① 뻗쳐 각(角), ② 받치는 각

vertigo ; 현기증 ; 별 팅겨

very ; 매우, 아주, 진실로 ; ① 바로, ② 별로

vessel ; 선박, 그릇, 혈관 ; ① 배boat 선船ship, ② 배에 실을, ③ ve핏줄

veteran ; 전문가, 퇴역군인, 오래된, 년 ; 버텨낸 사람

veterinarian ; 수의사 ; (새끼를) 받어 내리는 사람

veto ; 거부권, 금지 ; ① 반대(反對), ② 삐딱

vibrate ; 진동하다, 흔들리다 ; 반복(反復)으로 떨어

vice ; 부(副)의, 차석의, ~대신으로 ; ① 부차(副次), ② 비켜 (있는), ③ 비서(祕書)

vicious ; 간사할 사(邪), 사나운, 잔인(殘忍)한 ; (가죽을) 벗겼어

victim ; 희생(犧牲), 피해자, 제물 ; 바쳐 동물

victory ; 승리, 극복 ; 바쳐 따 리(利)

video ; 보여 ; 봐 줘

vidya ; 진언(眞言), 명주(明呪) ; ① 빛이야, ② 빛 주(呪)

Vietnam ; 인도차이나 반도 공화국, 구 월남 ; 볕이 뜨(거운) 남녘(나라)

vigilant ; 자경단 ; (밤에) 불 질르는 단(團)

view ; 관람(觀覽), 조망, 전망, 견해 ; ① vie봐 w밖, ② 보여, ③ 뵈여

vigor ; 힘, 활기, 정력 ; ① 박어, ② 힘 강할, ③ 빛 강할

vile ; 비열한, 야비한 ; 비열(卑劣)

vilify ; 헐뜯다 ; ① 뷜러서-비방(誹謗), 패, ② 비방(誹謗)

village ; 마을 촌(村) ; ① 부락에, ② 부락 지(地)

vim ; 생기, 활력, 힘 ; ① 힘, ② 빛임

vine ; 덩굴, 포도나무 ; ① 휘네, ② 빙빙 (e, 2번), ③ 붙네, ④ 뻗네, ⑤ 파네(봄에 흙에서)

vinegar ; 식초 ; ① 변해 갈, ② 포도 이 갈어(셔서), ※ⓖ oxos ; 오싹 s서

vineyard ; 포도밭 ; 주(酎) 나와 야(野) 들

violate ; 범할 간(奸), 어기다, 더럽히다 ; ① 힘, 비(非), 위(違) (아닐 데를)-올라타, ② 비열 돼

violence ; 격렬한, 폭력 ; ① 위란(危亂) 세차, ② (칼로) 벨랑께

violin ; 바이올린 ; 비벼 울리는

virgin ; 처녀, 아가씨, 동정(童貞)의 ; 비정(非情)

virtue ; 덕(德), 선, 미덕 ; ① 복덕(福德), ② 빌어-줘, 도, ③ 비춰

virtuoso ; 곡 연주의 거장, 기교가 뛰어난 ; 빨리 쳐 손

virtuous ; 곧을 정(貞), 덕이 있는 ; ① 복덕, ② 비추었어

virulent ; 악성의, 치명적인, 매서운, 맹렬한 ; 병원(病源)되는

virus ; 바이러스 ; 병원(病源) (독)-소(小), 숙(宿主)

vis ; 보다 ; ① 볼 시(視), ② 보여서

visa ; 비자, 사증, 배서 ; 배서(背書)

visceral ; 오장 장(臟), 내장(內臟), 복강 ; 복장(腹藏) 알

vision ; 시력, 시각, 미래상 ; ① 볼 시(視), ② 뵈지는, ③ 보여지는

visit ; 방문(訪問)하다, 찾을 방(訪) ; 방(訪), 빈(賓)-시(視) 체(滯留)

vital ; 삶의, 생명의, 생생한 ; ① 빛 알, ② 비출

vitality ; 활력, 활력 ; 빛알 력(力)이지

vitamine ; 비타민 ; vit빛-amine알맹이, 알맹이 e열(熱)

vitarka ; 깨달을 각(覺), 찾을 심(尋) ; 빛알, 봐 다-깨달아

vitri ; 유리(琉璃)의 뜻 ; 비쳐

viva ; 만세, 환성(歡聲) ; ① 빛을 봐, ② 빛이여

vivacious ; 명랑한, 쾌활한 ; ① 빛에 씌워서, ② 빛 아를 키웠어

vivid ; 생생한, 색깔 선명한 ; ① 분(分)분(分)된, ② 분(分)하여 보다, ③ 빛이다

vocabulary ; 어휘(語彙), 단어집(單語集) ; ① 복합(複合)-부록(附錄), 불려, ② 벌려 소리 캐부러, ③ 봐 같이, 혁성-불르리

vocal ; 목소리의, 음성의 ; ① 호(呼), 발(發)-(부를) 갈(喝)

vocation ; 직업, 생업, 천직, 소명 ; 복(福)으로 짓는

vogue ; 유행, 성행 ; ① 바뀌어, ② 바글거려

voise ; 소리 성(聲), 목소리, 음성 ; ① 발성(發聲), ② 빼-소리, 성

volatile ; 휘발성의, 변덕스러운 ; ① 불라 탈레, ② 빨리 탈레

volcano ; 화산, 분화구(噴火口) ; 불 까고 나오는

volume ; 볼륨, 책책(册), 부피 ; 발(髮), 볼려고-묶어, 말어

vomit ; 토할 토(吐), 분(噴) ; ① 뿜어 토하다, ② 뿜어대

vortex ; 소용돌이, 와동(渦動) ; 빨려 돌었어

vote ; 표, 선거 ; 표를 보태

vouch ; 보증하다 ; 보증(保證)

voucher ; 상품권, 할인권, 쿠폰 ; 뽑혀

vow ; 맹세, 서약 ; 보(保)서

vowel ; 모음의 ; vow보조 el할

voyage ; 항해, 여행 ; 봐, 보(步)-여가(餘暇)

vulcanian ; 대장장이의 ; 불로 치는 이

vulgar ; 속될 리(俚), 저속한 ; 불(不) 가려

W

W=ㅇ, ㅂ, ㅅ, ㅈ, ㅎ, ㅜ, ㅏ, ㅕ 발음

waddle ; 오리처럼 뒤뚱뒤뚱 걷다 ; ① 아장아장, ② 바둥바둥

wail ; 울 곡(哭), 소리 내어 울다 ; 오열(嗚咽)

waist ; 허리 요(腰), 허리 ; wai배 s사이 t뒤

wait ; 접대할 대(待), 기다리다 ; ① 와 있다, ② (미리) 예(豫), 배(陪)-대(待期)

wake ; 깰 성(醒), 깰 오(寤) ; 잠 깨

walk ; 다닐 행(行), 걷다 ; ① (밟을) 발(跋), 보, 발로-걸어, ② 발걸음

wall ; 담 원(垣), 성채 루(壘), 울타리 벽(壁) ; ① 벽(壁) 울, ② (드리우는) 발

waltz ; 왈츠 춤, 곡 ; 발, 벌려-춰, 차

wander ; 머뭇거릴 저(躇), 배회할 방(彷), 방랑 ; ① 완(緩步), 방-저(躇), ② 뱅 돌어

want ; 원하다 ; 원(願)하다

wanton ; 영문 모름, 변덕스러운 ; 엉뚱한

war ; 싸울 전(戰), 전쟁 ; ① 베어, ② 별러, ③ 잡을, ④ 전란(戰亂), ⑤ (손) 봐

ward ; 보호, 감독 ; ① 보다, ② 봐줘

ware ; 제품, 용품, 상품 ; 봐, 제(製)-류(類)

warm ; 따듯할 온(溫), 따듯한, 더워지는 ; ① 열이 옴, ② (불탈) 염(炎)

warn ; 경고하다, 알릴 보(報) ; ① 보(報) 날린, ② 알리는

warp ; 휘게 하다, 구부리다, 날실(세로로 놓인 실), 직(織) ; 왜(歪曲) 비틀어

wash ; 머리감을 목(沐), 씻을 세(洗), 빨래, 세탁 ; wa물-세(洗), 씻어, 재(齋戒)

waste ; 낭비(浪費)하다, 허비하다 ; 비워 터

watch ; 살필 찰(察), 볼 간(看) ; ① 봤지, ② 봐, 배, 물-치(峙)에서

water ; 물 수(水) ; ① 바다 (해(海)) (=비가 떨어져 받어), ② 비, 수(水), 액(液), 하(下)-떨어,
       젖어

water-gate ; 물문 갑(閘), 갑문(閘門) ; 물 가둬

wave ; 물결 파(波), 물결칠 배(湃), 조(潮) ; wa물 water-ve파(波), 배(湃), 벼락

way ; 길, 도로, 방법 ; ① 역(驛)이어 (g → y), ② 방위(方位)

we ; 우리 ; ① we우리, ② (짝) 여(侶)

weak ; 약할 약(弱) ; 약(弱)(한)

wealth ; 재물 재(財), 부유, 풍부 ; 부(富), 유(裕)-재(材), 전(錢), ② 벼 알, 벼 익을-다(多)

wear ; 의류, 옷을 입다 ; ① 입어, ② 의류(衣類)

weary ; ~에 싫증난 ; (수고로울) 예(勩)

weather ; 날씨, 기후(氣候), 인내하다 ; ① 위에 천(天), ② 비 떨어

weave ; 옷감 등을 짜다, 뜨다, 짤 임(紝), 베 직(織) ; ① (베틀에) 짜 베, ② (베) 짜브러

web ; 직물, 거미줄, 집, 물갈퀴 복(蹼) ; ① 직 베, ② 잡어, 집, ③ 집, 저어-복

wed ; 결혼하다 ; ① 배(配)-언다, 짓다, ② 약정(約定)

wedge ; 쐐기 설(楔), 작은 조각, ; 빗개 (박게)

wedgei ; 속옷을 잡아당기는 장난 ; 벗겨

Wednesday ; 수요일(水曜日), 폭풍의 신 ; ① 젖네 수(水), ② we우 dn전(雨電)

weed ; 잡초(雜草) ; 위(葳) 엉켜 들에

week ; 주(週), 칠요(七曜)일 ; 요일(曜日)-꿰, 계속

weep ; 소리 없이 울 읍(泣), 울다, 눈물을 흘리다 ; ① 읍(泣), ② 울어 읍(泣)

weigh ; 저울대, 잴-형(衡), 저울 추(錘), 무게를 재다 ; 재 근(斤)형(衡)

weir ; 둑, 통발, 어량(魚梁), 가리 ; 발

welcome ; 환영(歡迎), 어서 오십시오 ; 잘, 뵈올-come

well ; 잘, 능숙한, 건강한, 좋은 ; ① 잘 할, ② 바랄

well ; 우물 정(井), 샘 ; ① 촬촬, ② 정(井)을 (하늘별 모이는 곳)

west ; 서녘 서(西) ; ① (해가) 졌다, ② 비스듬히

wet ; 젖을 점(霑), 젖은 ; wet젖어

whale ; 경어(鯨魚), 고래 ; ① w바다 water의 ha해 le래 (몸집 커서)

wharf ; 부두 부(埠) ; ① whar배 f부(埠), ② 바다를 향한 부두

what ; 어찌 하(何), 무엇 ; 하(何)-어떤, 어찌

wheat ; 밀, 소맥 ; ① 희다, ② 하얀, ③ 씹어대

wheel ; 바퀴 륜(輪) ; whe바퀴 el이을

when ; 언제 ; 하(何)-시時인, 이은

whet stone ; 갈 려(厲), 숫돌 ; 숫, 쇳-돌

whew ; 휴, 소리 ; 휴

which ; 어느 것 ; 하(何)-있지, 위치

while ; 어느 기간, ~하는 동안 ; 하(何) 할

whip ; 매질할 달(撻), 채찍질하다 ; whi회(초리로) 패

whirl ; 빙빙 돌다, 선회(旋回), 소용돌이 와(渦) ; ① 와(渦)할, ② w빙 hirl회오리

whisper ; 속삭이다 ; 입술 봐

whistle ; 휘파람, 호각 ; ① 입술 떨어, ② 휘어서 떨어

white ; 흰 백(白), 백색의, 순수한 ; ① 희다, ② 하얗다

whitney ; 영어 이름 ; 하얀-냇가, 이(치아)

whiz ; 쌩하고 지나가다 ; 획 지(나가다)

who ; 누구 수(誰) ; 수(誰) → 후

why ; 어찌 해(奚), 어찌 하(何), 어째서, 왜 ; ① 해(奚), ② 하(何), ③ 왜

wide ; 폭넓은, 광대한, 널리 ; ① 위대(偉大), ② 야(野) 들, ③ 보이는 데, ④ 외지(外地), ⑤ (넓을) 왕(汪) 저

widow ; 미망인(未亡人), 과부 ; wi비(非) do죽은 w여인woman

wield ; 휘두르다 ; 휘두(르다)

wife ; 아내 처(妻), 부인 ; ① 옆에 (옆지기), ② 집에, ③ 밥 해, ④ 여편네, ⑤ (아내) 유(嬬)배 (配)

wig ; 가발 ; 위(僞造) 가(假髮)

wild ; 거칠 황(荒), 들 야(野), 밖 외(外), 야생의 ; ① 야(野), 외, 빈, 밖, 질은-들, ② (저)절로 되는

will ; 뜻 지(志), 의지, ~할 것이다, 미래 ; ① 원의(願意)를, ② 할, 올-일

willow ; 버들 류(柳), 버드나무 ; 빨어 w물 water

win ; 승리, 우승, 추출하다 ; ① 우(優)인, ② 잡은, ③ 본

wind ; 바람, 풍(風) ; ① 풍대(風大), ② 분다, ③ 윙윙대

window ; 창 창(窓), 창문 ; ① 빈데, ② wind o오고 w보내는, ③ wind 와, ④ 보인다

wine ; 술 주(酒), 와인, 포도주 ; ① wi주(酒) ne누룩, ② 피 네, ③ 받아 내, ④ wi(포도)에서 내여, ⑤ 뿔네

wing ; 깃 우(羽), 날개 익(翼) ; 비(飛) 날개

wink ; 윙크, 눈짓 ; 찡끗

winter ; 겨울 ; 빈, wi흰-터, 동(冬), 추어, 떨어

wipe ; 닦다, 없애다 ; 비벼

wire ; 줄, 전선 ; 바, 줄-이어

wise ; 슬기, 지혜, 현명 ; ① 지성(知性), ② 비세 (기도), ③ (슬기로울) 예(睿)-(슬기로울) 서
(謂), 지(知)

wish ; 소원, 소망 ; 비셔 (기도)

wit ; 재치, 기지 ; 재치

withdraw ; 빼다, 철수, 기권 ; 져서 뒤로

wither ; 시들 위(萎), 시들 조(凋), 말라죽다 ; ① 위조, ② 위태(로워), ③ 비틀려, ④ 윈터winter
가 되어

witness ; 목격자, 증인, 증거 ; 봤다 나와-사실 사람, 증(證)

wizard ; 마법사(魔法師), 귀재(鬼才), 요술장이 ; wizar빗자루 d들어 (하늘에 빗자루 타)

woden ; 게르만 신화, 왕 중의 왕, 오딘 ; w왕중의 o왕 den전하(殿下)

wolf ; 늑대, 이리 랑(狼) ; 울브 (짖을)

woman ; 겨집 녀(女), 여성, 부인 ; ① wo우는 사람, ② 보호(해 주어야 하는) 사람

womb ; 태 포(胞), 자궁(子宮) ; 음부(陰部)

wonder ; 궁금해하다, 놀라다 ; ① 반달, ② 벙쩌

wood ; 나무, 재목 ; ① 야(野),외(外)-들, ② 벌(伐木) 언어, ③ woo장 d작, ④ 불 대여

wool ; 양털 ; 보온을

word ; 말씀 언(言), 말씀 어(語), 말, 낱말, 단어 ; 어(語)단(單)

work ; 일 공(工), 장인, 일 ; ① 보(步) 걸을, ② 일, 역(役)-공(工)

world ; 세계, 지구, 세상 ; ① 벌어진, ② 볼 데 (좋을 데), ③ 원(圓)지(地), ④ 하(下)들, ⑤ 절로 돼

worm ; 벌레 충(蟲), 지렁이, 다리 없는 벌레 ; ① (누에) 잠(蠶), ② 뱀

worry ; 근심할 환(患), 걱정하다 ; 우려(憂慮)

worth ; 가치 있는 ; 보석(寶石)

wound ; 상처 상(傷), (특히 칼 등에 의한 상처) ; 베인데

wrangler ; 카우보이, 목동 ; (소) 우(牛)랑 굴러

wrap ; 두를 요(繞), 두를 원(圓), 두를 잡(帀), 감싸다, 덮개 ; ① 잡(帀), ② (포대기) 보(褓) (감
쌀) 포(包), ③ 원(圓)포(包)

wreck ; 난파선(難破船), 충돌사고 ; wre물에 c깨져 k가라앉은

wrestling ; 레슬링, 몸싸움 ; ① 올려서, 잡아서-들어, ② 잡아서 딩구는

wrinkle ; 주름, 구김살 ; 찡그려

write ; 쓰다 ; ① 적어대, ② 지어대

wrong ; 그릇될 류(謬), 어지러질 영(攖) ; ① 류(謬)영(攖), ② 비렁 (뱅이)

X

X=ㅅ, ㅈ, ㅎ, ㅋ, 발음

xanthous ; 황색의, 황색 인종의 ; xan황(黃色) thous타서(노랗게 살이 타서)

xeno ; 손님의, 외부의, 이국의 ; xe손 no님

xylo- ; 나무의, 자이로 ; xy자 lo라

xero- ; 건조한 ; (마를) xe조(燥)

Xenophon ; 크세노폰(옛그리스의 철학자, 장군) ; xe큰 산, 저-nop높 hon은

Y

Y=ㅂ, ㅎ, ㅈ, ㅉ, ㅏ, ㅑ, ㅓ, ㅖ, ㅜ 발음

y ; 가닥 아(丫), 와이 ; 아

yacht ; 요트 ; 얕은데

yaho ; 야호 ; 야호

yahoo ; 야후 ; 야수 (야만(野蠻)의 수(獸)) (h=s 발음)

yajurveda ; 야주르베다 (제사(祭祀)를 집록한 베다) ; ya예(禮) jur제(祭) 베다

yang ; 양(陽) ; 양(陽)

yard ; 안마당, 뜰, 구내 ; 야(野) 들 ↔ 들 야(野)

yarn ; 털실 ; ① 양(羊), ② (털로) 짠 (g → y)

yataghan ; 터키계가 쓰는 긴 칼 ; ① 얇은 검(劍), ② 얇게 갈은

yawn ; 하품 ; (입) 연

yea ; 예 ; ① 예, ② 야

yeah ; 예 ; 예잇

year ; 연(年), 령(齡) ; ① 연(年), ② 령(齡)

yearn ; 어여삐 여길 연(憐), 사모할 모(慕), 그리워 갈망하다 ; ① 연(憐), ② 연(戀情)

yell ; 고함치다, 외치다 ; 열 받아 (소리 지를) 아(吖)

yellow ; 누르 황(黃) ; ① 연로(年老), ② ye주(朱)가 ello열(熱)로 w바래

yes ; 예, 네 ; ① 예, ② 야

yesterday ; 어제 작(昨), 어제의, 지난 ; 어제, 자서 달러-날

yet ; 아직 ~않다 ; 여태

yew ; 주목(朱木)나무 ; 주(朱)

yield ; 산출하다, 넘겨줄 양(讓), 양보하다 ; ① 이윤을 득(得), ② 양(讓), 여(與)-얻다, 주다

ymir ; 북유럽의 창조신 ; 이뤄, (가닥) 아(丫)-물로, 몸을

yogurt ; 야구르트, 발효유(醱酵乳) ; 약(藥)으로 된

yoke ; 멍에, 속박 ; ① 엮개, ② 엮겨

you ; 너, 당신 ; (너) 여(汝)

young ; 어릴 유(幼), 갓난아이 영(嬰), 젊은, 어린 ; ① 영(嬰), ② (꽃부리) 영(英)

youth ; 청소년 선수 ; 유치(幼稚)

yumyum ; 얌얌 ; 얌얌

Z

Z=ㅈ, ㅅ, ㅎ, y 발음

zap ; 갑자기 치다 ; 잽(싸게)

zapper ; 마이크로파 구제(驅除)장치 ; 잡는 파(波)

zarf ; 컵 받침 ; 잡을, 쇠-받침

z-dna ; 좌선(左旋) ; z좌(左) 도네

zeal ; 열중, 열의 ; 찔 열(熱)

zealous ; 열성적인, 열렬한 ; ① (소리) 질렀어, ② 찔 열(熱)

zebra ; 얼룩말 ; 줄박이

zebu ; 등에 혹이 난 소 ; 소 봉우리

zelkova ; 느티나무 ; ① 제일 커 버려, ② 해를 가려 버려

zen ; 선(禪) ; 선(禪) (직지(直指)인심(人心) 견성성불(見性成佛))

zend ; 고대 페르시아 말 ; zen천리를-d달려, d주파(走破)

zenith ; 천정, 전성기, 절정 ; ① 천정, ② 천(天)에 닿어

zephyr ; 서풍(西風) ; ① 서풍(西風), ② 서(西) 불어

zero ; 0, 영(零), sifr, zephir ; ① 수(數), 셈, zer세어, zer잴-o 0 (영(零)을 o로(원(圓))으로 사용), ② 셈 o빵

zeugma ; (멍에) 액(軛)어법(語法) ; 적게 만들어

zigzag ; 지그재그 ; ① (갈) 지(之)로 가고 자(子)로 가고, ② 지(之)자(字) 자(子)자(字)

zillion ; 엄청난 수 ; 즈믄(천(千), 잘(억(億)로-×on(100, 온) (*million: 백만 ; milli만에×on(100, 온)=백만)

zincode ; 전기의 양극 ; zin전 co극 de점

zineb ; 지네부, 살충제 ; 죽이네 벌레

zing ; 쌩쌩, 활기, 기력 ; ① 생(生), ② 쌩쌩, ③ 쨍쨍

zingy ; 활기 있는 ; ① 생기, ② 신기(神氣)

zion ; 시온 ; 예루살렘의 산 ; (천산(天山)의) ① 천(天), ② 산(山)

zionward ; 천국으로 ; 천(天)으로

zip ; 잠그다, 빨리 나가다 ; 찝어

zip code ; 우편번호 ; 집(集) code가지

zoar ; 피난처, 성역, 작은 ; 소도(蘇塗), 소역(小)(域)

zoe ; ⓖ 생명 ; (목숨) 수(壽)

zoetrope ; 활동 요지경 ; 짜서 돌려 봐

zombi ; 무기력한 사람, 살아난 시체 ; ① 삶-비(非), 복(復), ② 심복(心腹)

zone ; 지구, 지대 ; 지(地) 안에

zoo- ; 동물원, 동물 ; (짐승) 수(獸)

zoom ; 줌, 확대하고 축소하다 ; 점(點), 주욱-움직임

zymogen ; 발효균(醱酵菌) ; 효모균(酵母菌) (z=h 발음)

영어 단어의 어원은
한국어이다

초판 1쇄 발행 2025년 6월 9일

지은이   임동주
펴낸이   이기봉
편집   좋은땅 편집팀
펴낸곳   도서출판 좋은땅
주소   서울특별시 마포구 양화로12길 26 지월드빌딩 (서교동 395-7)
전화   02)374-8616~7
팩스   02)374-8614
이메일   gworldbook@naver.com
홈페이지   www.g-world.co.kr

ISBN   979-11-388-4332-4 (03700)

• 가격은 뒤표지에 있습니다.
• 이 책은 저작권법에 의하여 보호를 받는 저작물이므로 무단 전재와 복제를 금합니다.
• 파본은 구입하신 서점에서 교환해 드립니다.